공무원은 무엇으로 사는가

대한민국 공무원을 꿈꾸는 젊은이들에게
전하는 공직 이야기

공무원은 무엇으로 사는가

전만복 지음

지필미디어

공무원은 무엇으로 사는가

발 행 일 | 2015년 10월 14일 초판 1쇄 발행
저　　자 | 전만복
발 행 인 | 김성남
발 행 처 | (주)지필미디어

주　　소 | 서울시 서대문구 충정로6안길 29, 101호 (미근빌딩)
전　　화 | (02) 362-4504
팩　　스 | (02) 393-4509
이 메 일 | book@jiphil.co.kr
홈페이지 | www.jiphil.co.kr
등록번호 | 제 312-1997-000043호 (1997년 7월 16일)

I S B N | 979-11-86674-24-6 03300
편　　집 | 디자인 콤마
정　　가 | 15,000원

프롤로그

간밤에 그렇게도 천둥과 번개가 치더니 시원하게 비가 쏟아져 내린다. 얼마나 타들어가는 목마름이었는가! 장마철이 한참 지났는데도 비가 없었으니 메마른 농지의 작물들은 얼마나 답답했으랴. 이 비가 작물들에게는 등산객이 산길의 정상에서 한 모금 마시는 생명수와도 같으리라.

지난 4월 16일에 일어난 세월호 침몰은 정말로 꿈에라도 있어서는 안 될 참사였다. 이 참사는 잘 짜여 돌아가는 듯 하던 우리 사회의 판板을 180도 바꾸어 놓았다. 공직사회의 판도 함께 뒤엎어 놓았다. 이 참사를 기점으로 공직사회에 대한 평가는 무너져 내리기 시작했다. 촛농의 잔흔과도 같이 볼품없이 녹아내려 버렸다는 말이 보다 적절한 표현인지도 모른다. 공무원은 타도되어야할 집단이 되어버렸다. 세월호 침몰 참사의 한 원인으로 등장한 해피아와 온갖 이름의 관피아!!! 지금 공직사회는 공공公共의 적賊을 넘어서는 온갖 부정의 언어들로 이 사회에 존재해서는 안 될 집단으로 표현되고 있다.

그런데 밖의 세상은 딴판이다. 너무나 많은 젊은이들이 오직 공무원만이 살길이라며, 공무원이 되겠다고 공무원 시험에 목을 매고 있다. 대학과 고시원이 공무원 시험을 준비하는 젊은이들로 넘쳐나고 있으니 말이다. 소위 이들 공시생公試生이 40만 명에 달한다고 하니 그야말로 공시생들의 시험공화국이 되어 가는 듯 한 형국이다. 이들 공시생들은 모두가 서로 다른 성장 환경과 소양, 학문적 배경을 가지고 있지만 목표는 한결같이 똑같다. 공무원이 되겠다는 것이다. 그리고 공무원 시험에 합격해야 한다는 일념이다. 공직사회와 공무원이 공공의 적으로 난타당하고 있는 작금의 상황에서 매우 아이러니컬하다. 이러한 사회적 현상을 이해하는 것이 쉽지가 않다.

- 작금의 상황으로 전개되고 있는 공직과 공무원에 대한 혹독한 평가는 어떻게 이해할 것인가?
- 그럼에도 수많은 젊은이들이 공무원이 되기 위하여 오늘도 상아탑의 낭만과 꿈을 멀리한 채 대학 도서관의 한 구석에서, 아니면 닭장과도 같이 비좁은 고시원의 공간에서 젊음의 혈기를 잊은 채 공무원이 되겠다고, 이 사회의 공직자가 되겠다고 씨름하고 있는 공시생들을 어떻게 이해해야 할 것인가?
- 그리고 공직자가 되고자 하는 이들 공시생들에게 어떤 입장에서 어떤 이야기를 해 줄 수 있을까? 아니면 해 주어야 할까?

- 기존의 선배 공무원들은 어떻게 살아 왔고, 지금의 공무원은 무엇으로 살고 있는가? 그리고 앞으로 우리 후배 공무원들은 무엇으로 어떻게 살아야 하는가?

위의 몇 가지 질문들이 필자가 공직을 마감한 날 아침부터 컴퓨터 앞에 앉아 이 글을 쓰는 이유이자 동기이다.

차례

1

공직의 끝자락에서
공직사회를 보다

공직의 끝자락에서 공직사회를 보다

공직의 끝자락에서

시원한 비가 쏟아져 내리는 오늘 이 아침, 정말 오랜만에 출근을 하지 않는다. 대신 컴퓨터를 열어 이 글을 쓰기 시작한다. 시간에 얽매이지 않아도 된다는 자유로움이 있다. 이제 그 처절했던 공직 생활을 마감했기 때문이다. 정확히 헤아려보니 30년 3개월 하고도 15일이 지났다. 짧지 않은 세월이었다. 30년은 한 세대generation에 해당한다. 아주 긴 세월이다. 또한 그렇게 긴 세월이란 생각을 하면서도 너무나 빨리 눈 깜박할 사이에 지나가버린 아주 짧은 시간이기도 하다. 말 그대로 활시위를 떠난 화살과도 같이 너무나 빠르게 지나갔다는 생각이 들기도 한다. 가슴과 뇌리에서 분출되는 여러 회상들을 솔직히 글로 표현하기가 쉽지 않다.

이미 30여 년 전, 앞으로는 국민 복지시대가 도래할 것이라는 말에, 복지가 행정의 축이 될 것이라는 말에 보건복지 분야에 공직의 첫발을 디딘 후 정말로 의미 있는 많은 기회도 주어졌고, 또 잊지 못할 시간들도 많았다. 승용차도 없던 80년대 중반에 국민연금법을 만들며 밤을 새고 하얀 입김이 서리는 새벽녘에 퇴근하면서도 우리나라 소득보장제도의 근간을 탄생시켰다는 자부심은 평생 잊지 못할 벅찬 감동이었다. 새롭게 시작된 국민연금제도가 하루 빨리 정착되기를 바라는 마음에 그 때 태어난 큰 애의 이름을 '전국민'으로 지었을 정도의 자부심이었다. 2004년 '저출산고령사회기본법'을 만든 것 또한 잊을 수 없는 큰 의미요, 보람이었다. 국가 정책의 근간을 이루는 일들에 30년 한 청춘을 바친 공직생활이 너무나 큰 자부심이었을 뿐만이 아니라 어디서도 다시 배우기 어려운 값진 경험이었다.

2014년 4월 7일인 어제까지도 나는 국회 예산결산위원회에 참석하고 있었다. 지난주부터 정부가 집행한 예산에 대한 결산 국회가 진행되고 있었다. 어제는 마침 헌법을 처음 제정하여 그 뜻을 기리는 제헌절이기도 했다. 오전 10시부터 의사당 안에서는 제헌절 행사가 진행되고 있었다. 원래는 국회 앞 잔디 광장에서 KBS 음악회를 포함한 의미 있는 제헌절 행사가 예정되어 있었다. 그러나 이 모든 행사는 취소되었고, 국회 안에서 약식으로 치르는 기념식이었다. 이 기념식이 끝나면 다시 결산 국회가 시작될 예정이었다. 그러나 벌써 예정된 시간은 한참이나 지났는데도 회의가 시작될 기미는 보이지 않는다.

밖에서는 세월호 침몰 참사에 대한 특별법 제정을 둘러싼 협상의

결렬로 유가족과 실종자 가족들의 항의와 데모가 진행되고 있다. 제헌절인 17일까지를 시한으로 정치권이 약속했던 세월호특별법 제정이 무산될 위기에 처해 있었기 때문이었다. 실제로 여 · 야 의원들로 구성된 특별법 제정을 위한 태스크포스TF는 임시국회 마지막 날이기도 한 오늘까지 특별법 제정을 위한 최종 협상을 벌일 예정이었다. 그러나 협상의 결렬로 회의 자체가 취소되었다. 안산 단원고등학교의 생존 학생들과 학부모, 교사 등은 이미 이틀 전인 15일부터 학교를 출발해서 국회를 향한 도보행진을 계속하고 있었다. 이들은 국회에서 사흘째 단식농성 중이던 대책위원회 학부모들과 합세하였고, 이들의 타들어가는 외침은 더욱 커져만 가고 있었다. 당사자가 아닌 필자가 이들의 아픔과 답답함을 어떻게 이해하고 설명할 수 있겠는가! 어떤 말로도 표현이 안 될 것이다. 다만, 우울함과 혼돈스러움이 교차할 뿐이다.

꿈에라도 다시 있어서는 안 될 참사

세월호 침몰 참사는 지금까지의 우리 사회를 온통 흔들어 놓았다. 정말로 꿈에라도 다시는 있어서는 안 될 참사였다. 이름조차 희한한 여객선 한척이 있을 수 없는, 그리고 있어서는 안 되는 엄청난 사고를 낸 것이다. 세월호의 세월은 세월歲月이 아니라 세월世越이라는 상식적으로 생각하기 어려운 이름이다. 마른하늘에 이런 날벼락이 있을 수 없으며, 아닌 밤중에 홍두깨라 해도 너무 지나치다. 세월호의 침몰 참사는 희생자와 실종자 그리고 그 가족만이 아니라 우리 모든 국민들의 마음과 몸을 무겁게 짓눌렀다. 이 참사는 이미 선진국 수준에 이르렀다고 생각해 왔을 국민들의 믿음과 판단에 커다란 충격을 주었다. 희생자의 구조와 사고 수습과정에서 정부가 보여 준 능력은 국민들을 더욱 분노하게 만들었고, 정부에 대한 신뢰를 잃게 만들었다. 이 침몰 참사는 지금 우리 사회의 구석구석에 너무나 큰 회오리를 몰아가고 있는 것이다. 세월호의 침몰은 대한민국 발전의 자부심

EWOL

에 대한 붕괴, 대한민국 국격의 붕괴라 해도 틀린 말은 아닐 것이다. 태풍으로 치면 강력한 매머드급 태풍이다. 앞으로도 족히 2-3년은 이 태풍의 회오리가 계속될 것이란 생각이 든다.

대한민국의 판(板)이 바뀌었다.

세월호 침몰 참사는 정말로 안전한 사회를 만들어 가는 계기와 발판이 되어야 한다. 이것은 그 참사 희생자와 그 가족들에 대한 최소한의 예의이며, 최소한의 보상의 한 방편이라는 생각을 한다.

그러나 세월호 침몰 참사 이후에도 비슷한 안전사고는 계속되고 있다. 장성 요양병원 화재사고와 지하철 2호선 추돌사고가 연이어 발생했고, 판교 공연장 환풍기 참사가 그 뒤를 이었다. 이 같은 연속적인 안전사고는 20년 전과 전혀 다르지 않은 모습이다. 1995년에는 '삼풍백화점 붕괴사고'와 '대구 가스 폭발 사고'가 있었다. 삼풍백화점의 사고로 인한 희생자는 500명을 넘었고, 대구 가스 폭발 사고의 희생자도 100명을 넘었었다.

우리 속담에 "하필 마누라 때린 날 장모 온다."는 말이 있다. 한번 사고가 터지면 재수가 나쁘게도 연이어 계속해서 터지는 것인가. 그러나 단순히 속담으로 치부해 버릴 사안이 절대 아니다. 자라보고 놀랐던 마음이 워낙 컸던 터라 이제는 솥뚜껑만 보아도 놀라는 상황이 되어 버렸다.

이 침몰 참사는 그간 우리 사회가 서 있어 왔던 존립의 판板을 180도 완전히 바꾸어 버렸다는 것이 필자의 생각이다. 참사가 발생한 후의 대처 과정은 차치하더라도, 참사 발생까지의 전 과정은 우리 사회의 제도와 시스템이 어느 한 곳에서도 정상적으로 작동되고 있지 않았다는 것을 보여준 것이나 다름이 없었다. 우리 모두의 의식과 행동은 정상의 궤도에서 벗어나 비정상의 궤도를 돌고 있었음을 입증해 준 것이었다. 세월호의 선장 및 일부 승무원들의 비인간적 태도, 운항 선사의 법규 무시 행위, 감독기관들의 무책임과 방임, 유착을 의심하게 하는 공공기관들의 행태 등은 우리 대한민국이라는 하나의 커다란 시스템이 정상이 아닌 비정상의 궤도로 달리고 있었음을 깨닫게 해 주었다.

침몰 참사, 우리 모두의 책임이다

세월호 침몰 참사로 우리 사회가 겪고 느끼는 문제는 법과 제도의 문제이다. 그러나 더 근본적으로 중요한 것은 우리 모두의 의식과 행태의 문제이다. 세월호 침몰 참사뿐만이 아니다. 우리 사회가 안고 있는 다른 많은 사회적인 이슈들도 결국은 법과 제도의 문제라기보다는 사람의 문제이며, 이는 필자를 포함한 국민 모두의 의식과 행동, 윤리와 도덕의 문제라고 보아야 한다는 생각이다. 이는 우리 교육의 결과이기도 하고, 오랫동안 굳어져 온 관행과 문화이기도 하다.

이는 어떤 정책이나 몇몇 힘 있는 정치인의 노력으로 풀어지고 해결될 문제가 아니다. 필자를 포함한 우리 모두가 몸과 마음으로 느끼고 행동으로 책임져야 할 문제이다. 정부와 국회가 법안 몇 개 더 만들어 통과시키면 된다고 생각해서는 안 된다. 국민 모두가 개개인의 일상에서 바로 나 자신의 의식과 행동을 바꾸는 것이어야 한다. 가장 간단하게 나는 부모로서 그간 자식들을 어떻게 가르치고, 사회에서 어떻게 행동해 왔는가를 생각해 보자.

'나는 부모로서 내 자식이 도덕적인 양심을 지키는 사람으로 성장하기를 바라면서도 실제는 상반되게 행동해 온 경우가 없지 않지 않았는가!'
'나는 비정상적인 방법으로라도 자식의 시험성적을 올려 좋은 대학에 들어가기를 바라면서 인성이나 윤리보다는 성적만 올라가면 모든 것을 눈감고 잘 했다며 용서하기도 하지 않았는가!!'
'나는 돈이 되고 출세에 도움이 되는 일이라면 비정상적인 것에도 눈감아 버리고 옳지 않은 행동을 한 경우가 없지 않지 않았는가!!!'

세월호 침몰의 참사가 바로 이러한 양심을 저버린 지나친 욕심과 이기심에서 비롯됐다고 한다면, 절대 아니라고 반박할 사람이 우리들 중에 과연 몇 명이나 되겠는가? 우리 국민들 어느 누구도 이러한 점에 나는 아니라며 자신 있게 말할 사람은 거의 없을 것이라고 생각한다. 물론 필자 자신도 그러한 사람의 한 사람이었음을 부인하지 않는다.

세월호 침몰 참사와 같은 비극을 막는 데는 정부의 역할도 중요하고 지역사회의 책임도 중요하다. 그러나 가장 중요한 것은 나 자신이라는 생각이 무엇보다 중요하다고 필자는 생각한다. 국민의 한 명인 나 자신의 의식과 행동이 달라져야 한다. 모든 국민 각자가 각자의 자리에서 합리적인 이성으로 생각하고, 정상적인 궤적으로 행동할 때 비로소 가능해진다. 가정에서 부모는 부모로, 학교에서 스승은 스승으로, 공직에서 공무원은 공무원으로서 각자의 자리에서 책임

세월호 침몰 참사는 공유지의 비극이다

세월호 침몰 참사는 일종의 공유지의 비극(the tragedy of the commons)이다.

주인이 따로 없는 공동 방목장에서 사람들은 사료비가 공짜니 서로 더 많은 가축을 기르려고 욕심을 부린다. 이러다 보면 초원은 결국 황폐해져 그 어느 누구도 가축을 기를 수 없는 상황에 이르게 된다. 모두가 각자의 탐욕에만 몰두하여 자신들의 이익만을 쫓다 보면 그 공유지는 누구에게도 이익을 가져다주지 않는 비극의 땅이 되게 되는 것이다.

이러한 '공유지의 비극'은 산업혁명이 시작된 시점에 영국에서 실제로 일어났던 일이다. 세월호 침몰 참사도 분명 지켜야 할 규정과 제도가 있었음에도 주인이 없는 방목장과 같았다. 서로가 자기만의 욕심과 이익이 앞선 결과이다. 선장과 선원들은 규정상의 책임과 의무를 잊은 채 제 위치를 벗어나 편하기를 즐겼고, 사고가 나자 도망치기에 급급했다. 규정에 따라 운항을 허가하고 운항 중 상황을 모니터링 해야 할 책임 있는 기관은 그 책임을 다하지 않았다.

과 역할에 맞게 마음과 자세를 가다듬고 그렇게 행동하는 것만이 또 다른 세월호 침몰 참사를 영원히 막는 길이다. 이것이 세월호 침몰 참사라는 커다란 불행 속에서 배운 우리 모두의 교훈이 되어야 한다.

공직사회에 불어 닥친 한파와 토네이도(tornado)

'안녕들하십니까?'

몇 해 전 어느 대학에 나붙었던 대자보의 문구이다. 요즘 공무원들에게 이와 같이 안녕하시냐고 물으면 기분 좋은 얼굴로 잘 지낸다고 답할 공무원들은 하나도 없을 것이라는 생각을 한다. 오히려 '사흘 굶은 시어머니 상판'같은 인상이나 하지 않으면 다행이리라. '사흘 굶은 시어머니 상판' 같다는 말은 박완서님의 소설에 나오는 표현이다. 아주 보기 흉할 정도로 몹시 찌푸린 얼굴의 형상을 이르는 말이다. 옛날 모두가 가난 했던 시절에 먹을 것이 제대로 없어 사흘씩이나 배를 굶은 상황에서는 그 시어머니가 신사임당이었던들 웃는 낯을 해 보이기는 어려웠을 것이다. 요즈음 공무원들의 마음과 생각이 이러한 지경이라고 해도 크게 지나친 표현은 아닐 것이다. 세월호 침몰 참사와 함께 공직사회도 침몰을 했다고 해도 과언이 아닐 것이니 공무원들의 얼굴이 말 그대로 '사흘 굶은 시어머니 상판'같은 형상일 것이다.

표현이 좀 적절치 않다는 생각이 들기도 하지만 요즘 공직사회의 돌아가는 상황이 공무원들에게는 따뜻하지 않고, 편안하지 않은 엄동설한嚴冬雪寒의 시기를 맞고 있다고 생각된다. 침몰 참사 이후 공직사회는 그야 말로 매섭게 추운 한파를 맞고 있다는 느낌이다. 가장 춥다고 하는 대한大寒 추위가 공직사회를 뒤덮고 있다고 생각된다.

얼마 전에 휴가를 나온 아들과 함께 3D 영화를 보았다. 〈폭풍속으로In to the Storm〉라는 영화로 토네이도tornado에 관한 것이었다. 토네이도는 주로 미국 중서부 지역에서 여름에 흔히 발생하는 회오리바람이다. 토네이도에 한 번 휩쓸리게 되면 커다란 집을 통째로 들어 올려 파괴할 정도의 강한 위력을 자랑한다. 공직사회도 최고의 위력을 자랑하는 5급의 초강력 토네이도가 쓸고 간 듯 한 상황이 되어 버렸다.

바야흐로 공직사회의 수난이 시작된 것이다. 지금까지의 공무원들에 대한 사회의 인식이 바뀌어 버렸다. 공직사회는 폭력과 범죄 집단인 마피아로 비유되는 상황이 되었다. 비유라기보다는 아예 마피아와 동급이 되어 버린 것이다. 공무원들이 온갖 '관피아'로 회자되면서 이제 공무원들은 마피아와 같은 폭력조직의 범죄자로 추락해 버린 것이나 다름이 없게 되었기 때문이다. 언론 매체는 차제에 관피아에서 오는 공무원들의 적폐를 발본색원해야 한다는 의견과 논의를 봇물과도 같이 쏟아 내고 있다. 국민들은 공무원들이 공공의 봉사자가 아닌 공공의 적賊이라도 되는 것처럼 온갖 의심의 눈초리를 보내고 있다.

공직사회의 수치일(羞恥日)

세월호 침몰 참사가 있기 전까지는 공무원이 퇴직 후에 정부의 산하단체나 유관기관에 기관장 또는 임원으로 가는 게 어느 정도는 당연시되다시피 하였다. 그러나 분위기는 이제 완전히 바뀌었다. 그 끔찍한 세월호 침몰 참사가 민관유착의 고리에서 시작되고 있다는 상황이 그 기폭제가 되고 있다. 과거 우리나라의 성장 발전기에 국가 발전의 일등 공신으로 평가 받아 왔던 공무원들이 이제는 공공公共의 적賊이 되어 버린 상황이다. 세월호의 침몰 참사의 원인을 보면서 나온 해피아!!! 그리고 이전부터 있어 왔던 모피아... 그야말로 지금 공직사회는 공공의 적을 넘어서는 온갖 표현들로 이 사회에 있어서는 안 될 몹쓸 집단으로 표현되고 매도되고 있는 듯하다. 관피아를 척결해야 된다는 주장 속에 그 피해를 방지한다는 관피아방지법이 만들어졌다. "공직자윤리법"은 그 이름도 망측스러울 정도의 "관피아방지법"이라는 이름으로 불리어 지게 되었다. 이는 대한민국 모든 공무원들의 수치羞恥가 아닐 수 없다.

경술년이었던 1910년 8월 29일은 우리나라가 일본日本에게 합병된 날, 즉 한일합방韓日合邦이 된 날이다. 국가를 잃어버린 치욕의 날이기에 이 날을 우리는 국치일國恥日이라 부른다. 경술년에 일어난 일이라 경술국치庚戌國恥라고도 부른다. 세월호 침몰의 참사가 있었던 2014년 4월 16일은 우리 공무원들의 수치스런 날이 아닐 수 없다. 너무 과장된 비유일지는 모르겠으나 1910년 경술국치에 견준다면 이날은 우리 공직사회 공무원들의 수치스러운 날, 즉 '공치일公恥日'로 기록될 수 있다는 것이 필자의 생각이다. 이날을 기점으로 공직 사회에 대한 평가는 무너져 내리기 시작했기 때문이다. 공무원이 타도되어야할 집단이 되어버렸기 때문이다.

세월호 침몰 참사의 총체적인 원인이 무엇이든 간에 관계된 분야 일부 공무원들이 직·간접적으로 책임을 면하기 어렵고, 그 참사가 공무원들의 부정과 부패와 연결되어 일어난 것이라면 2014년 4월 16일은 대한민국 공무원의 공치일公恥日로 보아야 할 것이다.

2

공무원은 누구인가?

공무원에 대한 국민의 눈초리

공직이라는 자리

너무나 많은 우리 젊은이들이 공무원이 되는 것을 꿈으로 생각하고, 그 꿈을 이루기 위해 노력한다. 우리가 잘 아는 세계적인 구호활동가 한비야 씨의 이야기가 새삼 언론의 화제가 된 적이 있었다. 공무원 되는 것이 꿈이라고 말하는 젊은이에게 그것은 꿈도 아니라며 한 대 때려 주었다는 이야기 말이다. 우리 젊은이들의 꿈이 공무원이라면 공직에 대해 우선 한 번 짚고 넘어갈 필요가 있다는 생각이 든다.

'공무원은 누구이며, 공직이란 무엇인가?'

그러나 이 물음에 굳이 강학적인 개념 정의를 내릴 필요는 없다. 개념을 정의한다는 것은 재미도 없고 따분할 일이다. 아니 개념 정의가 필요하지 않다. 한비야 씨의 공무원에 대한 이야기와 같이 우리 국민들은 귀에 못이 박힐 정도로 공무원에 대한 이야기를 듣고, 또한 가정이나 직장에서 화제 거리로 올려 이야기를 하는 상황이기 때문이다. 중학생 정도만 돼도 공무원이 대략 누구이며, 무엇을 하는 사람인지는 나름대로 이해를 하고 있다고 생각된다.

다만, 이 글의 전개를 위해 딱딱한 표현으로 한번 정리해 보고 넘어가기로 하자. 공무원은 쉽게 이야기해서 국가 또는 지방정부의 공적인 사무를 맡아 보는 사람이다. 사법부의 법관과 검찰청의 검사도 공무원이다. 물론 입법부의 국회의원도 모두 공무원이며, 대통령도 공무원이다. 다만 다른 것이 있다면 국민들이 직접 선거를 통해 선출된 공무원이라는 점이다. 중앙정부의 국가공무원은 일반직공무원과 외무, 경찰, 소방, 교육 분야의 특정직공무원, 기타 별정직, 계약직, 고용직 등의 공무원이 포함된다. 또한 각급의 지방자치단체에서 일하는 지방공무원이 있다.

우리나라 공무원 수는 약 100만에 이른다. 정부 발표에 의하면 2014년을 기점으로 100만 명을 넘어섰다. 보다 정확히는 100만 6474명이라는 발표가 있었다. 이 수치에는 행정부만이 아니라 헌법상 독립기관인 사법부와 국회인 입법부, 선거관리위원회와 헌법재판소 등을 모두 포함한다. 공무원 수는 10년 만에 대략 10만 명이 증가했다. 10년 전인 1995년 공무원 총 정원은 90만 5천여 명이었다.

그러나 이러한 우리나라 공무원 수는 경제협력개발기구OECD 국가 가운데 가장 적은 수준이다. 총고용에서 차지하는 비중도 OECD

국가 평균의 3분의 1 수준인 5.7% 수준이라고 한다. 왜 이렇게 낮은 수치인가? 우리나라는 공무원의 범위를 OECD에 비해 매우 좁게 보고 있다. 직접적으로 정부기관에 종사하는 사람만을 공무원 통계로 잡는다. 국가공무원법과 지방공무원법에 의해 직접 공무원 신분이 적용되는 사람만을 공무원으로 보고 있는 것이다. 이에 반하여 OECD는 정부의 위탁을 받아 실질적으로 공적인 업무를 수행하는 정부투자기관과 같은 산하기관과 단체의 종사자를 포함하는 개념이다. 법적으로 정의될 수 있는 공무원에 공적인 업무를 행하는 인력을 합친 개념이라고 보면 된다. 공무원에 이들을 합하여 그 전체를 공직자라고 보면 더 정확할 것이다. 이러한 기준으로 하면 우리나라 공직자 수는 약 200만 명 수준으로 정부가 공무원의 수로 발표하는 수치의 약 2배 수준에 해당한다.

공무원은 어느 직역에서 일하는 어떤 사람들보다도 훨씬 큰 책임감과 윤리성이 요구된다. 엄격한 청렴성과 도덕성을 필요로 한다. 따라서 공직사회의 부패 사건이 터지면 공무원이라는 이유 하나 만으로 얼굴을 들지 못하고 다닐 만큼 비판받아야 하는 상황이 된다. 그만큼 공무원은 그 역할과 책임을 제대로 수행하기가 참으로 어려운 자리이다.

이러한 이유로 공무원의 기본적인 책임과 신분은 헌법으로까지 규정하고 있다. 우리나라 헌법 7조의 규정이다.

"공무원은 국민 전체에 대한 봉사자이며, 국민에 대해 책임을 진다. 공무원의 신분과 정치적 중립성은 법률이 정하는 바에 의하여 보장된다."

또한, 공무원의 정년은 법률로 정하고 있다. 국가공무원법 74조의 규정이다.

"공무원의 정년은 다른 법률에 특별한 규정이 있는 경우를 제외하고는 60세로 한다."

공무원의 신분을 헌법에까지 규정하고, 정년을 특별히 법률로 정하여 보장하는 것은 공무원들이 정치적 상황이나 사적인 이해관계에서 탈피하여 국민에 대한 봉사자로서 공직에 전념토록 하는 일종의 안전장치인 것이다.

일반 행정직 공무원이든 선거로 선출된 공무원이든 할 것 없이 모든 공무원들은 권력을 갖고 권력을 부리는 자리가 아니라 국민들에게 필요로 하는 공적인 서비스를 행하는 자리이다. 또한 시장경제를 기반으로 하는 선진 자본주의 국가에서 공직은 하나의 직업일 뿐이다. 공직이 그렇게 인기 있는 분야가 아니라고 보는 것이 맞을 것이다. 순수한 논리적 시각으로 보면 분명 그렇게 생각된다. 민간 기업과 비교하여 보수가 높은 것도 아니고 생활을 즐길 시간적 여유가 많은 것도 아니다. 또한 요즘 우리 사회에서 공무원에 대한 전반적인 평가는 긍정적이기보다는 부정적인 시각이 훨씬 더 크다고 보여 진다. 그럼에도 불구하고 직장을 찾는 많은 젊은이들은 물론 상당수의 국민들에게 공직은 너무나 큰 선망의 대상인 듯하다.

공무원에 대한 세간의 인식!!!

공무원을 영어로는 'civil servant'라 부른다. 특히 미국은 공무원을 그렇게 부른다. 공무원은 시민을 위해 봉사하는 사람들이라고 보고, 그렇게 표현하고, 부르는 것이다. 세금을 내는 시민들이 주인이고, 그 세금을 재원으로 월급을 받는 공무원은 servant임이 분명하니 공무원을 civil servant로 표현하는 것은 겉과 속이 한 치의 틀림도 없는 정확한 표현이라 생각된다.

그러나 우리 사회에서는 공무원과 국민은 그 주主와 객客이 바뀌어 있는 듯한 상황이 전개되어 왔다. 적어도 요즘 공무원을 대하는 언론관이 그렇고, 항상 언론이 제공하는 정보의 홍수 속에 살아가는 우리 국민들의 생각과 평가도 똑같다는 생각이 든다. 객의 위치에 있어야 할 공무원이 지금까지는 주主이고, 갑甲의 위치에서 주인으로 통하고 주인처럼 행세해 온 측면이 강하다. 반면에 주인의 위치에 있어야 할 국민들이 공무원들의 눈치를 보아야 하는 객客이고, 을乙처럼 대우를 받아 왔다면 아주 틀린 말은 아닐 것이다. 주와 객, 갑과 을의 전도顚倒 현상이 있어 왔던 것이다.

이와 같이 우리 사회의 일반적인 인식을 기초로 공무원에 대한 연관된 단어를 찾는다면 세월호 침몰 참사 이후 요즈음은 단연코 '관피아'가 그 수위를 차지할 것이다. 그러나 이전부터도 공무원은 언론 지상을 통해 온갖 아름답지 못한 언어들로 표현되어 왔다. '복지부동'과 '무사안일'이 그것이고, '철밥통'이라는 비유가 또한 그것이다. 이들 단어들의 공통적인 특징은 긍정적이지 못한 의미를 담고 있는 것은 분명하고, 더 나아가 상당히 경멸의 의미도 담고 있다고 보여 진다. '공무원은 영혼이 없다'고 회자되는 것도 이와 같은 범주에 속한다. 이 역시 공무원과 공직사회를 폄하하면서 비아냥거림의 대상으로 생각하는 것이다.

언론과 세상은 공무원들이 무능하면서도 무사안일하고 복지부동의 자세로 자리를 보전한다고 생각하는 것이다. 공무원들은 정권이 바뀔 때마다 그 정권의 눈치를 살펴가면서 그들에게 부여된 권력을 배경으로 관가의 문턱을 높게 쌓고 권위를 부린다고 생각한다. 공무원 자신들에게 이득이 되는 것에만 관심을 갖고 부정과 부패에 빠져 있다고 생각한다. 또한 특별한 잘못이 없으면 자리를 빼앗길 위험도 없이 정년까지 가면서 국민들이 내는 세금으로 제날짜에 봉급을 꼬박 꼬박 챙겨 먹는다고 보는 것이다. 세간의 인식이 이러하다 보니 이 나라의 수많은 젊은이들은 사회의 비아냥거림쯤은 눈감아 버리고 공무원을 동경의 대상으로 보고 있는지도 모르겠다. 이 나라의 너무나 많은 젊은이들이 공무원이 되겠다는 일념으로 학교와 고시원에서 공무원이 되기 위해 애를 쓰고 있으니 말이다.

공무원의 '철밥통' 이야기

미국 워싱턴 대사관에서 근무할 시절 그곳 보건부 공무원들과 접촉할 일이 많았다. 어느 날인가 그들과 밥을 먹으며 공무원 사회의 궁금한 사항을 이야기한 적이 있었다. 한국의 공무원이 철밥통으로 불리는 상황을 설명하고 싶었는데 나의 짧은 영어실력으로는 그 상황을 상대방이 쉽게 이해할 수 있도록 설명할 수가 없어 무척이나 힘들어 했던 기억이 난다. 철밥통은 액면 그대로 사전적인 의미로 직역을 한다면 '공무원들이 먹는 밥그릇 재질이 철로 만들어 졌다.'고 해야 될 것이다. 그러나 우리의 상황과 문화를 모르는 미국 공무원의 입장에서는 이런 방식의 설명은 아무리 천재라도 이해하기 어려울 것이다.

공직은 '철밥통'이다. 철밥통은 강철로 만들어진 밥통이니 깨지지도 않고 거의 영구적이다. 목구멍이 포도청인 세상에 이 철밥통보다 좋은 밥그릇은 없을 듯 해 보인다. 이는 일단 공무원이 되어 공직사회에 안착하고 나면 해고되거나 자의에 반하여 물러나야 될 위험이 거의 없는 그야말로 신분보장이 확실한 직업이나 직종을 비유적으로 설명하는 것이다. 그러한 직종이 공직이고, 그러한 직장에서 일하는 공무원들에 대한 비아냥거림이다.

이와 같이 공직이 철밥통으로 표현되고 그러한 대우를 받아야 하는 공무원들은 누구를 탓할 것이 아니라 그들 스스로가 그 의미를 되새겨보면서 지금까지의 생각과 자세를 달리해야 하는 상황을 인식해야 할 것이다. 직접적이든, 간접적이든 간에 그 원인을 제공한 것은 어쨌든 공무원들에게 있다고 보아야 할 것이기 때문이다. 우리 국민들은 적어도 공무원들을 그렇게 보고 그렇게 생각하고 있기 때문이다.

‘철밥통’의 어원은 Made in China???

‘철밥통’이라는 말은 중국에도 있다. 철밥통을 중국어로는 ‘티에판완鐵飯碗’이라고 한단다. 그렇다면 우리 공무원들에게 붙어 다니는 철밥통의 어원은 ‘made in China’인가 보다. 우리는 원조를 가려내기를 즐기는 경향이 있지 않은가. 어원의 원조를 따져 보니 철밥통이라는 말은 중국에서 먼저 만들어져 우리나라에 들어 왔다고 봄이 맞을 듯하다. 철밥통은 원래 1900년대 중반 이후 중국이 개혁과 개방을 추진하면서 국영기업의 직원을 지칭하는 비유였다. 사회주의 속성상 그 직원들의 일하는 능력에 관계없이 한번 자리를 잡으면 평생 그 직장이 보장되는 것에서 유래했다. 그러나 시장경제의 경쟁원리를 도입하고 있는 요즘의 중국에서는 이들이 철밥통으로 비유되는 인식은 점차 사라지고 있다고 한다. 중국에서 조차도 용도 폐기되고 있는 이 아름답지 못한 표현이 우리나라에 들어와 우리 공직사회의 풍토와 그 공무원들을 평가 절하하는 표현의 하나로 자리 잡고 있는 것이다. 공무원들의 입장에서는 이 철밥통이라는 비유가 어느 정도 수긍이 가는 경우일지라도 기분 좋게 받아들이기는 쉽지 않아 보인다. 표현이 너무나 상스럽고 천박하기 때문이다. 많은 공무원들의 자존심에 상처를 주는 표현이기에 그들의 마음이 개운치 않을 것임은 분명해 보인다. 이러한 표현을 쓰는 언론은 물론이거니와 이를 말해야 하는 국민들의 마음도 상쾌하지 않은 것은 마찬가지일 것이라는 생각이 든다.

영혼이 없는 공무원!!!

"관료는 영혼이 없다."

이는 무슨 말인가? 공무원은 영혼이 없다!

영혼이 없다는 말의 의미는 무엇이고, 이를 어떻게 이해를 해야 하는가? 원래 이 표현은 독일의 정치사상가인 막스 베버Max Weber의 말이다. 보다 정확히는 그의 저서 '프로테스탄티즘의 윤리와 자본주의 정신'이 그 기원이다. 관료가 일을 함에 있어 개인감정을 갖지 않고impersonal 공평무사하게 일해야 한다는 것이 본래의 의미이다. 필자는 적어도 그렇게 이해하고 있다. 관료의 올바른 일처리 자세를 이야기하는 것이라고 보면 틀린 말이 아닐 것이다.

그런데 이러한 막스 베버의 말이 우리나라에 들어오면서 그 본래의 의미가 상당히 변색되었다는 생각을 한다. '영혼이 없는 공무원'이라는 말은 그 이전에도 없었던 것은 아니지만 우리 사회에서 상당히 회자膾炙되게 된 것은 지난 이명박 정부에서였다. 정부 출범 초기 개혁의 대상으로 몰려 있던 어느 부처 공무원들이 자신들의 조직이 없어질 수도 있는 상황에서 대통령 인수위원회에 업무보고를 하면서 크게 이야기되기 시작했다.

"우리는 영혼이 없다. 우리는 전 정부에서 시키는 대로 일을 했을 뿐이다. 그래서 우리는 책임이 없다."

자신들이 한 일의 책임을 회피하는 방편으로 막스 베버를 끌어들인 것이다. 이후 '영혼 없는 공무원'은 국민들과 공무원들 간에 회자되면서 일반 국민들 사이에서는 공무원들의 무소신과 무책임에 정치 편향적인 성향을 비아냥거리는 의미로 이야기되고, 공무원들 사이에서는 자신들의 정당하지 못한 일처리를 합리화하여 변명하는 기제로 사용되게 되는 상황이 되어 오고 있다.

공무원은 주권자인 국민에 의해 선출된 권력자를 위해 일할 책무가 있다. 그러나 아무리 권력자의 요구라고 하더라도 법의 규정과 취지를 벗어나 재량적으로 정책을 집행해서는 안 된다. 재량의 범위를 벗어나거나 법 규정을 위반하여 감사에 걸려 들 일은 더욱 해서는 안 된다. 규정에 따라 투명하고 공정하게 정책을 입안하고 집행해야 하는 것이 공무원들의 역할과 책임에 맞는 일 처리 방식이다.

그렇다면 공무원들은 정말 영혼이 없는 것일까?
아니면 영혼이 있으면서도 어쩔 수 없는 상황에서 그 영혼을 지키지 못하고 권력자에게 그 영혼을 팔아 버리는 것일까!

권력자에게 영혼을 판다는 표현이 너무 비약되고, 공무원들의 입장에서는 너무 귀에 거슬리는 것으로 도저히 받아들이기 어려운 것이라고 한다면 권력자에게 자신들의 자존심을 죽이고 그 영혼을 헌납하는 것이라고 보아야 하는가.

공무원들은 권력자의 뜻을 거슬렀다가는 최소한 좌천되거나 심한 경우에는 공직자로서의 생명이 끝나는 상황을 직접 또는 간접으로 목격해 온 이들이다. 적어도 십 수 년의 공직 생활 경험을 가지고 고위공직자로서의 전문 역량을 펼치겠다고 하는 이들이 느닷없이 권력자의 정치 이념과 정강정책을 내세우며 따를 것을 강요받는 상황이라면 그 어느 누구라도 소신에 따라 자신의 입장을 지키는 것은 쉬운 일은 아닐 것이다. 그렇다고 해서 관료들이 국민 전체의 복리보다는 자신들의 생명을 지키는 것에만 치우친다면 이는 이성적인 판단에 의한 공무원의 정도正道는 분명 아닌 것이다. 이는 분명히 복지부동이고 무사안일이며, 결국 영혼 없는 공무원의 행태인 것이다.

한편 이러한 상황은 어느 정권에서나 그 정권의 이념과 철학에 따라 업무를 수행할 수밖에 없는 관료사회의 특성과 관료의 행태적인 특성으로 이야기 되는 것이기도 하다. 따라서 관료들이 소신 있게 정책을 펴도록 하려면, 즉 영혼이 있는 공무원이 되게 하려면 말로만 그래서는 안 된다고 할 것이 아니라 국민을 위한 일에는 공무원들의 소신과 정책적인 의지가 반영될 수 있는 환경을 만들어주고 힘을 실어주는 것이 중요하다고 보여 진다.

시 · 도지사와 시장 · 군수 등 지역의 단체장들을 선거로 뽑는 지방자치제가 실시된 이후 영혼 없는 공무원들이 더 많이 생겨났다는 이야기도 있다. 공무원들의 정치적인 중립이 법으로 규정되어 있고, 선거 때마다 중립적인 처신을 요구받지만 승진에 대한 욕구가 강하고 눈치 빠른 공무원들은 이길 가능성이 큰 후보에게 줄을 서게 되고, 알게 모르게 그 후보를 지원한다는 것이다. 다행이 자신이 지지했던 후보가 당선되면 그 공과를 따져 소위 좋은 자리를 받거나 보다 빠른 승진의 기회를 잡을 수 있기 때문이다. 이러한 상황이 사실이라면 선거를 통해 선출되는 권력자와 영혼 없는 공무원은 악어와 악어새의 관계가 되는 것이다. 이는 결국 누이도 좋고, 매부도 좋은 사이가 되는 것이다. 일할 능력은 부족하면서도 선출된 권력자의 눈치를 살피면서 영혼이 없는 공무원이 되어 가는 것이다.

목구멍이 포도청인 공무원!!!

"목구멍이 포도청이다."

우리들이 간간히 들어 온 옛 속담의 하나다. 이는 먹고 살기 위해 차마 하지 못할 일까지 하게 된다는 말이다. 원래는 '목숨을 구해주는 곳이 포도청'이라는 의미였는데 오랫동안 전래되어 내려오는 과정에서 표현이 바뀐 것으로 이해된다. 옛날 조선시대 포도청은 죄를 지은 사람들이 잡혀가는 관가였다. 지금의 경찰청과 같은 곳이었다. 당시 어떤 이유로든 간에 포도청에 잡혀 가면 초주검이 되어 나오거나 아니면 옥살이를 해야만 했을 것이다. 힘없는 백성들의 목숨을 죽일 수도 있고, 죽을 목숨을 살려 줄 수도 있는 곳이 포도청이었던 것이다. 어떻게든 목숨을 구하려면 그토록 무섭고 아무리 가기 싫은 포도청일지언정 가야만 했을 것이다. 한편으로 험난한 삶을 헤쳐나가노라면 누구나 먹고 사는 문제에 부딪치고 해결해야만 했다. 먹고 사는 것이 포도청에 가야 하는 것만큼이나 어려운 상황이 되어도 살기 위해서는 먹는 문제를 해결해야만 했을 것이다. 그러다 보니 '목구멍이 포도청'이라는 말로 그 표현이 바뀌었을 것이다. 결국은 이 말은 사람이 살아가는데 먹고 사는 일은 가장 중요하면서도 쉽지가 않다는 것을 뜻하는 것으로 이해하면 틀림이 없을 것이다. 이런 맥락에서 보면 요즘 우리 국민 대다수는 소위 '목구멍이 포도청'인 삶을 살아가고 있다고 한다면, 이를 틀린 말이라고 주장할 사람은 많지 않다는 생각을 하게 된다. 지난 해 연말에 일어난 모 항공사 임원에 의한 땅콩회항 사건도 따지고 보면 목구멍이 포도청인 직원들의 힘겹고 서글픈 삶이 투영되어 있다고도 생각된다. 갑과 을의 관계로 작용하는 조직에서 합리적인 원칙과 규정이 아니라 갑의 뜻에 따라 하라면 해야 하는 상황에서 힘이 있는 자의 비이성과 비합리성이 표출된 사건이었다.

앞에서 이야기 한 것처럼 공무원들을 일컬어 영혼이 없는 사람들이라고 한다. 이는 결국 공무원들도 똑같이 먹고 사는 것이 너무나 중요하니, 자신들의 소신과 원칙과 같은 것은 접어두고 영혼을 팔 수 밖에 없는 상황을 자신들의 입으로 자조하거나 국민들이 공무원들의 비정상적인 행동을 비하하여 평가하는 의미일 것이다. 다시 말해서 공무원도 목구멍이 포도청인 것이다. 목구멍에 풀칠을 해야 하기 때문에 영혼을 팔아야 하는 것이 공무원들의 삶이라면 그들의 삶의 어려움에 대한 연민이 없지도 않을 것이다. 그러나 영혼이 없다고 하지 말고, 그 영혼을 주인인 국민에게 맞추어 가면 될 일이다. 자신의 영혼을 정권의 권력자에게, 또는 조직의 상사에게 맞추고자 하기 때문에 문제가 되는 것이다. 정권을 넘어 항상 주인인 국민들에게 영혼을 맞출 일이다. 이렇게 보면 영혼이 없다는 공무원에게는 연민의 정을 건네기에 앞서 공직자로서의 올바른 자세를 먼저 생각해 보도록 해야 하는 것이 올바른 방향일 것이다.

행복하지 않은 공무원들

공무원들은 세상의 판이 바뀌어 버린 상황에도 아랑곳하지 않고 소위 '철밥통'을 차고 앉아 있다고 비판받는다. 과연 공무원들이 일하는 직장은 말 그대로 철밥통인가?

이에 대한 공무원들의 생각과 인식은 다르다. 철밥통은 이미 옛말이 돼 버렸다는 것이다. 빨리 승진하면 빨리 그만두게 되는 형국이다 보니 상당수 공무원의 경우에는 오히려 승진도 가급적 천천히 하겠다는 이들이 있다. 위로 올라갈수록 고위직은 자리가 한정돼 있으니 자리를 이동할 때마다 갈 곳이 마땅치 않은 경우도 있다. 운이 좋거나 능력이 있어서 고위공무원으로 승진을 해도 그 이상의 생존은 점점 어려운 상황이 된다. 공무원은 정년이 보장된다고 하지만 적어도 고위공무원의 경우에는 그렇지가 않다. 현재의 공무원 관리방식과 상황으로는 고위공무원의 자리는 길어야 3년이나 5년 정도이다. 고위공무원은 정권이 바뀌면 물러나고, 장관이 바뀌어도 자리를 내주어야 하는 상황에 처하기도 한다. 이것만이 아니다. 공직기강을 쇄신한다는 명목으로, 사정이라는 이름으로 공직사회의 분위기를 새롭게 한다며 물갈이를 하는 경우도 없지 않다. 또한 용퇴라는 이름으로, 명예퇴직이라는 명분으로 법으로 보장된 정년 규정에 관계없이 시험 기수나 나이 등을 감안해 후배에게 길을 터주고 조직에 부담을 덜어주기 위해 자의 반 타의 반 자리에서 물러나기도 한다.

상황이 이러하다 보니 퇴직하여 산하 공공기관이든, 업무적으로 이해관계가 얽혀 있는 관련 협회로라도 옮겨 갈 수 있는 곳이 있으면 일자리를 찾아 자리를 옮겨야 한다는 것이 대부분 퇴직 공무원들의 논리이기도 하거니와 실제 상황이었다. 퇴직을 하게 되니 그들은 더욱 목구멍이 포도청이라고 생각하는 것이다. 또한 여기에는 지금껏 공직에 헌신해 오면서 많지 않은 월급으로 어렵게 살아 왔는데 이제는 돈으로라도 보상을 받았으면 하는 보상심리도 깔려 있는지도 모른다. 같은 학교를 나와 기업으로 간 친구들이 고액의 연봉을 받는 것과 비교하면서 느끼는 상대적인 박탈감의 심리도 없지 않을 것이기 때문이다. 얼마 전까지만 해도 중앙부처 고위공무원들은 퇴직 후에도 은행, 공기업, 또는 대기업의 임원이나 고문과 같은 자리로 옮겨가 활동하는 경우가 흔한 예였다. 공직을 퇴직한 후 10년을 넘게 일하는 사람도 많이 있었다.

그러나 세월호 침몰 참사는 퇴직 공무원들이 이 같은 방식으로 일해 왔던 관행을 완전히 뒤엎는 계기가 되었다. 지금의 상황은 이전과는 완전히 달라져 버린 것이다. 인사적체로 몇 년째 승진을 못한 후배들의 눈치도 보지 않을 수가 없다. 그렇다고 아무런 대책도 없이 옷을 벗을 수는 없다. 정년퇴직 전에 퇴직하여 정부투자기관이나 산하단체와 같은 유관기관에 다시 일자리를 갖던 제2의 직장은 거의 불가능한 상황이 되어 버렸다. 이뿐만이 아니다. 소위 '김영란법'이 시행되게 되면 이미 퇴직해 버린 공무원들의 소위 '보이지 않는 힘'은 저 멀리 날아가게 된다. 지금 퇴직하는 공무원들에게는 선배 공무원들이 일해 왔던 것과 같은 그야말로 물이 좋은 일자리는 더 이상 찾기 어려운 상황이 되어 버렸다. 있어도 먹을 수가 없는 그림의 떡이 되어버린 것이다. 설령 이들을 필요로 하는 곳이 있더라도 소위 관피아방지법은 이를 아예 차단해 버렸다. 몇 해 전에 이미 적지 않게 줄어버린 공무원연금은 또 다시 더 많이 내고 덜 받는 방향으로 법이 개정되었다.

상황이 이쯤 되다 보니 요즈음 공무원들의 사기는 말이 아니다. 사기 정도의 문제가 아니라 아예 행복하지 않다는 표현이 더 적절할 것이다. 세월호 침몰 참사와 함께 그 충격의 멍에를 지고 소위 관피아라는 이름으로 공공의 적이 되어 버렸기 때문이다. 서울과 수도권에서 세종시를 매일 출퇴근해야 하는 공무원들은 몸도 피곤하고, 마음도 편하지가 않다. 이들 가정의 삶은 더욱 여유를 갖기 어렵게 되었다.

"공직생활 중 지금과 같이 정신적으로 힘이 든 적이 없다."
"남들 앞에서 공무원 신분을 밝히는 것 자체가 망설여진다."
"자식들이 나를 어떻게 생각하나 하는 생각도 하게 된다."

관피아방지법의 적용을 받지 않는 직급의 젊은 공무원들은 공직사회에 들어 온 것을 후회하면서 하루라도 더 늦기 전에 사기업으로 옮겨야 하는 것이 아닌가 하는 고민을 한다. 고민과 방황 끝에 일부 공무원은 실제 민간 기업으로 옮겨가고 있다고 한다. 정년을 몇 년 앞두고 있는 일부 공무원은 명예퇴직의 길을 택해 아예 새로운 자기만의 길을 찾고 있다. 지난 2014년 연말 공무원들의 명예퇴직 신청이 어느 해 보다도 크게 늘었다고 한다. IMF 발생 이듬해인 1998년에도 공무원들의 명예퇴직이 크게 늘었었다. 요즈음에는 '관피아' 척결 등으로 공직사회에 대한 불안에 연금액을 줄이겠다는 공무원 연금 개혁 논쟁이 더해지면서 명예퇴직 희망자가 크게 늘어난 것으로 보여 진다.

지난 해 어느 경제 신문이 실시한 공무원들의 공직에 대한 의식조사는 이러한 공직자들의 심리적인 방황 상황을 잘 설명해 주고 있다. 24개 중앙부처에 근무하는 공무원 335명을 대상으로 실시한 "공직사회 개혁에 대한 공무원 의식조사"에 의하면 약 80%에 해당하는 공무원들이 '전직轉職을 고려해봤다'고 답했다. 관피아라는 이름으로 일종의 마피아가 되어버린 공무원들이 느끼는 심리적인 갈등이 적지 않다는 생각이 든다.

누가 공직사회에 부정적인 낙인을 씌우는가!!!

공무원들은 '국민을 위한 공직자公職者'가 아니라 '국민의 공적자公賊者'처럼 되어 버렸다. 이제 공무원들은 자기들만의 기득권을 지키려는 세력으로, 그리고 세상의 변화에도 아랑곳 하지 않고 무사안일과 복지부동의 이미지로 각인되어 버렸다. 국민의 세금으로 봉급을 받는 심부름꾼이 심부름을 제대로 수행하지 못한다는 힐난도 받고 있다.

실제로 공무원들 중에는 밥값 못하는 무능하고 몰지각한 극히 일부의 공무원들이 엄연히 존재한다고 필자는 생각한다. 개인의 사욕을 채우다가 비리에 연루돼 그간의 인생을 송두리째 망치고, 정부의 신뢰까지도 땅에 떨어지게 만드는 공무원도 있다. 공무원이라는 직책이 무슨 힘 있는 '완장'이라도 되는 듯이 공직자의 신분을 망각한 채 국민 위에 군림하면서 위세를 부리려는 공무원들도 아직 없지 않다.

물론 일부 공무원의 비리나 문제를 공무원들 전체의 문제로 몰아가는 것은 바람직하지 않다. 공직사회의 부분적인 문제를 부정적 시각만으로 평가하고 낙인을 씌우는 듯한 상황은 바람직하지도 않고 해결방안도 아니다. 오히려 문제를 악화시킬 뿐이다. 모든 공무원들을 관피아로 낙인찍어 사회적으로 매도하고자 하는 분위기가 과연 옳은 일인지 잘 생각해 보아야 한다. 득보다는 실이 더 클 수도 있기 때문이다. 이는 국가 전체적으로도 이로울 것이 없다. 국민들로 하여금 정부에 대한 신뢰의 상실만을 가져올 뿐이기 때문이다. 신뢰를 잃은 정부는 정책을 추진할 정통성과 권위를 잃어버리게 되기 때문이며, 극단적으로 이야기하면 국가와 정부의 존립의 의미를 약화시키는 것이 되기 때문이다.

전체가 아닌 일부 공무원의 사례를 들어 공무원 전체를 범죄 집단처럼 폄하하고 이야기하는 것은 합리적이지 못하다고 항변하며 억울해 하는 공무원들도 있을 것이다.

왜 우리 사회는 공무원들을 무사안일無事安逸이나 복지부동伏地不動과 같은 긍정적이지 못한 음지의 단어로 부정하려 하는가?
우리 속담의 표현대로 혹시 '똥 묻은 개가 겨 묻은 개 나무라는 것'은 아닌가? 괜히 자신의 분수는 알지도 못하면서 '가랑잎이 솔잎더러 바스락 거린다'고 하는 것은 아닌가?
사실은 그렇지 않은데 우리 국민들이, 아니면 우리 언론이 불신의 덫을 공무원들에게 씌우려 하고 있는 것은 아닌가?
개천의 미꾸라지 몇 마리가 개천의 물을 흐린다고 그 개천 전체를 흙탕물이라고 낙인을 씌우는 것은 맞지 않지 않는가?

이와 같은 항변을 제기하는 공무원들의 입장에서는 '그렇다'는 답을 내릴지도 모를 일이다. 그러나 위 물음에 답할 주체는 공무원들이 아니라 우리 국민들이다. 그리고 국민들의 입장에서 그 답은 분명 '아니다'이다.

그러면 이 '아니다'라는 답이 나오도록 하는 문제의 상황은 누가 만들어 놓았는가? 필자는 공직사회의 안에서 그 답을 찾아야 한다고 생각한다. 공무원들의 생각과 행동에서 그 해답을 찾아야 한다고 보는 것이다. 물론 이 모든 책임을 공무원만의 잘못, 그리고 공무원들의 탓으로만 돌리는 것은 무리라고 할 수도 있다. 그러나 누가 뭐라고 해도 그 일차적인 책임은 공무원들에게 있다고 보아야 한다는 생각이다. 세월호 침몰 참사에서 보았듯이 공무원들은 이 사회의 제도와 시스템 위에서 어떻게 움직여 왔는가? 해양수산부와 해양경찰청의 공무원들이 퇴직 후에도 전관예우 등으로 비정상적인 관계의 고리를 만들었고, 그 결과는 세월호 침몰 참사의 한 원인으로 나타난 것이다. 결국 우리 공무원들의 자업자득이라 말해도 이에 항변하기는 어렵다는 생각이다.

공직사회 '관피아'의 기원과 역학

'해피아'의 화려한 등장

'해피아!!!'

'해피아'라는 신조어는 세월호 침몰 참사의 원인과 상황을 분석하는 과정에서 등장했다. '해피아'의 의미를 굳이 설명하자면 옛 항만청이나 해양수산부, 해양경찰청의 퇴직 공직자들이 항만공사와 항만보안공사, 선원협회와 선주협회 등과 같은 그들 산하기관과 조직에 내려가 유착의 고리를 만들고, 그들의 사익을 추구한 사람들이나 집단쯤으로 설명될 수 있을 것이다. 해양수산 분야의 공무원들과 폭력조직을 뜻하는 "마피아Mafia의 합성어이다. 다시 말하면 해양수산 계통의 마피아인 것이다.

'해피아'는 세월호 침몰 참사를 계기로 세상에 그 민낯을 드러냈다. 바다를 오가는 여객선의 안전검사를 대행하는 한국선급과 여객

퇴직공무원
관피아

선의 안전한 운항을 관리하는 해운조합에 관리 감독부처에서 퇴직한 공무원들이 그 조직의 수장을 맡았다. 여객선의 안전검사와 안전운항의 관리업무를 매개로 공무원과 산하기관이 서로 끌어주고 밀어주는 공생의 구조를 만든 것이다.

'관피아'는 '해피아'와 같은 관료조직과 그 관련 산하 단체나 기관간에 관행처럼 만들어져 있는 공생의 유착관계는 물론 이러한 유착관계로 인해 일어나는 폐단이나 비정상의 상황을 만드는 관료들을 통칭하는 것이다. 세월호 침몰 참사 직후 대통령은 공직사회의 이런 비정상의 관행과 그 폐단을 통 크게 '관피아'로 규정하였다. 그간 공직사회에 누적되고 관행화되어 온 관피아의 폐단을 들어내지 않으면 안 된다는 절박함의 표현이었을 것이다.

뭔 피아가 이렇게 많아!!!

대통령의 관피아 규정 이후 많은 언론과 국민들은 온갖 이름의 관피아를 회자시켰다. 세월호 침몰 참사를 불러온 한편의 원인 제공자로 지목된 해피아를 필두로 모피아(재정), 금피아(금융), 교피아(교육)에서부터 산피아(산업자원), 국피아(국토)와 철피아(철도), 원피아(원전), 검피아(검찰 및 법무)와 세피아(세무)에 이르기까지 그 종류와 이름을 일일이 헤아려 이해하기 어려울 지경이 되었다. 실로 수많은 이름의 분야별 관피아가 등장했다. 그러나 보니 그 종류를 모두 헤아리는 것은 밤하늘의 별을 헤아리는 것보다도 더 어렵다는 농담 섞인 우스갯소리도 나오는 상황이 되어버렸다.

국가의 안위와 평화를 책임지는 국방분야에도 관피아가 있다고 한다면 실로 놀라운 일이 아니겠는가. 그런데 이는 가정법이 아니다. 군피아도 해피아와 같이 세월호 침몰 수습과정에서 그 민낯을 다시 드러냈다. 천안함 사건이후 좌초하거나 침몰한 함정을 탐색하고 인양하기 위해 만들어 진 통영함은 세월호 실종자의 구조와 희생자의 수습에 투입되고서도 제 기능을 전혀 하지 못하였다. 방위산업 분야에 종사해 온 군 장성들이 독점적 구조의 방위산업체와 군 · 산 유착의 고리를 만들어 방산 비리를 키우고 구조화시키는 기제로 작용하면서 일반 국민들은 상상도 못할 부정과 비리로 세간의 주목을 받는 형국이 되어 있다. 80년대에는 군 내부에 하나회라는 조직이 꽤나 유명했고 사회 전반에 적지 않은 영향력을 발휘했다. 하나회는 육군사관학교를 나온 엘리트 장교들이 모인 군 내부의 사조직이었다. 당시 하나회에 감히 '피아'라는 말은 붙이지 못했지만 이들을 지금의 상황에서 굳이 '피아'를 붙이면 이들이 '육피아' 또는 '군피아'의 원조가 아니었을까 하는 생각이다. 이 하나회는 군 내부의 인사에 적지 않게 영향력을 미치는 집단이었고, 80년대 초반 신군부 시절에는 정권의 핵심적인 축으로 부상하기도 했으나 그 폐단으로 해체되었다.

잘 알려지지 않은 신종 관피아들도 있다. 바로 이런저런 공직을 두루 돌고 돈다는 의미의 '돌피아'가 그중의 하나가 아닐까 한다. 대표적인 돌피아는 고위공무원에서 시작해서 국회의원을 거쳐 지방자치단체의 장에 이르기까지 모든 코스를 완주하는 이들을 일컫는 말이다. 고위공무원이나 국회의원 출신이 단체장이 되는 것이 문제가 되는 것만은 아니다. 풍부한 행정과 국정의 경험을 기초로 지방행정을 보다 잘 꾸려갈 수 있는 장점을 발휘하기도 한다. 그럼에도 불구하고 '돌피아'가 또 다른 하나의 관피아로 회자되는 것에는 관계와 정계를 두루 섭렵하며, 진정 국민을 위해 봉사하기보다는 완장이라도 찬 것과 같이 권위를 부리는 상황을 염려하는 것일 것이다.

해피아, 군피아, 교피아와 같은 관피아는 범죄조직과 비슷하다는 의미를 그 기저에 담고 있다. 이제 우리 사회에서 마피아라고 하면 험악한 갱단이나 범죄조직을 먼저 생각하기보다는 공직사회의 관피아가 먼저 머리에 떠올려질 지경이다. 지금 공직사회는 공공公共의 적賊을 넘어서는 범죄 집단과도 같은 아주 과격한 이름으로 표현되면서 이 사회에 존재해서는 안 될 듯한 집단으로 매도되고 있는 상황이다.

나는 '복(福)피아'인가, '메디피아(medifia)'인가!!!

필자는 지난 30여 년간 주로 보건복지保健福祉 분야에서 일해 왔다. 보건복지 분야에서 일해 온 필자에게는 어떤 피아로 딱지를 붙일 것인가? '보保피아'라고 이름 붙일 것인가, 아니면 '복福피아'라고 작명

할 것인가? '보保'자도 그렇고, '복福'자도 그렇다. 이들은 모두 긍정적인 의미를 내포하고 있다. 아마도 복福자는 우리 국민들이 가장 좋아하는 한자어중의 하나일 것이다. 이런 긍정과 희망의 의미를 갖고 있는 언어에 범죄 조직을 의미하는 피아의 딱지를 붙여 넣는 것은 어울리지도 않고 바람직스럽지도 않는다는 생각이 든다.

그래도 대부분의 정부부처들이 다들 낙인의 딱지를 하나씩 부여받은 마당에 해방이후 정부가 바뀔 때마다 수많은 조직 개편 속에서도 그 이름과 기능을 굳건히 지켜온 보건복지 분야에도 딱지 하나쯤은 있어야 하지 않을까? 이름이 붙여졌다면 '헬피아healfia' 또는 '메디피아medifia'아가 아닐까 한다. 건강과 보건을 뜻하는 health에 fia를 더하거나 의료를 뜻하는 medical에 fia를 더하는 식이다. '보피아'나 '복피아'보다는 그래도 좀 더 그럴싸해 보인다.

그러나 이를 어찌해야 하나! 애석하게도 그 수많은 이름의 관피아가 국민들의 입에 회자되고 있는 중에도 보건복지 분야에 붙어진 관피아는 아직까지 나오지 않고 있으니 말이다. 남들 대부분의 관료조직들이 작위爵位라도 수여받듯이 관피아의 작명을 부여 받고 있는 마당에 유독 그 이름을 부여받지 못한 것을 어떻게 이해해야 할 지 판단이 잘 서지를 않는다. 이를 기뻐해야 하는 것인지, 아니면 슬퍼해야 하는 것인지 혼돈스럽기도 하다. 이를 불행 중의 다행이라고 해야 할지, 아니면 불행 중의 불행이라고 해야 할 것인지 판단이 서지를 않는 것이다. 필자의 주관적인 생각으로는 불행 중 다행으로 볼 수 있었으면 하는 마음일 뿐이다.

관피아의 원조는 누구인가?

우리 국민들은 '원조'를 좋아한다는 생각을 하게 된다. 좀 과장되게 말하면 숭배한다고 보는 것이 맞는지도 모를 일이다. 적어도 먹고 마시는 분야에 있어서는 원조를 무지하게 따지고 찾는 다는 점은 분명해 보인다. 맛집 골목에라도 가면 서로가 원조라며 싸움이라도 날 지경인 듯이 보이기 때문이다.

그러면 우리사회에서 관피아의 원조는 누구인가? 10여년 전 이탈리아의 로마대학에서 마피아mafia 강좌를 개설하여 큰 인기를 누린 적이 있다고 한다. 마피아가 어떻게 결성되었는지, 그리고 그 마피아가 초대형의 범죄 조직으로 발전하게 된 요인은 무엇인지 등에 대한 궁금증을 풀기 위한 것이었다고 한다. 이 강좌에 500여명의 수강생이 몰려들어 매우 인기를 끌었다고 한다.

마피아 강좌가 이탈리아 로마대학에서 개설된 것은 이 마피아가 이탈리아와 불가분의 관계가 있기 때문이다. 마피아의 본 고향은 원래 이탈리아다. 그러니 관피아의 원조는 이탈리아 마피아라고 보아야 하지 않겠는가! 원래 마피아란 용어 자체가 이탈리아 범죄조직을 이르는 말에서 유래했기 때문이다. 19세기에 이탈리아 시칠리아섬을 주름잡던 반정부 비밀결사 조직이 그 출발점이었다. 이와 같은 마피아의 특성은 끼리끼리 뭉치고 끼리끼리 활동한다는 특성이 있다. 이들 마피아의 일부는 미국으로 건너가 뉴욕과 시카고 등 대도시에서 범죄조직을 만들었다. 1920년대 후반 밤의 황제, 밤의 대통령으로 불렸던 마피아의 대부 알 카포네Al Capone가 그 대표적이다.

마피아의 본산이 바로 이탈리아이고, 지금도 그 마피아는 이탈리아에 살아 움직이다 보니 하느님의 사랑을 믿는 교황청마저도 마피아와의 전쟁을 벌이고 있다고 한다. 실제 프란치스코 교황은 2012년 취임한 이후에 마피아와의 전쟁을 선포했단다. 교황은 "마피아는 악의 숭배자이며 공동선을 모욕하고 있다. 마피아와 관련된 피 묻은 돈을 천국에 들일 수는 없으므로 모두 버려야 한다."고 했다. 교황청에서 마피아의 부정을 들어내고, 그 연결고리를 끊어 버리겠다는 의지로 풀이된다.

관피아는 왜 만들어지는가???

공직사회에서 관피아는 왜 만들어지고, 어떻게 그 세를 확장해 가는가??

가장 간단히 생각해서, 관피아가 생겨나는 기본적인 토양은 공직사회의 피라미드형 조직구조와 인간 본연의 욕심이 그 근원이라는 생각을 한다. 조직의 상층부로 올라갈수록 권한은 점점 커지게 되어 누구나 올라가고 싶은데, 이를 누릴 수 있는 자리는 점점 줄어들게 된다. 밑에서 위를 쳐다보는 사람들은 늘 자신들이 올라가 앉아야 할 자리가 부족하다고 생각하게 된다. 조직과 조직 구성원들은 여분의 자리를 만들기 위해 조직적으로 노력을 한다. 기존에 위쪽에 앉아 있는 상급자이자 공직의 선배를 위한 자리를 만드는 작업이다. 이해관계가 있는 산하 협회라든가 관련 기관으로 옮길 수 있는 자리를 지속적으로 만들고 찾아내는 것이다. 이러한 조직과 조직 구성원의 필요적인 상황을 관행이라는 이름으로 합리화하여 제도화하는 노력을 하게 된다. 우리 사회의 관행이라고 하는 것이 대부분 그러하듯이 이 관행도 누이도 좋고, 매부도 좋은 것이다. 퇴직을 앞두고 자리를 필요로 하는 개인과 조직이 함께 움직이는 것이다. 세간의 표현대로 소위 '낙하산'을 만들어야 하는 상황인 것이다. 과장에서 국장, 국장에서 실장으로 승진하지 못하는 조직의 선배를, 그리고 실장에서 정무직으로 선택되지 못한 선배들의 앞길을 만들어 주는 것이 공무원 관료사회의 오랜 관행이 되어 왔고, 관행을 넘어 하나의 미덕처럼 되어 버린 것이다.

조직의 맨 앞에서 나가야 할 순번이라고 생각하는 선배들은 후배들을 위해서라도 이들이 찾아 마련해 주는 자리로 비켜 앉아야 하는 상황에 처하게 되는 것이다. 또한 자리를 비켜주어야 하는 대상자들은 본인 자신을 위해서도 옮겨야 하고 옮기는 것이 필요하다고 생각한다. 이 경우에는 일종의 보상심리가 발동되는 것이다. 지금까지

20년, 30년 더 길게는 30년도 훨씬 넘게 국가를 위해 헌신하며 적은 월급으로 어렵게 생활해 왔는데 이제는 경제적으로 어깨도 좀 펴고 편하게 살고 싶다는 욕망이 생기는 것이다. 그리고 퇴직을 하게 되면 기업이나 로펌 등에 진출해서 좀 더 튼튼한 노후수단을 만들어야 한다는 생각을 하게 된다. 게다가 이들은 절친한 친구 사이로 같은 학교에서 같이 공부를 하고도 큰 기업이나 변호사로 진출해서 고액의 봉급을 받거나 자신보다 많은 부를 만들어 놓은 친구들과 비교하게 된다. 그리고는 이들을 보면서 일종의 상대적 박탈감 같은 것도 느끼게 된다. 즉, 자신을 비슷한 준거집단準據集團과 비교해 보고, 그 상대적인 경제적 격차를 부러워하며 느끼는 심리적 갈등이 표출되는 것이다.

이들이 낙하산을 타고 내려앉는 조직은 조직대로 이들을 필요로 하는 이유가 없지 않다. 소위 '전관예우'의 상황이다. 이들 조직은 퇴직한 공무원을 받아들여 그들 조직의 재정지원을 늘리고 조직을 키워, 다시 그들 조직의 앉을 자리와 인원을 늘리는 기제로 활용할 필요가 있는 것이다. 퇴직공무원은 이들이 이전에 있었던 친정부처로부터 전관예우의 대접을 받으면서 조직이 필요로 하는 사항을 처리해주는 해결사로서 역할을 하는 것이다. 자신이 몸담아 왔던 친정부처를 상대로 하는 소위 대관업무인 것이다. 결국 '낙하산'과 '전관예우'는 동전의 양면과도 같은 것이다. 단지 차이가 있다면 낙하산은 내려앉는 자의 욕망이 크게 반영된 것이고, 전관예우는 이를 받아들이는 조직의 필요가 반영된 것이라고 이해한다면 틀린 말이 아닐 것이다.

관피아의 역학, 그 작용관계

관피아는 있을 수 있는 여러 가지 관계關係의 고리를 통해 선후가 연결된다. 지연과 학연은 가장 기본적인 고리가 된다. 경우에 따라서는 혈연까지도 동원되며, 정치권과 시민단체가 연결고리로 작용하는 경우도 있게 된다. 퇴직하는 공무원이 낙하산을 타고 내려가고, 이를 받아들이는 역학관계는 기본적으로 지연과 학연 등에 의한 관계의 문화인 것이다.

결국 관피아는 공무원들의 노력과 인식이 합쳐지고, 이들을 받아들이는 조직의 필요를 맞추어가면서 만들어지고 마치 관행처럼 굳어져 돌아가게 된다. 이런 관피아의 조직과 문화에서 일처리 과정은 합리적인 절차와 방법은 무시되게 된다. 조직 간의 발전을 위한 건전한 경쟁은 약화되게 된다. 낙하산의 필요성과 전관예우의 상황으로 엮여 상호 양 조직이 찾아 챙길 것은 챙기고, 밀어줄 것은 밀어주게 된다. 상호간 공생의 관계이고, 유착의 관계인 것이다. 이는 순수한 이성으로 보거나 합리적인 사고로 생각해 보아도 정도正道의 방법도 아니고 정상正常의 관계도 아니다. 한마디로 올바른 길이 아닌 비정상非正常의 상황인 것이다.

우리 국민과 언론이, 거기에 대통령까지 나서 공직사회를 범죄조직인 마피아에 비유하며, 그 폐단을 염려하고 걱정하는 것은 그 폐단이 너무나 크다고 생각하기 때문일 것이다. 국민과 언론은 이들이 해당 기관에 나가 관官과 민民의 공생관계를 형성하고, 공정하고 투명한 법의 집행을 어렵게 한다고 보고 있다. 또한 정책의 집행을 왜곡시켜 효율적이고 공정한 사회의 기틀을 어렵게 하는 요인이라고 생각한다.

다년간 공직에서 정책과 행정의 풍부한 경험을 쌓은 퇴직자들은 중요한 인적자원들임이 분명하다. 이들이 사회의 적소에서 계속적으로 기여할 수 있는 기회가 주어지고, 의미가 있는 일을 할 수 있는 터전이 마련되는 것은 국가적으로도 중요하면서 필요하다. 오랜 기간 훈련되고 경험 많은 자원들이 관련 공공기관이나 민간 기업에 들어가 전문성을 발휘하면서 기여하고 봉사하는 것은 매우 좋은 일이기도 하고 필요한 것이기도 하다. 다만, 이는 적어도 국민들이 우려하는 것과 같은 관피아의 폐단이라고 여기지 않거나 아주 미미할 정도로 최소화 되는 것을 전제로 하는 말이다.

관피아의 폐단을 해소하려면!!!

정상이 아닌 비정상의 관계를 고리로 하여 사회의 여러 가지 폐단을 만들어 내는 것이 이들 관피아이고, 퇴직 관료들이라면 이는 없어져야 한다. 관피아가 가져오는 폐단의 해소는 분명 필요하고도 중요한 일이다. 이는 우리 사회가 보다 투명하고 깨끗한 사회가 되기 위해서는 반드시 넘어야 할 산이고, 건너야 하는 강이다.

관피아는 오랫동안 만들어져 왔고 이미 깊게 뿌리를 내리고 있다. 적어도 세월호 침몰 참사 이전까지는 우리사회에서 관행처럼 용인되어 왔고, 그 결과로 그 폐단은 오랫동안 이미 굳어질 데로 굳어져 버렸다. 대통령의 진단처럼 이미 쌓이고 쌓여 적폐積弊가 되어 버렸는지도 모른다.

그렇다면 그간 쌓여져 온 적폐를 들어내고 해소하는 것도 쉬운 일이 아닐 것이다. 그 폐단을 해소하고 들어내기 위해서는 만들어지는 과정이 매우 다면적이듯이 다차원적으로 풀어야 한다.

무엇보다 공무원들 모두가 제자리를 찾아야 한다. 공무원들의 의식과 행동이 달라져야 한다. 국민들의 눈과 생각은 세월호 침몰 참사 이전과 이후가 확연히 달라졌다는 것을 공무원들이 분명히 느끼고 인식해야 한다. 이제 국민들은 공무원들의 말과 행동에 아주 민감해져 있다. 공무원들이 말하고 행동하는 것 하나하나에 눈을 부릅뜨고 귀를 기울이기 시작했다. 공무원들이 변하지도 않고 변한 것처럼 외양의 형식적인 모습만을 보이는 악어의 눈물과도 같은 태도를 국민들은 더 이상 감내하지 않는다.

다음으로는 제도적 측면과 우리사회의 문화적 측면을 동시에 감안해야 한다. 공무원들의 기강 확립만을 강조한다고 해서 다 해결될 수 있는 것이 아니다. 우선 제도적 측면으로는 공직사회를 바꾸고 개혁하는 노력이 진행되어야 한다. 주어진 법의 권한으로 우월적인 갑의 위치에 서게 되는 공무원 신분의 특수성을 감안할 때 재직 당시 취급한 업무와 밀접하게 관련된 민간 기업 또는 산하 기관이나 단체에서 일할 수 있는 기준을 사회가 용인할 수 있을 정도로 객관적이고 엄격하게 관리되는 시스템이 되어야 한다. 소위 "관피아방지법"으로 불리는 공직자윤리법의 개정이나 많은 논란 속에 진행된 소위 "김영란법"도 그러한 중요한 조치중의 하나일 것이다. 법이 만들어지고 기준이 만들어지면 그 다음은 누가 보아도 이 시스템이 잘 작동되고 있다고 느낄 정도로 엄격히 관리되어야 한다.

문화적 측면으로는 사람의 의식과 행동의 기초가 되는 국민의 정서에 대한 고민이 함께 포함되어야 한다. 왜냐하면 제도와 정책이 성공하고 실패하는 것은 결국 사람에 의해 이뤄지고, 국민의 의식과 행태는 그 사회의 문화적 소산이기 때문이다. 우리의 의식과 문화를 바꾸는 일은 범국민적인 노력 없이는 그 결과를 기대하기 어렵다. 비단 공무원들의 태도가 변하고 기강만이 바로 선다고 해서 해소되는 문제도 아니다. 앞에서 이미 이야기한 바와 같이 관피아가 만들어지고 그것이 작동되는 기본적인 환경은 상대방의 바람이 영향을 미치는 측면도 강하기 때문이다. 유치원에서부터 시작하는 교육적 노력은 물론 문화예술계와의 협력을 통한 입체적인 대응과 노력이 필수적 문건이다. 사람들의 윤리의식과 올바른 행태를 만들어가는 것은 기본적으로 교육이고 문화이기 때문이다.

관점에 따라서는 본질적인 것은 아니고 부차적인 문제라고 볼 수도 있는 것이기는 하지만 한 가지 더 생각해 볼 부분이 있다. 다름이 아닌 정부 정책의 합리성과 타당성 논리를 만들어 내는 전문기관의 연구자나 대학 교수들의 의식과 행동에 관한 것이다.

정부가 어떤 정책을 만들어가는 정책 형성의 과정에서 그 필요성과 합리성은 물론 그 타당성과 시행가능성의 검토에 전문 연구기관 또는 대학의 전문 연구자와 교수들의 참여와 기여는 필수적이고 불가피하다. 어떤 정책이 크고 작던 간에 그것이 본래의 목적과 취지대로 다듬어지고 만들어지는 것은 이들 전문가들의 공로가 없이는 불가능한 일이기 때문이다.

다만, 이러한 정책형성의 과정에 참여하는 전문가들 중에는 어떤 이유로든 간에 정책 담당부서와 일종의 담합과도 같은 행위가 있을 수 있다는 점이다. 이러한 행위도 관피아가 만들어지는 하나의 계기가 되고 있다고 한다면 이 분들의 고매한 인품을 폄하하는 것이 되지는 않을까 매우 염려가 되기도 한다. 그러나 정책 실패 사례 중 한 가지 예를 들어 보기로 하자. 4대강 사업의 정책에 대한 실패와 찬반 여부는 아직도 갑론을박이 있으니 논외로 하자. 다만, 그 사업의 작은 부분 중의 하나였던 4대강을 헤엄치며 '수질을 감시하는 로봇물고기'는 그 정책 합리화에 참여한 전문가들의 정책 논리가 정말로 진실된 것이었는가에 대한 의문이 가능하다. 적어도 감사기관의 감사 결

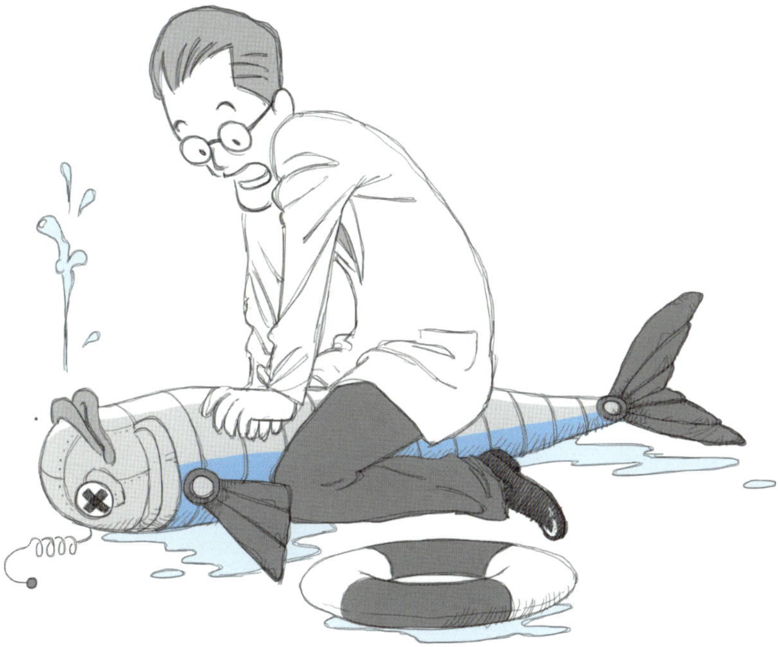

과를 놓고 보면 그 의문은 의문이 아닐 수 없다. 로봇 물고기가 실제 수질을 감시하는 것은 고사하고 물속을 제대로 헤엄쳐 다니지도 못하는 불량품이었다는 것이 감사결과였다. 이 수질을 감시하는 로봇 물고기는 전문성을 으뜸으로 하는 어느 국책기관이 재정 지원을 받아 연구한 것이었다. 감사결과 조차에 의문을 품고 가정법으로 표현해서 그 감사결과가 사실이라면 의문은 의문이 아닌 진실이 된다. 그 전문 연구기관의 연구가 '영혼이 없는 한 연구자'의 출세 목적의 연구결과인지 아니면 생계목적의 연구결과인지, 아니면 양자도 아닌 또 다른 이유인지는 필자로서는 알 수가 없다. 다만, 필자의 논지는 이런 유형도 관피아의 관점에서 볼 수 있고, 폐단이라면 이러한 부분에 대한 개선도 이루어져야 관피아의 폐단이 해소될 수 있다는 점을 이야기하고자 하는 것이다.

공직사회를 움직이는 역학, 관계(關係)

우리사회 관계(關係)와 그 작용 메커니즘

우리가 살아가는 사회는 관계關係의 연속이다. 우리의 삶은 관계 그 자체라고 해도 과언이 아니다. 관계關係는 둘 이상의 사람과 사물 또는 현상 따위가 서로 관련을 맺거나 관련이 있는 것을 의미한다. 예컨대, 사제관계라던가, 국제관계 등의 표현이 그 일례이다. 친구와의 우정관계, 기업 간의 거래관계, 양국 간의 불편한 관계 등 모든 것이 관계로 설명될 수 있다.

얼마 전에 "관계關係"라는 영화도 개봉되어 상영된 적이 있었다. 정상적인 가족의 관계에서는 이루어지기 어려운 윤리적으로 일탈된 인간의 관계를 그린 영화이다. 사회의 정상적인 윤리규범으로 용인되기 어려운 불륜의 관계를 그린 것으로 소위 말하는 막장 드라마였다.

이러한 관계는 둘 이상의 사람이 있는 곳이면 어디에서나 존재한다. 사람과 사람, 사람과 조직, 기업과 기업, 국가와 국가, 그 형태에 관계없이 관계는 존재한다. 정치, 경제, 사회, 과학, 문화와 예술 등 모든 분야에 존재하는 것이다. 정상적이고 합리적인 관계는 그 사회와 국가가 존립하는 기본 토대라고 할 수 있다.

이러한 관계가 우리 사회를 움직이는 기반이 되는 정의와 이성 그리고 합리성을 뛰어 넘는 상황이 되거나, 그런 상황으로 변질되는 관계가 되면 문제가 된다. 위에서 언급한 "관계"라는 영화도 같은 맥락이다. 사람간의 애정관계는 인간이 살아가는 기본적인 삶의 방식으로 매우 필요하고 긍정적인 관계이나 이것이 인간의 윤리를 넘는 불륜으로 넘어가면 문제의 관계가 되는 것이다. 세월호 침몰 참사의 원인도 결국 따지고 보면 우리 사회가 잘못된 비정상의 관계에서 발생된 것으로 보아야 한다. 세월호 소유주의 회사 운영이 잘못된 관계로 엮여 있었고, 세월호의 안전운항을 감독하고 관리하는 조직 간에도 부정과 비리가 발생될 수 있는 정상적이지 못한 관계가 작용했던 것이다.

중국사회의 관계, "꽌시(关系)"

중국어로 관계를 "꽌시(关系)"라고 한다. 이는 우리가 흔히 이야기하는 빽(background)과 같은 의미를 내포하고 있다고 보면 과히 틀리지 않는 말이다. 그리고 중국인들이 필요시에 이 꽌시를 동원하는 것을 "판꽌시(攀关系)"라고 한다. 특히 '자신보다 지체가 높은 사람과 관계를 맺는 것으로 빽을 동원한다.'는 의미를 담고 있다. 중국 사회에서 꽌시는 우리나라보다도 더 중요한 상황으로 작용한다고 한다. 중국 사람들은 흔히들 꽌시가 없으면 되는 일이 없다고 말한다. 이처럼 꽌시가 중요시되다 보니 사람을 평가할 때 상대방의 능력보다도 꽌시를 우선하는 풍조가 있어 꽌시는 법보다도 중요하다는 생각을 한다. 그래서 중국에서는 힘이 있는 정부 관리들과의 관계를 맺는 것, 즉 정부관리를 통한 판꽌시가 법보다도 더 중요하게 작용하는 상황이 되어 있다는 것이다.

전통적으로 대가족이었던 중국에서 개혁과 개방 정책을 추진하면서 한 자녀 정책(one child policy)으로 귀하게 태어난 아이는 집안에서 금지옥엽처럼 키워졌다. 여기에 더하여 그들 부모의 사회적 지위와 경제적 능력에 따라 이 아이들은 진짜 금지옥엽의 소황제와 가짜 소황제로 구별된단다. 고위 공직자의 자녀인 '관얼다이(官二代)'는 진짜 소황제이고, 가난한 집안의 자녀 '핀얼다이'는 가짜라는 것이다. '관얼다이'는 성장과정도 황제처럼 귀하게 자랐고, 사회에 나와서도 귀족처럼 행세한다는 것이다.

"내가 누구 자식인줄 알아?"

힘이 있는 관리의 자손은 아버지가 자식의 '완장'이 되어 있는 것이다. '관얼다이'는 학교에서 성적이 나빠도 아버지의 힘으로 졸업도 할 수 있고, 공무원 시험에 합격할 수도 있단다. 중국 정부의 부패척결 노력으로 인해 베이징과 같은 대도시에서는 이런 일들이 대부분 없어져 가고 있지만 중소 도시에서는 이러한 꽌시가 아직도 힘을 발휘하는 경우가 있다고 한다. 반면에 '핀얼다이'는 이렇게 중요한 관계의 고리가 없어 그야말로 변변한 비빌 언덕이 없는 것이다. 이들은 대학을 나와도 원하는 직장을 구하기가 어렵고, 공무원 필기시험에서 성적이 좋아도 면접에서 밀린다고 한다. 이쯤 되면 중국사회에서 꽌시는 살아가는데 없어서는 안 될 일종의 힘이고 권력으로 작용하고 있다고 볼 수 있을 것이다.

관계의 사회학, 갑을관계(甲乙關係)

사전적인 언어로 '갑을관계'는 계약관계에서 자유로운 양 당사자를 일컫는 말이다. 이러한 갑을관계는 어제 오늘의 일이 아니다. 동서고금을 막론하고 인간사회 어디에나 존재하는 사회존립의 보편적인 방식이다. 그러나 '갑'과 '을'의 사이에 힘과 권력의 역학이 작용할 경우 양자의 관계는 단순히 평등한 계약 당사자가 아닌 상上과 하下, 또는 주主와 종從의 관계가 된다. 이러한 상·하와 주·종 관계의 갑을관계 역시 사회의 어느 조직에서도 나타날 수 있는 현상이다. 목회자들에 의하면 영적 공동체인 교회 안에도 불평등한 상·하와 주·종의 갑을관계가 존재한다고 한다.

"나보다 위치가 높거나 입장이 유리한 사람에게 소위 '갑질'을 당해본 적이 있는가?" 라는 질문에 직장인 10명 중 9명이 당한 경험이 있다는 답변을 했다. 지난 해 모 신문사와 잡코리아가 직장인을 대상으로 설문조사한 결과이다. 우리사회의 갑을관계가 기업 간의 거래와 영업뿐만이 아니라 조직의 문화와 일상생활에서도 폭 넓게 작용하고 있음을 설명해 주고 있다. '갑질'을 하는 사람으로는 직장상사가 61.3%로 가장 많았다. 거래업체와 규제담당 공무원이 38.3%와 13.8%로 그 다음이다.

갑을관계가 문제가 되는 것은 '갑'이 '을'에게 미치는 관계의 수준水準과 정도正道이다. 이 수준과 정도의 문제는 완벽하지 못한 인간의 사회에서 자기만의 이익과 권위에 집착하면서 '을'보다는 '갑'이 되기를 원하는 욕구와 욕망을 떨쳐버리기가 쉽지 않기 때문에 항상 발생한다. 우리 사회는 모두가 욕심과 욕망으로 서로 갑이 되겠다고 물불을 가리지 않는다. 이것은 마치 불을 보고 마구 달려드는 불나방과도 같다는 생각이다. 그러다 보니 서로간의 경쟁과 갈등이 심화되고, 불필요한 무한경쟁으로 달리는 형국이 전개되는 것이다.

갑을관계가 사회적으로 용인될 수 있는 수준과 정도를 벗어나 갑이 을에게 행하는 횡포는 힘을 가진 사람이 힘없는 사람에게 가하는 일종의 폭력이라고 볼 수 있다. 그 수준과 정도를 벗어나 너무 지나친 갑을관계가 사회를 지배하게 되면 사회 정의는 없어지고, 합리적인 상식은 통하지 않게 된다.

지난 해 어느 방송사의 개그 프로그램 중에 '갑과 을'이라는 코너가 높은 시청률로 인기를 끌었다. 이는 이 개그코너를 통해 시청자들이 느끼는 그 무엇인가가 있었다는 것을 말해 주는 것이다. 식당주인이 에어컨 수리를 위해 수리공을 불러 일을 시키면서 온갖 모욕을 준다. 수리공은 수리가 끝난 뒤 이 식당에서 손님으로 밥을 먹게 되면서 상황은 반전된다. 을이었던 수리공이 갑이 되고, 식당주인은 졸지에 을이 되어 수리공의 앙갚음을 당하는 식의 코미디이다. 을이 갑의 위치로 반전하여 시청자들로 하여금 대리 만족을 느끼게 해주는 것이 이 코너의 인기 비결일 것이다.

최근에 우리 사회에서 이러한 갑을관계가 사회적 이슈가 된 것은 2012년엔가 모 유업회사 직원의 대리점 주인에 대한 폭언과 합리적이지 못한 납품관계가 세간의 주목거리가 되면서부터였다. 그 이후 기업과 기업 간의 갑을관계 문제가 연이어 이슈화되었다.

"무릇 있는 자는 받아 충족하게 되고 없는 자는 그 있는 것까지 빼앗기리라."

신약성경 마태복음(25장 29절)에 나오는 구절이다. 있는 자는 더욱 풍족하게 되고, 없는 자는 있는 것까지도 빼앗겨 더욱 없게 되는 상황을 성경은 기록하고 있다. 우리 사회의 '부익부, 빈익빈' 현상을 더 없이 잘 설명하고 있다. 이를 마태효과라 부른다. 갑을관계에서 보면 힘이 있는 갑은 힘이 더욱 세게 되고, 힘이 없는 을은 점점 힘이 없게 된다. 우리 사회의 갑을관계가 정상적인 정도를 넘게 되면 그 격차가 점점 더 벌어져 마태효과를 가져오는 원인이 된다고 보여진다. 지금도 우리 사회에서 불평등하고 수직적인 '갑을관계'는 계속 진행되고 있다.

갑을관계의 전형, '라면상무'와 '땅콩회항'사건

갑을관계도 어느새 우리 사회의 또 다른 화두가 되어 버렸다. 우리는 사회를 갑과 을의 구도로 편을 가르고 갈등을 표출하는 형국이 되어 가고 있는 듯하다. 대부분 을의 위치에 처해 있는 국민들은 그 어느 때보다도 곱지 않은 시선으로 갑을 바라본다.

갑을관계의 전형적인 사례로 2013년에 있었던 소위 '라면상무' 사건이었다. 항공기에 탑승한 모 대기업의 임원이 여성 승무원을 폭행한 사건이었다. 사회적 지위가 높아 갑의 위치에 있는 사람이 그에게 필요한 서비스를 행하는 승무원에게 합리적인 이성을 넘는 '갑질'의 행동을 한 것이다. 또한 2014년에 있었던 이른바 '땅콩회항' 사건은 국민들 모두의 큰 반향을 불러 일으켰다. 승객을 대하는 서비스 규정을 제대로 숙지하지 못했다는 이유로 우리나라 제일의 항공사 경영자가 출발하는 비행기의 회항논란까지 일으켜 가며 공개적인 질책과 폭력을 행사했다. 기업의 경영자가 자사 항공기의 서비스 문제를 지적할 수는 있다고 해도 고객인 탑승자들의 안전을 뒤로 한 채 비행기를 회항시키면서까지 사무장을 내리게 한 것은 정도가 지나쳐도 너무나 지나친 것이라고 국민들은 본 것이다. 그 경영자는 소비자인 고객의 안전과 서비스 제공에 대한 관심보다는 회사 안에서 직급에 따른 상하의 관계를 "갑을관계"로 보고 피고용 근로자인 을에게 지나친 갑질을 한 것이다. 그는 부하직원을 대하고 일을 함에 있어 그의 직위를 힘 있는 빨간 '완장'쯤으로 생각했다고 볼 수밖에 없다. 그러기에 을의 위치에 있는 대다수의 많은 국민들이 자신과는 직접적인 관계가 없는 민간 기업과 그 임원의 행태에 분노의 의견을 표출한 것이다. 막말 파문으로 물의를 빚었던 모 교향악단 대표와 단원의 관계도 언론에 보도된 대로라면 합리적이고 정상적이지 못한 갑을관계의 전형이요, 학교에서 심심치 않게 발생하는 '고매하신 교수님들'의 제자에 대한 성추행 사건도 교수와 학생 간의 잘못된 갑을관계에서 출발한다. 이러한 사례들은 모두 정상이 아닌 비정상의 관계이며 을에 대한 갑의 횡포이다. 합리적이고 이성적이라면 이 사회에서 존경받을 위치에 있는 갑자甲者들이 결국 자신들의 권위와 존경을 스스로 무너뜨리는 권한의 오남용 행태를 보이고 있는 것이다.

요즈음 우리 젊은이들은 점점 그 정도가 지나쳐가는 듯한 갑을관계甲乙關係의 현실을 힙합풍의 노래 가사에 담아 중얼거리며 비판한다.

“나 이런 사람이야, 알아서 기어!!!
나에게는 관대하고,
남에게는 막 대하고,
연봉이 내 명함이고,
차가 내 존함이고,
집이 내 성함이고,
나 이런 사람이야~ 알아서 기어!!!”

갑을관계의 “디스토피아” 설국열차!!!

영화를 별로 즐기지 않는 필자이지만, “설국열차”의 내용이 너무 잔인하다는 말을 들어왔던 터라 이 영화를 보는 것이 별로 내키지 않았다. 하지만 너무나 많은 사람들이 설국열차를 이야기하기에 미간을 찌푸려가며 보았었다. 이 영화를 본 소감의 결론은 우리 인류에게 절대 있어서는 안 될 디스토피아dystopia라는 것이다. 디스토피아는 유토피아utopia의 정반대 상황을 의미한다. 유토피아는 어디에도 없는 현실적이지 않은 마음속에만 그리며 동경해 볼 수 있는 이상향의 세계이다. 유토피아가 현실로 존재하지 않으면서 있기를 희망하는 가정의 세계를 뜻하는 것이라면, 디스토피아는 우리 사회에 있어서는 절대 안 되는 최악의 세계이다. 디스토피아 역시 현실로 나타나기에는 비현실적인 것이기는 하지만 만에 하나라도 그 것이 우리 앞에 현실이 된다면 결론은 지구의 종말이고 인류의 종말을 뜻하는 것이 될 것이다. 설국열차는 갑과 을의 관계가 지나쳐도 너무 지나친 갑을관계의 디스토피아다. 열차 맨 앞 엔진 칸의 사람들과 맨 끝 칸의 사람들은 철저한 지배와 피지배의 관계에 있다. 상상하기 어려울 정도의 갑과 을의 관계인 것이다. 열차 꼬리 칸의 '커티스'는 반란을 계획하며 맨 앞 엔진 칸의 지배 리더인 '윌 포드'를 만나기 위해 앞 칸으로, 앞 칸으로 나아간다. 그것은 인간으로서 참기 어려울 정도로 지독한 환경을 벗어나기 위함이다. 너무나 처절한 갑을관계에서 을의 위치를 헤어나려는 몸부림이다.

세월호 침몰 참사 이야기를 다시 꺼내는 것이 내키지는 않지만 이 참사의 결과를 놓고 보면 여기에도 역시 갑과 을의 관계로 엮어져 있었다는 것을 알 수 있다. 마치 설국열차와도 같은 세월호에 동시에 탑승했던 선장과 그 선원들의 비이성적인 판단과 행동에 의해 300여 명이 넘는 순진무구한 학생들은 세상을 달리하는 참극을 맞은 것이다. 그러기에 이 역시 우리 사회에서 다시 있어서는 안 될 하나의 디스토피아dystopia였다 할 것이다.

관과 민의 갑을관계

필자가 공무원 초임이던 시절 선배 공무원으로부터 들은 이야기다. 정부종합청사가 경기도 과천으로 이주 해 왔던 1980년대 초반

무렵이다.

"국장님, 공기 참 좋지요!"

"어이, 이과장! 당신은 공기만 쳐 먹고 사냐?"

과장과 국장이 점심시간이 되어 밥을 먹으러 밖으로 나가는데 날씨가 하도 쾌청하여 과장이 상관인 국장에게 인사처럼 이야기 했더니 국장이 과장에게 되돌려 준 말이었다. 정부종합청사가 과천으로 이주한 80년대 초반까지만 해도 서울 남태령을 넘어 과천을 지나 안양으로 가는 길은 포장도 제대로 되지 않아 비만 오면 질퍽대는 곳이었다. 민간기업의 입장에서는 광화문 청사에 비해 과천까지 가서 밥을 사고 술을 사는 것은 쉬운 일만은 아니었을 것이다. 점심 때 밥을 사러 오고, 저녁때는 술 한 잔 사러 오는 사람이 줄어들게 되니 국장 입장에서는 기분이 썩 좋지 않아 있던 터에 과장이 공기타령을 하니 상황도 모른다며 면박을 준 것이다.

공무원들의 생각과 행동이 이러하다 보니 중소기업 이상의 중견 민간 기업들은 그 규모에 따라 정도의 차이가 있기는 하지만 정부와 연결하여 업무를 하는 별도의 조직이나 인력을 두고 있었다. 소위 대관업무對官業務를 하는 조직과 인력이다. 옛날식 표현으로는 소위 정부 관리를 만나 술을 마시고, 밥을 먹는 소위 "술상무"를 의미했다고 보면 틀린 말이 아닐 것이다. 민간 기업이 관청을 상대로 하는 대관업무는 정부와 기업 간의 갑을관계를 반영하는 하나의 상징적인 징표이다. 이들은 자신들의 기업에 영향을 미칠 수 있는 정책의 변화 방향과 내용을 사전에 감지하고, 정책 결정 기관에 그들의 입장과 관련 정보를 제공해 가면서 자기 기업에 이득이 되도록 하고, 부정적인 파급효과가 없도록 하는 역할을 한다. 이들은 행정부는 물론 입법부와 사법부를 가리지 않는다. 특히, 기업에 영향을 미치는 검찰과 경찰, 공정거래위원회와 국세청 등 정부기관 관료들과 만나며 관계를 이어 가는 게 일이다.

"법이나 규정보다 사람들의 관계로 승부하는 것이 더 확실하다."
"법으로 호소해야 되는 것이 없고, 술과 돈으로 안 되는 것이 없다."

이들의 노력은 정해진 법과 제도와 절차를 따르지 않고 사적私的인 관계關係를 동원해서 혜택을 받거나 입을 수 있는 손해와 손실을 막아보고자 하는 노력인 것이다. 한 마디로 청탁의 행위라고 보아야 한다. 청탁은 무엇을 의미하는가. 한마디로 우리가 흔히 말하는 소위 '빽Background'을 동원하는 것이다. 빽을 동원하는 연결고리는 관계에서 출발한다. 관계의 문화가 유달리 강한 우리나라에서 자신들에게 어떤 조그마한 손해라도 있을 것 같으면 사돈의 팔촌이라도 동원해서 사적인 관계로 문제를 풀어가는 것이 우리의 관행이고 아예 문화처럼 되어 있는 것이 현실이다. 시청이나 구청에 가서 크고 작은 인허가를 받아야 할 때도 그렇고, 교통사고로 경찰서에 가야 하는 경우에도 우선 사적으로 통할 수 있는 관계를 찾아 빽을 쓰려고 한다. 심지어 병원에 가거나 입원 치료를 받으려 할 때에도 알 만한 사람에게 부탁을 해 놓고 병원을 찾아 간다. 필자도 병원과 관련된 일을 하는 부처에서 일하다 보니 병원 관련 업무를 직접적으로 하는 자리에 있지도 않은데 수 없이 많은 부탁을 받고 실제 편의를 봐 주기도 했다. 우리는 왜 이토록 청탁에 익숙해 있는 것일까. 혈연과 지연 그리고 학연을 유달리 중시하는 연줄 문화가 그 기저이다.

공직사회의 갑을문화, 갑(甲)과 을(乙)

우리나라에서 가장 무서운 갑甲은 정부요, 그 정부의 요소요소에 앉아 국민을 꾸짖듯이 대하고 권위를 내세우는 공무원이야말로 갑 중의 갑이라고 말하는 사람들이 있다. 국민들은 중앙정부는 물론 지방자치단체의 공무원들이 아직도 여전히 국민과의 관계에서 갑과 을의 수직적인 구조 하에 있다고 느끼며, 그렇게 말하곤 한다. 관료조직의 특성 중 하나로 이야기되는 상하의 수직적인 관계에 익숙해 있는 공무원들은 갑甲의 위치에서 그들의 권한과 권력을 국민들에게 행사하려 한다고 국민들은 느끼고 있는 것이다.

실제 어느 설문 조사에 의하면 규제를 담당하는 공무원이 '갑질'을 하는 사람으로 보는 답변이 13.8%에 달했다. 공무원들이 법으로 부여된 우월적 지위와 권한을 남용해서는 안 된다는 국민들의 요구가 만만치 않다는 것을 말해주는 것이다.

공직사회 내에서도 갑을의 관계가 있기는 마찬가지다. 중앙정부와 지방정부 간에, 그리고 지방정부 내에서도 도청과 시·군청의 관계는 명확한 갑을관계로 움직인다. 지방정부의 공무원들은 지방재정의 80% 이상을 중앙정부에 의존해야 하는 입장에서 중앙정부의 공무원들이야말로 '슈퍼갑'이라고 생각하는 것이다. 매년 5~6월경 다음 연도 예산 편성이 진행되는 기간에는 중앙부처를 방문하는 지방정부 고위 공무원들의 발길이 늘어난다. 지연과 학연 등 모든 인맥을 동원해 중앙부처 갑甲과의 만남 자리를 잘 만드는 것이 능력 있는 지방공무원의 척도처럼 평가되기도 한다. 지방 공무원들에게는 중앙부처 공무원과 어떻게 인맥을 연결하느냐가 현안이다.

상황이 이렇다 보니 정부 내에서도 지나친 갑을관계의 문제를 해소해보려는 정책적 노력들이 전개되고 있다. 서울시는 최근 공무원들이 갑의 위치에서 부당한 횡포를 막기 위한 '갑을 관계 혁신'에 관한 공무원 10대 행동강령을 마련했다. 인허가와 같은 권한을 쥔 공무원이 민원인에게 함부로 대하는 것을 막자는 취지다. 서울시는 각종 공문서에서 갑과 을이라고 쓰던 표현방식을 아예 없애 버렸다. 갑에 해당하는 서울시는 그냥 서울시 또는 발주기관으로, 을이 되는 상대방은 계약 당사자로 쓰기로 했다. 또 공무원의 재량권 행사에 대한 기준과 원칙을 정립한 '재량권 행사 가이드라인'을 제정하고 있다.

공직사회 갑을관계의 뿌리, 관존민비(官尊民卑)

왜 민간인이 관청에 가서 공무원에게 밥을 사고, 술을 사야 하는가? 왜 민간 기업은 대관업무를 위해 조직과 인력을 별도로 두고 관청을 들락거려야 하는가?

이에 대한 답은 기본적으로 공무원들에게 우월적인 권한이 주어져 있기 때문이다. 이러한 권한은 법으로 정당하게 부여된 것도 있고, 법 규정의 행간에 숨어 있는 재량권도 있다. 일부 공무원들이 이

러한 권한과 재량으로 국민위에 군림하는 듯 한 자세로 권한이 아닌 권력을 휘두르려고 하기 때문이라고 보아야 할 것이다.

그러나 이를 역사적인 관점에서 보면 조선시대 유교문화인 관존민비官尊民卑 사상에서부터 비롯되어 왔다는 생각을 한다. 관官은 높고, 민民은 낮고 하찮은 존재로 보는 것이다. 이러한 유교문화의 잔재인 관존민비 사고가 아직까지 일부 공직자들의 마음과 몸에 남아 뿌리 깊은 갑과 을의 문화로 살아 있다는 생각이다. 이러한 관존민비의 사고와 관행이 오늘 날 '전관예우'와 '낙하산' 그리고 '관피아'에 이르기까지 잘못된 비정상의 관행을 만들어 왔다고 볼 것이다. 국민이 주인이고, 공무원은 이들에게 필요한 서비스를 제공하는 봉사자가 되어야 하는 헌법의 정신과 법령의 규정에 아랑곳 하지 않은 채 분명히 비정상인 것임에도 불구하고 관행이라는 이름으로 포장되어 계속되어 온 것이다. 또한 이러한 잘못된 관행은 공직사회에서 선물과 뇌물의 경계를 모호하게 하는 원인이 되기도 했다. 하루가 다르게 급속히 변해 가는 세상에서 국민들이 생각하는 공직자의 역할과 자세를 충분히 이해하지 못한 일부 공무원들의 마음과 행동에 아직 관존민비의 뿌리가 남아 있었다고 보아야 한다. 그런 연유로 공직사회의 갑을관계는 오랫동안 누적되어 적폐積弊의 터전이 되어 온 것이다.

공직사회 갑을관계의 유산, "전관예우"와 "낙하산"!!!

"전관예우前官禮遇"!!!

말 그대로의 의미는 전직 관리를 예우한다는 뜻이다. 충忠과 효孝를 중히 여기는 우리 문화에서 전관예우前官禮遇란 4자 성어는 듣기에도 좋고 우리 사회에 필요한 것이란 생각이 얼핏 들기도 한다. 20년 아니면 30년을 넘게 거의 평생을 바쳐 국가에 헌신하고 국민에게 봉사한 관료를 사회적으로 존경하고 대우하면서 어느 정도 예의를 갖추어 주는 것은 우리사회의 미풍양속美風良俗이 될 수도 있다는 생각이 들기도 한다. 사회가 온통 불신으로 넘쳐나는 신뢰상실의 시대에 살면서 남을 예우하고 배려하는 것은 상호간에 신뢰를 회복해 가는 좋은 수단이 될 수도 있겠다는 생각도 해보게 된다. 19세기 일본에서는 전관예우 제도가 실제 있었다고 한다. 국가를 위해 뚜렷한 업적을 낸 고관대작에게 퇴임 후에도 현직과 같은 대우를 해주는 관행으로 총리, 각료 등이 대상이었다.

이와 같이 일견 아름답고 고상한 것처럼 들리는 이 말이 국민들의 입에서 회자 되고 언론에 오르내리는 실제상황은 필자의 희망사항과는 아주 정반대의 상황이다. 현실적인 상황에서의 전관예우는 주로 판사나 검사를 하다가 물러나 변호사 사무실을 차린 전직 판 · 검사인 선배 변호사에게 법원이나 검찰에서 유리한 판결이나 결심을 내려주는 법조계의 잘못된 관행을 주로 말해 왔다. 판 · 검사가 퇴임 직후 자신의 근무지에서 굵직한 소송을 싹쓸이 하다시피 받아내는 것이 그 첫 번째의 관행이요. 자신이 맡은 소송사건에서 유리한 판결이나 결정을 얻어내는 것이 그 관행의 두 번째이다. 이런 상황에서 판 · 검사가 퇴임 후에는 후한 대우를 받으며 대형 로펌에 자리를 잡는다. 그곳에서 받는 금전적인 대우가 일반 서민들이 생각하기에는 상식적인 선을 훨씬 넘는 수준이다. 상황이 이렇다 보니 대법관을 퇴임한 어느 원로 법관이 전관예우의 혜택을 누릴 수 있는 변호사 개업을 마다하고 구멍가게를 열고 살아간다고 해서 언론의 주목을 받는 경우도 있었다.

보다 넓게는 판사와 검사뿐만이 아니라 장관과 차관 등의 고위직을 역임한 사람이 퇴임 후 관련 기업 등에서 특별한 대우를 받는 현상을 말하기도 한다. 전관예우를 통해 재취업한 사람은 주로 해당 기업에서 활동하며 정부의 인 · 허가나 정부지원 사업 등에서 유리하게 작용할 수 있도록 한다. 이와는 반대로 현직에 재직할 당시에 자신의 힘 있는 지위를 이용하여 어느 기업에 유리한 방향으로 정책이나 제도를 만들어 준 후에 퇴임하여 그 기업의 임원이나 사외이사 등의 예우를 보장받는 경우도 있다면 이것도 전관예우의 한 형태일 것이다.

지금까지 적지 않은 전직 판 · 검사와 고위 관료들이 잘 나가는 민간 기업에 임원신분으로 취직을 해 왔다. 언론과 국민들은 이를 소위 '낙하산'이라고 한다. 정부 해당 부처의 업무를 꿰뚫고 있는 퇴직 고위 관료들이 민간기업의 사업 추진과정에서 밥값을 해야 한다며 부탁을 해 오면 현직의 공무원들은 이를 외면하기 어려운 것이 공직사회의 풍토이고 문화이다.

전관예우와 낙하산은 우리 사회의 대표적인 비정상적인 관행의 하나이다. 학연과 지연 등이 함께 매개되는 연고주의 관계에서 이해집단의 사익추구행위에 가세하는 것이다. 판 · 검사 또는 장 · 차관 등이 현직 고위관료 시절의 영향력과 인맥으로 자신들의 이익을 추구하는 명분으로 기업이나 기관의 사적 대리인으로 활동하게 된다는 것이 기본적인 문제점이다. 국가의 크고 작은 정책결정 과정에 깊이 관여하던 이들이 퇴직하여 사적 이익의 대리인이 된다는 것은 공적 업무를 사적 이익에 종속시키는 결과를 초래하고, 결과적으로 정책결정과정이 사적인 이익의 추구에 의해 투명하지 않게 될 수 있는 결과를 낳기도 한다.

전관예우와 낙하산을 차단하기 위해 입법적인 조치가 만들어 졌다. 바로 이름하여 소위 전관예우방지법이라고 하는 것이다. 변호사법은 판사와 검사가 퇴직하여 변호사를 개업하는 경우 퇴직이전 1년 이상 근무했던 곳에서는 1년간 사건을 맡을 수 없도록 했다. 또한 2014년 연말에 개정된 공직자윤리법은 민간과 공공기관에의 취업제한을 대폭 강화했다. 그러나 이러한 법률적 조치만으로 우리 사회의 전관예우와 낙하산의 관행이 원천적으로 없어지기는 어렵다. 전관예우는 3자 모두가 윈win-윈win-윈win하는 게임이다. 예우를 받는 전직 퇴임 관료와 예우를 해주는 기업이나 기관, 그리고 전직 관료의 요청을 들어주는 현직 이 모든 3자三者에게 다 이득이 되는 것이다. 이들 관행은 아직도 여전히 진행형이라고 보아야 한다.

3

왜 공무원이 되려하는가???

시험공화국, 공시생들의 현장

시험공화국의 나라!!!

오늘 우리 젊은이들이 살아가는 대한민국은 시험공화국이라고 해도 틀린 말이 아니다. 분명 시험공화국이다. 태어나면서부터 시험 경쟁은 시작된다. 어린이집과 유치원 시절에는 영재교육을 위해 달리고, 초등학교부터는 선행학습을 향해 내달린다. 시험은 이미 유아원과 유치원생부터 시작된다. 영재유치원에 들어가기 위해서는 시험을 치러야 한다. 이들 유치원은 영재 판별 시험을 거쳐 원생들을 입학시킨다. 영어 공부도 유치원부터 시작된다. 결과는 시험의 연속이다. 어린 아이들은 왜 시험을 치러야 하는지도 모른 채 부모들의 생각과 판단에 이끌려 다니며 피동적으로 움직인다. 학원에 왜 왔는지, 이 시험을 왜 보아야 하는지, 그리고 왜 잘 보아야 하는지에 대한 의식이 없다. 부모가 보라니까 보고, 하라고 하니까 하는 것이다. 좀 표현이 거칠기는 하지만 마치 도축장에 끌려 와 있는 소나 돼지의 모습과 별반 다르지 않다는 생각도 든다.

중학교나 고등학생이 되면 이들의 목표는 모두 좋은 대학을 가는 것이다. 모두들 하나의 목표를 향해 달린다. 이를 위한 시험은 별별 시험이 다 있고, 그 시험은 끝이 없다. 학원에서는 쪽지시험부터 시작해서 단계별 심화시험, 고급반이나 상급반에 들기 위한 시험을 치러야 한다. 학교에서는 중등이나 고등학교 할 것 없이 중간고사, 기말고사를 치르고 수시로 모의고사를 치른다. 중학교부터 모든 시험은 수능시험에 맞추어진다. 대학에서는 학교 성적을 내기위한 시험은 중간고사와 기말고사는 기본이고, 취업을 대비한 모든 시험을 치른다. 국어는 한국어능력시험, 국사는 한국사검정능력시험, 한자는 한자검정능력시험을 치른다. 여기에 각종의 외국어 검정능력시험이 줄을 서 있다. 토플과 토익시험은 기본중의 기본이다. 소위 스펙을 키우기 위해 필요한 각종의 자격시험도 치러야 한다. 우리나라의 기술자격시험은 무려 940여 종류나 된다. 국가가 주관하는 기술자격시험이 5가지 등급에 590개 종목이며, 민간단체가 주관하는 기술자격 시험만도 350여 종목이라고 한다.

시험공화국이다 보니 없어야 하는 시험도 있다. 직장에 취업하는 시험이 아니라 직장에서 잘리는 시험도 있다. 시험을 잘 보아 취직하는 것이 아니라 시험을 보아 자리를 박탈하는 시험이다. 직장에 들어가는 문은 시험을 통해 들어가는 줄 알았는데 쫓겨 나오는 문도 시험을 보고 나와야 한다. 소위 '직권면직시험'이라는 것이 그것이다. 이는 작은 정부를 표방하며 출범한 지난 정부 초기 몇몇 지방자치단체들이 말단 공무원들을 퇴출시켜야 하는데 그 대상자들이 퇴출에 동의하지 않으니 그나마 모두가 동의하는 퇴출시험을 생각해 낸 것이다. 이쯤 되면 시험공화국을 넘어 시험의 디스토피아dystopia라고 하는 것이 더 적절하다는 생각이 든다.

대학에 들어가기 위한 수능시험을 생각해보자. 어쩌면 수능시험은 우리 젊은이들이 성인이 되어 가는 과정에서 사회 출발의 최초 관문이라 할 수 있는 대학을 들어가기 위한 시험이다. 이 수능시험은 우리 젊은이들의 인생을 결정짓는 아주 중요한 역할을 한다. 이 시험의 점수로 학생들은 1등부터 꼴찌까지 일렬로 줄이 세워지게 된다. 그리고 이 점수로 대학의 서열이 정해지고, 그 서열은 사회의 서열로 고착되는 것이나 다름이 없다. 삶이 고단하지 않은 인생을 살아갈 수 있기 위해서는 대학 입시시험에서 1등을 해야 하며, 대학 입시시험에서의 고배는 실패한 인생처럼 간주된다.

이러한 상황을 실감하는 부모들은 자녀들이 경쟁의 무기를 조금이라도 먼저 잡을 수 있도록 저만치 먼저 달려 나가는 선행학습을 시키고, 학교의 성적관리와 대학 입시를 위한 갖가지 과외가 필수가 되어 버린다. 한 번의 시험에 실패하지 않기 위해 어린 유치원 시절부터 학원에서 학원으로 내몰리며, 시험에 의한 시험을 위한 시험을 본다. 이러한 상황에서 공교육의 정상화는 언제나 공허한 메아리가 될 뿐이고, 학원 은 점점 더 그 기반을 넓혀만 가는 상황이 계속된다.

시험만이 모든 평가의 척도가 되어 버렸다. 시험공화국이라 불릴 정도로 숱한 시험을 치르는 우리 사회는 시험이 그래도 가장 공정하고 객관적인 평가의 잣대라는 믿음이 있다. 그러나 이러한 시험도 객관성과 공정성을 염려하다 보니 사고력이 아닌 암기력 중심의 시험에 의존하게 된다. 객관화된 지식만을 주입시키고, 객관식의 답안을 잘 고르고 잘 찍어내는 학생이 일류대학에 들어 갈 수 있는 시스템이다. 시험이 젊은이들의 폭 넓은 지식의 바다를 헤엄치지 못하게 하고 있고, 사고의 폭을 제한하는 요인이 되고 있다. 시험이 젊은이들의 최대 장점인 창의력을 키우지 못하게 하는 요인으로 작용하고 있다면 심각한 문제이다. 우리 젊은이들의 머릿속에 들어 있는 것은 시험에 의한 시험을 위한 시험의 지식이 되어 버렸다. 유치원부터 시험을 위한 시험을 치르기 시작하면서 사고력과 창의력은 머릿속에서 이미 지워져 버렸다.

국어 시험을 예로 들어 보자. 국어는 우리말이기에 우리들의 가장 기본적인 삶의 소통수단이다. 그러나 국어는 삶의 소통을 위한 교육이라기보다는 입시와 취직을 위한 언어시험이 되어 버렸다. 대학을 들어가기 위해 점수를 잘 받는 방법의 국어공부를 해 왔고, 대학을 졸업하면 다시 취업시험을 위한 국어공부를 해야 한다.

한 학생이 쉬는 시간에 국어책을 들고 교무실로 선생님을 찾아갔다.

"선생님, 저는 이 시를 읽으면 우울하다는 생각이 들어요.

그래서 답으로 〈청자의 감정은 어둡고 침울하다〉를 골랐는데, 정답은 〈청자의 감정은 설렘이 가득하다〉라고 하네요. 시를 읽을 때에는 읽는 사람의 감정이나 느낌에 따라 달라지는 것 아닌가요? 물론 정답도 달라지는 거고요!"

국어 선생님의 답변은 이랬다.

"그냥 무조건 외워, 이놈아! 네 주제에 이것, 저것 생각할 겨를이 어디 있냐! 예비고사가 이제 한 달 밖에 남지 않았는데!"

이렇듯이 우리나라 젊은이들은 시험 점수에 목을 맬 수밖에 없는 상황이 되어 버린 것이다. 우리 국민 모두가 공감할 수 있는 새롭고 합리적인 공통의 선별기준을 찾지 못하는 한 대한민국은 영원히 시험공화국일 수밖에 없다는 생각이 든다.

공시생과 공시족

'공시생'은 '공무원 시험 준비생'의 약칭이다. '공시족'도 같은 의미이다. 공무원 시험을 준비하는 사람들의 줄임말이라고 할 수 있다. 취준생, 즉 취업을 준비하는 사람들의 일부이다. 공시생이나 공시족이라는 말에는 해를 거듭할수록 치열해지는 공무원 시험 경쟁이 예전의 사법고시와 같은 고시 못지않게 어렵다는 자조 섞인 의미도 담겨 있다고 생각된다. 이들 용어가 어제 오늘 만들어진 신조어는 아니다. 이들은 사법시험, 행정고시, 외무고시, 법원행정고시, 국회 입법고시, 기술고시 등과 같은 소위 각종의 고시를 포함해서 7급과 9급 공무원시험 등 대한민국의 다양한 모든 공무원 시험을 준비하는 사람들을 망라하고 있다.

2013년 말 한국직업능력개발원은 '청년층의 취업관련 시험 준비 실태'를 발표했다. 젊은 청년들이 취업을 위해 시험을 준비하고 있는 이들이 96만 명이었다. 이는 2007년 68만 2천명이었던 것과 비교하면 대략 40%가 증가한 수치이다. 직업군별로는 공무원 시험을 준비하는 인원이 가장 많았고, 민간기업, 공기업 순으로 조사됐다. 공무원 시험을 준비하는 사람들은 2010년 28만 7천명에서 지속적인 증가세를 보여 지난해는 31만 9천명에 달했다. 삼성고시, 현대차고시로 불리는 민간기업의 시험을 준비한 청년층 인원은 2010년 13만 3천명에서 2013년에는 약 26만 명으로 증가했다. 일자리를 찾기 위해 취업 시험을 준비하는 우리 젊은이들이 100만 명에 육박하는 가운데 취업준비생의 약 3분의 1에 해당하는 젊은이들이 '공시생'이고, '공시족'인 셈이다. 3명 중 1명은 공무원이 되겠다며 공무원이 되기 위한 시험을 준비하고 있는 것이다.

또한 통계청이 발표한 '2014 청소년 통계'에 의하면, 우리 젊은이들이 가장 희망하는 직장은 '국가기관'이 28.6%로 가장 많았다. 그 다음이 대기업(22.1%)과 공기업(15.4%), 전문직 기업(8.5%) 등의 순이다. 공무원은 남성과 여성을 불문하고 가장 선호하는 직업이지만 남자(25.9%)보다 여자(31.3%)가 더 높았다. 앞으로 여성들의 공직진출이 더욱 늘어날 것이라는 전망을 가능케 하고 있다.

본인 또는 그 자녀가 가장 희망하는 직업으로도 공무원이 단연 으뜸이었다. 한국경제연구원이 2천 명을 대상으로 실시한 '2014년 기업 및 경제 현안에 대한 국민인식 조사'를 한 결과무려 43%가 공무원이 되기를 희망했다. 이는 2013년의 34%에 비해 상당히 높아진 것이다. 공무원 선호도는 전문직에 비해 두 배, 대기업 취업보다 무려 세 배 가까이나 높았다. 현재의 삶에 만족한다는 답변도 공무원은 76%로 전체 평균 57%를 훨씬 웃돌았다.

대학을 졸업한 후에도 몇 년씩 일자리를 찾지 못하는 청년들이 결국은 정년이 보장되는 공무원이 되기 위해 고시학원이나 고시촌으로 몰려들며 공시생과 공시족이 크게 늘어나고 있는 요인이 되고 있는 것이다.

적어도 우리나라의 고도성장이 시작되던 70년대만 해도 공무원이 그렇게 인기 있는 직업이 아니었다. 이때에는 은행원이 최고로 평가받던 시절이었다. 공무원은 경제적인 안정이 가능한 직업이 아니었다. 봉급 수준도 너무나 열악했기 때문이다. 봉급을 쌀과 같은 현물로 받는 때도 있었다. 이러한 상황은 1990년대까지도 계속되었다고 볼 수 있다. 80년대 후반에는 증권회사 직원이 최고의 인기 직종이었다. 그러나 90년대 후반 IMF 경제위기 이후 금융권을 포함한 민간 기업들의 구조조정이 본격화되고 조기 퇴직자들이 늘어나게 되면서부터 공무원이 인기 있는 직업으로 부상하게 되었다는 설명은 설득력이 있다. 이는 공무원의 경우 대부분 정년이 보장되고, 퇴직해서는 연금까지 받을 수 있다는 점이 공무원을 최고 인기 직종의 반열에 올려놓았다는 분석이다.

미국에는 공시생이나 공시족이라는 말이 없다. 공무원이 별 볼일이 없는 비인기 직업이기 때문일 것이다. 미국에서는 실제 공무원이 직업으로서 그렇게 매력을 끌지 못한다. 얼마 전 워싱턴포스트는 2014년 미국 대학 졸업자 중에서 공무원이 되기를 희망하는 사회 초년생은 6%에도 못 미친다는 사실을 보도했다. 한편 월스트리트저널의 보도에 의하면 2013년 기준으로 연방 공무원 중에서 30세 이하의 연령층에 속하는 사람이 전체의 7%에 불과하며, 이는 민간 분야의 30세 이하 연령층 비율이 25%인 것과 비교하면 상대적으로 매우 낮은 수치이다. 1975년에 30세 이하 연령층의 공무원이 전체의 공무원의 20%였던 것과 비교를 해도 크게 낮아진 수치로 시간이 흐를수록 공무원의 인기가 점점 낮아지고 있다는 해석이 가능하다. 우리나라의 상황과는 정반대의 현상이다.

우리나라는 젊은이들의 취업이 날로 어려워지면서 직급이 낮든 높든 관계없이 공무원이 되겠다고 하는 젊은이들의 숫자가 갈수록 늘고 있는 것이다. 공시생들마다 자라온 환경이 다르고, 대학에서의 전공분야도 서로 다르지만 목표는 똑같다. 공무원이 되는 것이다. 오직 공무원이 목표이고, 꿈인 것처럼 착각이 들 정도이다.

공시열풍은 왜!!!

'하늘의 별 따기다.'

'낙타가 바늘구멍을 지나가는 것보다도 어렵다.'

우리나라 젊은이들이 사회에 첫 출발을 위해 벌어지는 취업경쟁을 두고, 그 어려움에 대한 취업준비생들의 한이 서린 탄성이다. 그야말로 취업전쟁이다. 어릴 때부터 지금까지 시험공화국에서 살아오면서 갈고 닦은 전투력을 실제에 적용하는 실전의 시험전쟁이다. 우리나라는 특히 IMF 경제위기를 겪으면서 젊은이들의 취업이 최대의 난관에 부딪쳤다. 졸업을 앞둔 학생이든 이미 졸업을 한 학생이든 가릴 것이 없이 취업은 최고의 목표이고, 취업의 성공은 최고의 영광이 되어 버렸다.

취업 중에서도 최고의 목표이고 영광인 것은 공무원 시험에 합격하는 것이다. 불안한 경제상황에서 젊은이들이 민간분야에서 안정된 마땅한 일자리를 찾기 어렵게 되면서 직장 선택의 기준이 철저히 안정성에 맞춰지고, 공무원에 대한 선호도가 갈수록 높아지게 된 것이다. '철밥통'이라는 말이 나올 정도로 공무원은 시험에 합격하여 일단 임용이 되면 법률로 신분이 보장된다. 사실 공직의 안정성은 우리나라에서 가장 잘 나간다는 대기업도 따라오지 못한다고 생각된다.

2014년 3천 명을 선발하는 국가직 9급 공무원 시험에는 19만 3천여 명이 몰려 64.6대 1의 경쟁률을 기록했다. 2013년에는 2,789명 선발에 20만 7천명이 지원했으니 그 경쟁률이 무려 근 75대 1이나 되었다. 2014년 지원자는 전년보다 다소 낮아졌지만 응시자의 역대규모로 보면 지난해에 이어 두 번째로 큰 규모였다. 삼성그룹의 취업시험인 소위 '삼성고시'에 10만여 명이 몰려 매스컴의 화제가 되기도 했는데 전체 계열회사에 4천명 내지 5천명을 선발하는 것이었으니 경쟁률로 따지면 대략 20대 1 수준이었다는 계산이 된다. 경쟁률만을 놓고 보면 삼성고시를 훨씬 넘어서는 수준이며, 그 응시생의 규모로 보아도 대학 입시를 위한 수학능력시험을 빼고 가장 많이 응시하는 시험이 9급 공무원 시험이다.

7급 공무원시험도 마찬가지이다. 730명 선발예정에 6만 1천여 명이 응시하여 경쟁률은 무려 84대 1이나 되는 것으로 생각하기조차 어려운 높은 경쟁률이다. 9급 공무원 시험의 경우 지난 5년 사이 응시자 수가 48.7%나 늘었고, 7급 공무원의 경우에도 2007년 5만 명이던 것이 지난해에는 6만명을 넘어 선 것이다. 지방공무원 7급 시험은 더 치열해 졌다. 2014년 서울을 제외한 전국 16개 시도에서 205명을 뽑는 지방직 7급 공무원 시험에 2만 6천여 명이 몰려 127대 1의 경쟁률을 보였다. 지난해의 약 107대 1보다도 더 높아졌다. 지방직 7급 시험은 지방자치단체별로 진행되고 있는 가운데 경기도 7급 시험에 도전한 수험생은 총 8천 5백여명이 응시했단다. 선발 인원이 28명이었으니 경쟁률은 약 303대 1이다. 이중 14명을 선발하는 일반행정에는 무려 7천 3백명이 몰리면서 524대 1의 높은 경쟁률을 보였다. 지난해와 동일한 인원을 선발했던 2013년의 496대 1의 경쟁률보다 더욱 더 치열해 진 것이다.

공무원연금을 지금보다 더 많이 내고 상당히 덜 받는 쪽으로 바꾸는 문제가 사회적인 이슈로 부각되었고, 실제 그런 방향으로 제도가 바뀌었다. 그러나 연금을 줄이는 문제는 우리 젊은이들의 공무원 시험 열기를 꺾기에는 아무 의미도 갖지 못하는 듯하다. 연금이 얼마가 줄어들지는 큰 관심사항이 되지 못하며, 정년보장이 확실한 공무원이 최고의 직장이자 희망이라는 인식은 변함이 없어 보인다. 이 정도면 공무원 시험의 광풍 현상이라고 해도 그리 지나친 표현이 아닐 듯싶다.

고시생, 집안의 명운을 짊어진 청춘

해마다 사법시험과 행정고시, 외무고시를 포함한 고시 합격자들이 발표되면 합격자를 배출한 학교의 정문과 고향 어귀에는 현수막이 내걸리는 낯설지 않은 풍경을 보아 왔다. 필자가 근무하고 있는 강릉에도 지난 해 말 발표된 행정고시(5급 공채)에 합격한 아들과 아

버지의 이름을 함께 쓴 커다란 현수막이 걸려 있다. 아들이 졸업한 학교 정문에 걸려 있는 것도 아니고, 그 합격생의 아버지가 다니는 회사 정문에 걸려 있다. 당사자가 아닌 그 아버지의 직장에까지 현수막을 내걸어 나타내고자 하는 것은 무엇일까?

옛날 과거급제가 그러했듯이 그 합격자를 낸 학교의 기쁨이고, 가문의 영광은 물론 그를 배출한 고향과 동네의 경사라는 의미를 담고 있는 것이다. 무엇보다도 고시 합격자를 배출한 가문의 영광인 것이다. 당사자와 가족뿐 아니라 주위 사람들까지도 기뻐하고 부러워하며 그를 축하해 주었다. 지난 80-90년대에는 어느 학교가 얼마나 많은 고시합격자를 배출하느냐를 놓고 그 대학이 얼마나 우수한 대학인가를 평가하는 지표라도 되는 것처럼 생각되어 왔다.

각종 고시의 합격은 가문의 영광으로 통하면서 동시에 공직에서 크게 될 수 있는 출세의 통로로 인식되어 왔다. 고시 수험생을 둔 부모는 그에게 그 집안의 모든 기대를 걸었고, 그 고시생은 그 집안의 명운을 짊어진 어깨가 무거운 청춘이었다. 어떻게 해서든지 고시에 합격해서 그 가문의 영광을 드러내야 하는 사명을 띤 운명의 청춘이었던 것이다.

그래서 고시가 끝나고 합격자가 발표되면 여러 가지 화제의 인물이 나오곤 하였다. 2014년 발표된 사법고시 수석 합격은 현직에서 일하고 있는 경찰관이었다. 경찰대를 졸업하여 12년째 경위의 계급을 달고 있는 그는 3년 반 동안 매일같이 아침 5시에 출근해 업무시작 전까지 공부를 하고, 업무가 끝난 뒤에는 다음 날 새벽 1시까지 하루에 9시간씩 공부에 매진했다고 했다. 10여년전에는 막노동 공사판 출신의 서울대 법대 졸업생이 수석 합격했다. 그는 합격소감으로 고시공부가 가장 쉬웠다고 말해 화재가 된 적이 있었다.

우리 부모들은 돈이 없어 가난하게는 살아도 그 집안에 적어도 판사나 검사 한명쯤은 있었으면 하는 생각을 해 왔다. 이러한 인식에는 일종의 가문부흥家門復興의 열망이 담겨 있었다고 생각된다. 또한 그 기저에는 유교문화의 전통아래서 오랫동안 돈 있고 힘이 있는 양반 가문의 위세와 횡포에 짓눌려 온 가난하고 힘없는 서민 집안의 사람들로 방어적인 삶의 생존본능이 강하게 자리 잡고 있었다고도 생각된다. 자신들의 어렵고 힘든 삶은 어쩔 수 없다고 하더라도 내 자식만은 그 어려움의 질곡을 떨쳐 버릴 수 있기를 바라는 소망이 담겨 있다. 부모들은 자식의 대학 등록금을 위해 논과 밭은 물론 농사를 지을 수 있는 중요 수단인 황소까지 내다팔면서 뒷바라지를 했고, 졸업 후에도 고시생인 자식을 위해 할 수 있는 모든 것을 아끼지 않았다.

또한 이렇게 많은 사연을 갖고 합격한 가난한 집안의 이 고시생이 나중에 차관이 되고, 장관이라도 되면 언론은 그를 자수성가로 어렵게 성공한 인물로 대서특필하면서 개천에서 용이라도 난 것처럼 보도하곤 했었다.

개천에서 태어난 용 "개용남"

"개천에서 용 났다"

우리말 속담이다. 이는 변변하지 못한 집안에서 태어나 사회에 어느 정도 통칭적으로 출세했다고 부를 때 쓰는 말이다. 요즘은 이 말을 간략히 줄여 "개용남"이라 부른다고 한다. '개천에서 용이 된 남자'란 뜻의 줄임말이다. 요즘에는 남자보다도 여성들이 더 크게 두각을 나타내고 있는 세상이니 '개용남'보다는 '개용녀'라고 하는 것이 더 시류에 맞는 말이 아닌가 하는 생각도 든다. 동시에 요즘은 더 이상 개천에서 용이 나지 않는 것이 현실이 되었으니 굳이 '개용녀'라는 신조어까지 만들 필요가 없다는 생각도 또한 든다.

그러나 불과 20여 년 전만 해도 개천에서 적지 않은 용들이 탄생했다. 대부분의 '개용남'은 다들 어렵다고 하는 각종 고시합격이 그 출발점이었다. 대표적인 것이 사법고시, 외무고시, 행정고시 등 고시 관문을 통과한 이들이다. 지난 70-80년대 고시는 출세라는 단어와 거의 동일어로 칭해졌다고 해도 크게 틀린 말이 아니었다. 고시도 2관왕 또는 3관왕이라는 이름까지 얻어 가며 우리 사회의 성공신화를 만들어온 이들이 그 대표적인 예이다. 단 한 번의 시험으로 평생의 인생이 좌우되는 것에 대한 부러운 시선과 함께 일종의 반감과 질투심 같은 것도 없지 않았을 것이다. 그러나 우리 사회에 존재하는 거의 유일한 신분 상승의 사다리가 되어 왔음은 분명하다. 이러다 보니 고시생이 하나의 신분처럼 여겨져 고시생이라는 이름만으로도 은근히 대접받는 경우도 없지 않았다. 그러한 탓에 여성들을 속여 희롱하는 가짜 고시생 사건도 흔하지 않게 발생하곤 했다. 이렇듯 고시는 국민들에게 누구나 합격하면 출세할 수 있다는 인식을 심어 주었다. 오늘날 대한민국을 시험공화국으로 만들고, 너도 나도 없이 젊은이들 대다수가 공무원이 되겠다고 목을 매다시피 매달리는 공시열풍을 가져오는 우리나라 특유의 사회적 현상으로 뿌리내려 왔다고 생각된다. 이쯤 되다 보니 전국 각지에서 모여든 사람들이 도시의 한 가운데에 고시촌이라는 이름의 집단커뮤니티를 형성하고, 각종 공시생들로 북적이는 나라가 되었다.

조선시대 과시생(科試生)과 과시열풍

안동을 여행하면 한 번은 들려볼 만한 장소가 있다. 유교문화의 정수를 체험할 수 있는 안동유교랜드다. 이곳에서는 우리 국민이면 누구나가 다 아는 퇴계 이황, 율곡 이이와 같은 조선시대 선비들의 발자취를 더듬어 볼 수 있는 곳일 뿐만이 아니라 옛날 과거시험의 모습도 살펴 볼 수 있다. 조선시대 선비는 학문을 배우고 익혀 나를 연마한 다음에는 벼슬에 올라 사람을 다스리는 것이 기본적인 덕목이나 다름이 없었다. 한마디로 말하면 수기치인(修己治人)이었다. 이들을 과시생(科試生)이라고 한다면 요즘 고시생(考試生)이나 공시생(公試生)과 같은 맥락일 것이다. 과거시험은 고려시대부터 시작되어 조선시대 관직 진출을 위한 정식의 등용문이었다. 조선시대에는 과거에 급제하지 않고는 관직으로 나가는 길은 거의 없었다. 따라서 평민 이상의 남자들은 그야말로 과거시험에 목을 매다시피 했다. 개인과 가문을 위한 입신양명의 길이었다.

조선의 과거시험은 크게 문과, 무과, 잡과로 구분되었다. 각각 문관, 무관, 기술관을 뽑기 위한 시험이었다. 과거시험은 원칙적으로 양인이라면 누구나 응시가 가능하였으나 실질적으로 문과와 무과의 합격자는 대부분 양반들이었고, 역관, 의관, 천문관등 상대적으로 평가가 낮았던 기술관을 뽑는 잡과는 중인들이 주로 응시하였다.

정규 과거시험은 3년마다 치러지는 식년시였다. 문과는 매 식년시마다 33명을 선발했는데, 이들만으로는 필요한 관직을 모두 충족할 수 없었으므로 여러 형태의 비정규적인 시험이 수시로 치러졌다. 임금이 지방을 순찰할 때는 외방별시를 치러 지방민들을 격려하기도 하였다. 정조는 당파에 물들지 않은 관리를 등용시키기 위해 2천명 규모의 과거시험을 시행하기도 하였다고 한다.

과시생(科試生)들의 최고의 꿈은 합격하여 어사화를 받는 것이었다. 임금은 합격자들에게 합격증서인 홍패와 함께 색색의 종이꽃인 어사화를 직접 내려 준다. 합격생들은 이 어사화를 머리에 꽂고 시가를 행진하며 합격을 축하받았고, 고향 마을에서는 푸짐한 축하연이 벌어졌다. 이렇듯 과거급제는 모든 과시생들이 동경하는 입신양명 그 자체였던 것이다. 그러다 보니 과거급제를 위해서라면 모든 수단을 다 동원했다고 하는데 내시의 아내와 동침하는 일도 있었다 한다. 항상 외로이 지내는 내시의 아내와 동침을 하는 것은 이들에게 일종의 은덕을 베푼 것이 되어 과거급제에 도움을 준다는 미신 때문이었다.

젊은이들의 피 끓는 현장, 고시촌

우리 젊은이들의 최대 희망은 반듯한 일자리에 취직하는 것이다. 요즈음 대학생들은 대학의 자유와 학문의 탐구와 같은 것은 아예 머릿속에서 떠나 버렸는지도 모른다. 그러한 여유와 자유를 누리겠다고 하는 것은 철모르는 호사스런 생각이 되어버렸다. 인생에 대한 가치와 삶의 의미를 생각하고 곱씹어볼 겨를도 없이 입학과 동시에 취업을 걱정하며 취업준비를 하는 것이 어쩔 수 없는 현실이 되어 버렸다. 소위 취업전쟁이고 일자리와의 전쟁이 시작되는 것이다.

일자리, 그 중에서도 정말 좋은 양질의 안정된 일자리를 얻어야 한다는 소망과 노력은 우리나라 젊은이들만의 문제가 아니라 세계 모든 젊은이들의 소망일 것이다. 실제로 갤럽이 6년 동안 세계의 각종 데이터를 분석해서 얻은 결과 사람들이 가장 원하는 것은 '양질의 일자리'였다고 한다. 그렇다면 과연 양질의 일자리는 무엇인가. 그리 대단한 것이 아니다. '일주일에 30시간 꾸준히 일을 할 수 있고, 정기적으로 일정한 보수를 받는 일자리'가 그것이다. 이러한 개념으로 본다면 공무원이 된다는 것은 그야말로 양질의 일자리 중에서도 더할 나위 없이 좋은 일자리인 것이 틀림이 없다.

이러한 양질의 일자리를 쟁취하기 위해 처절한 취업 전쟁이 이루어지는 곳이 다름이 아닌 고시촌이다. 우리나라에서 고시촌의 대명사는 누가 뭐래도 신림동과 노량진이다. 남녀노소 없이 누구나가 한 번씩은 들어 보았을 고시촌의 대명사다. 온갖 공무원 시험을 준비하는 공시생들과 공시족들이 몰려 있는 곳이다. 그야말로 공무원 시험 준비의 메카인 것이다.

"길을 가본 이에게 길을 물어야 가장 빨리 그 길을 갈 수 있다"

신림동과 노량진에 고시촌이 만들어지고, 이곳으로 전국의 공시생들이 몰려들게 되는 이유이다.

대한민국 고시촌의 메카, 신림동

서울 관악구에 있는 신림동은 노량진보다도 오래전부터 각종 고시의 1번지요, 메카였다. 한 때는 이곳에만 몇 100개의 고시원에 수많은 고시생들이 몰려들었었다. 고시 관련 모든 시설과 정보가 이곳에 집중되다 보니 공무원 시험을 준비하는 고시생들이 몰려드는 거대한 타운을 이룬 것이다.

신림동에 고시촌이 만들어 진 것은 1970년대 말부터 시작되었다고 한다. 30년을 훨씬 넘어 근 40년에 이르는 세월이다. 1975년 서울대학교가 신림동 관악캠퍼스로 옮겨오면서 고시촌의 원조로 자리를 잡아 왔다. 당시 모두가 어려웠던 시절 서울대 학생들 중에 사법시험과 행정고시와 같은 고시에 도전하는 학생들이 주로 이곳에서 하숙을 하게 된 것이 그 원조이다. 대한민국이 시험공화국이라고 한다면, 이곳은 고시공화국의 성지라고 부르면 안성맞춤일 것이다. 젊은 청춘을 각종 고시와 공무원 시험에 걸고 공부에 파묻혀 하루 24시간을 살아가도록 강요당하는 고시공화국, 시험공화국의 대한민국을 단적으로 보여주는 대표적인 곳이기 때문이다.

70년대 말 초기의 고시촌은 돼지막이라고 불렀던 아주 허름하기 그지없는 하숙집에서 출발했다고 한다. 그러나 세월이 흐르면서 그 옛날의 하숙집은 원룸 형태의 하숙방이 되고, 그것이 더 발전하여 소규모 기업형태의 번듯한 원룸과 고시원으로 바뀌었다. 하숙방이라고 해야 책상과 의자 하나 겨우 놓고 몸 하나 누울 공간의 비좁은 곳이었다. 그러나 90년 대 중반부터는 새로운 고시촌으로 변모해 왔다. 예전에는 화장실도 공동으로 썼지만 이런 고시원은 점차 자취를 감추었고, 대신에 깨끗하고 위생적인 원룸 형태의 고시원으로 바뀌었다. 학원조차도 기업화되면서 각종 유명 고시학원들로 대체되었다.

'○○법정연구회'라는 간판이 필자의 눈에 들어온다. 이름만으로 보면 한국의 법제를 체계적으로 연구하는 정부 연구기관이라도 되는 듯 해 보인다. 그러나 정부의 공적인 연구기관이 아니다. 법률을 학문적으로 가르치는 교육기관도 아니다. 이곳에서 20여 년 동안 고시전문학원으로 고시생과 공시생을 가르치는 마치 기업과 같은 전문 고시학원이다. 고시학원임에도 강사진은 박사와 변호사 등을 주축으로 검증된 실력가들로 포진되어 있다고 홍보한다. 이 연구회 복도 벽면에는 시험전략과 고득점 답안작성요령 등을 알려주는 공보와 강의 홍보물이 붙어 있고, 강의실에는 시험 준비생들로 북적거린다. 강의 스케줄에 따라 자신들의 시간을 맞추어 가는 공시생들인 것이다.

공시생들의 전쟁터, 노량진 학원가

지난 2월 중순 아직도 찬바람이 몰아치는 토요일 저녁 노량진 학원가를 다시 찾았다. 지난 늦은 여름 장맛비가 내리던 어느 날에 이어 7개월여 만에 다시 들른 것이다. 시간이 몇 개월이 흘렀지만 변한 것은 하나도 없는 듯하다. 다만, 변한 것이 있다면 계절이 여름에서 겨울로 바뀌면서 공시생들의 옷차림이 변했고, 주변 먹거리 노점상의 메뉴가 변했다. 김이 모락모락 나는 어묵과 떡볶이 등의 음식이 더 많이 등장했다.

노량진에만 20여개가 넘는 공무원 시험 전문학원이 자리를 잡고 있다. 주로 공무원 9급과 7급은 물론 세무, 검찰, 경찰직 시험을 전문으로 하는 학원들이다. 노량진에는 원래 대학 입시 학원이 중심이었던 곳이었지만 지금은 각종의 공무원 관련 시험을 준비하는 학원들로 거의 바뀌었다. 학원마다 공시생들로 만원이다. 이 학원을 중심으로 100여개는 족히 되는 고시원과 원룸이 들어서 있고, 시험서적을 다루는 작은 서점과 중고책방도 있다. 공시생들을 위한 하나의 커뮤니티가 되어 있고, 젊은 공시생들 중심의 특별한 경제타운을 만들어 놓았다. 독서실과 PC방은 말할 것도 없고, 이곳에서만 볼 수 있는 스타일의 식당, 편한 옷가지와 저렴한 신발을 살 수 있는 상점과 노점상도 있다. 또 고시원과 원룸을 소개하는 부동산 중개업소도 필수적이다. 골목의 건물 벽면에는 공개특강을 알리는 전문 강사의 벽보와 시험 합동설명회 등 수험생들을 모으는 광고 전단지들이 붙어있고, 이러한 전단지를 돌리는 아르바이트 아주머니들도 눈에 띤다.

이곳 공시생들의 중심적인 생활공간은 고시원과, 학원, 그리고 독서실이다. 학원은 아침 6시 이전에 문을 열고 첫 강의가 시작된다. 비가 오는 무더위에는 물론이거니와 찬바람이 부는 겨울날씨에도 예외가 아니다. 공시생들은 너나없이 각종의 강의서와 기출 문제집 등 수험서를 끼거나 안고 다닌다. 새벽부터 학원가는 붐비기 시작한다고 한다. 비가 오든 찬바람이 불든 이른 새벽부터 수십 명씩 입구에 몰려들고, 문이 열리기를 기다렸다가 앞을 다투어 강의실로 달려간다. 좋은 자리를 잡기 위해 1등석 쟁탈전이 벌어진다. 학원은 점점 대형화되고 있다. 비용을 저렴하게 하면서 등록 인원을 늘리는 방식이다. 한번에 200명 이상을 수용하는 강의도 열린다. 학원에서 강의가 끝나면 이들은 독서실로 자리를 옮기거나 다시 고시원과 원룸으로 돌아간다.

고시원에서 학원으로, 학원에서 독서실로 옮기는 동안 끼니를 때우는 것은 가장 중요한 일 중의 하나다. 누군가 '아프니까 청춘이다'라고 했지만 공시생들에겐 '배가 고프니까 청춘'이라고 해야 할 듯하다. 주머니가 두텁지 못한 이들은 저렴하면서도 푸짐한 것이 최고다. 먹는 시간을 최대한 줄이는 것도 이들에겐 매우 중요하다. 골목 안에 식당다운 식당이 없는 것은 아니지만 이동식의 간이식당과 길거리 포장마차가 이들에겐 더 요긴하다. 일회용 식기에 밥과 반찬 3-4

가지를 섞어 먹는 식단이 인기가 있다. 이곳이 원조인 소위 '컵밥'이다. 언제나 시간이 귀중하면서도 부족한 이들에게 긴 시간 들이지 않고 빠른 시간에 노변에 서서도 쉽게 먹을 수 있는 밥이다. 컵밥은 종류도 다양하다. 이제는 식품회사들이 즉석 가공식품으로도 출시돼 꽤나 인기를 끌고 있을 정도의 상품이 되었다. 우선 이러한 식사는 비용이 저렴하면서도 푸짐한 것이 가장 큰 장점이다. 끼니마다 무엇을 먹어야 할지를 고민하지 않고 짧은 시간에 한 끼의 식사를 어렵지 않게 해결할 수 있다는 것도 장점중의 장점이다. 주문과 거의 동시에 음식이 나오고, 앉을 자리도 없이 서서 아주 짧은 시간에 한 끼를 해결할 수 있기 때문이다.

이곳 공시생들은 매일 매일의 생활이 어떠하든 간에 이들의 최고 목표는 '합격'이다. 합격 하나가 그간의 모든 어려움을 보상해 줄 것이라고 믿으면서 그 의지와 희망만으로 하루하루를 기꺼이 이겨낸다.

공시촌의 새로운 풍속도

어쩌다 노공족(老公族)!!!

고시촌에는 중년은 되었을 법해 보이는 수험생들이 적지 않다. 일부 공시생은 이미 머리가 희끗희끗하다. 나이가 있어도 상당히 먹었겠다고 생각되는 사람들이 강의를 받고 있다. 소위 노공족이라 불리는 이들이다.

노공족에도 종류가 있다. 첫째는 터줏대감형이다. 공무원 시험을 준비하는 공시생들은 2-3년은 보통이고, 5년 이상 시험에 매달리는 장수생長壽生들도 많다. 개중에는 공무원 시험공부 경력이 10년을 이미 넘긴 사람들도 있다. 이들은 고시촌의 터줏대감으로 굳건히 자리를 잡고 있는 것이다. 이들 중에는 자신들의 공부 경험을 바탕으로 고시 관련 책을 쓰거나 학원 강사로 활동하기도 한다. 이제는 고시에 합격을 하겠다는 생각보다는 마치 하나의 직업처럼 생각하고 고시촌을 떠나지 못하는 사람들이다.

둘째는 주경야독형이다. 낮에는 직장을 다니면서 공무원 시험에 매달리는 사람들이다. 민간 기업에 직장을 잡고도 직장에 대한 믿음을 갖지 못하고 공무원이 더 낫다고 생각하는 것이다. 안정적이지 못하다고 판단되는 기업환경 속에서 상다수의 직장인들이 공무원 시험을 보아 공무원이 되겠다고 생각하고 있는 것이다. 대기업에서 직장생활을 하고 30대 후반이나 40대에 이른 경력직의 샐러리맨들조차도 보다 안정적인 공무원의 자리에서 새롭게 인생을 설계하겠다며 공무원 시험에 눈을 돌리고 있는 이들이다. 이들은 주로 공무원 시험 학원에 야간이나 주말 시간에 등록해 공시족의 대열에 합류하는 사람들이다. 낮에는 직장인으로, 밤이나 주말에는 학원으로 공무원이 되기 위한 수험생으로 생활하는 주경야독형의 노공족이다.

이처럼 노공족이 많아진 것에 대해 고시촌에서는 우리사회의 환경과 제도 변화가 만들어 낸 현상으로 풀이한다. 우선은 1997년 IMF 경제위기와 2008년 세계적인 금융위기 이후에 민간 기업에 내려진 혹독한 구조조정의 여파가 영향을 미쳤다고 보는 것이다. 경제의 어려움으로 직장인들이 장기적인 고용 불안을 느끼게 되면서 불안감 없이 오래도록 일할 수 있는 직장의 안정성을 가장 중요한 요인으로 생각하게 되었다. 경제와 금융위기로 예기치 못한 구조조정의 위기를 겪게 되면서 정년과 신분이 확실히 보장되는 공무원을 선호하게 되었다.

여기에 더하여 2009년부터 공무원시험에 응시할 수 있는 연령제한을 폐지한 것도 노공족이 늘어나게 된 중요한 이유 중의 하나로 본다. 정부는 2008년 법령을 개정하여 공무원 시험에 응시할 수 있는 상한 연령을 폐지하였다. 행정고시와 외무고시는 물론이고 7급과 9급 등 모든 국가공무원의 공개경쟁 채용시험에서 응시연령의 제한을 풀어버린 것이다. 이는 공직에의 기회를 보다 확대하고 채용상의 차별을 없애기 위한 것이었다. 원래 1963년 이래로 5급과 7급의 채용시험의 상한 연령은 28세까지, 9급 공채시험은 32세까지만 응시할 수 있도록 그 상한 연령을 두어 왔었다. 물론 하한 연령도 있었다. 하한 연령은 각각 20세와 18세였다.

이러한 상황의 변화와 제도의 변경으로 공무원 시험의 경쟁률도 더욱 높아지게 되었고, 그에 반비례하여 합격의 문은 더욱 좁아지게 되었다. 정부 통계가 이를 뒷받침 한다. 공무원시험의 응시연령 제한을 없앤 첫 해인 2009년에 2천 5백여 명에 불과하던 40-50대의 시험 응시자 수가 5년째인 2014년에는 3배가 넘는 근 8천여 명으로 늘어났다. 같은 기간에 전체 응시자 수가 14만여명에서 20만 5천여명으로 늘어난 것과 비교하면 월등히 높은 증가 추세를 보인 것이다. 연령제한이 있던 2008년까지는 평균 경쟁률이 40대 1 수준이었지만 2009년 이후로는 80대 1로 경쟁률도 2배가량 높아졌다. 2014년 서울시의 7-9급 공개경쟁 채용시험 결과가 이러한 상황을 잘 설명해준다. 전체 합격자 2천 61명을 나이별로 보면 20대가 1천 65명으로 51.7%를 차지했다. 반면에 30대 724명(35.1%), 40대 149명(7.2%),

50대 28명(1.4%) 등 30대 이상자가 전체적으로 43%나 차지하고 있다. 이중 최고령 합격자는 54세였다. 이는 필자가 30년 공직을 그만두고 퇴직한 나이보다도 한 살이 더 많은 것으로 30년 공직 생활을 그만두고 나오는 나이에 공무원을 시작하는 것이니 노공족의 대표적 사례라고 할 것이다.

인생이 서글픈 '공시낭인(公試浪人)'

몇 해 전 노공족과 관련된 아주 참혹한 뉴스가 보도된 적이 있었다. 고시원에서 생활하던 공시생이 자신의 방에서 숨진 채 발견되었다. 이 남성은 서울 소재 대학의 법대를 졸업한 후에 무려 25년간이나 사법고시를 준비해온 것으로 알려졌다. 2차 시험에 계속 낙방한 그는 생의 마지막 무렵에는 마음을 바꿔 법무사 시험을 준비해왔다고 한다. '공시낭인'의 대표적인 폐해사례의 하나이다. 오랫동안 공무원 시험을 준비했으나 합격하지 못하고 사회 주류의 이방인으로 방황하는 사람들을 공시낭인이라 부른다. 시험공화국인 대한민국의 공시 열풍 속에서 나타나는 정상적이지 못한 또 다른 자화상이 아닐 수 없다. 많은 젊은이들이 전공과 상관도 없는 고시에 장기간 매달려 대학 교육을 부실화시키고, 국가적으로도 고급 인력의 낭비를 초래하는 것이다. 신림동 고시촌 주변에는 PC방, 경마게임장은 물론이고 스포츠마사지 업소와 성인전용 PC방도 있다고 한다. 이런 업소들의 상당수의 고객은 이 지역 공시족들이며, 그 중에도 공시낭인들이 주된 손님들이라는 것이다.

조공족(早公族)의 등장과 부상

요즈음엔 공무원 시험 준비를 시작하는 시점이 점점 빨라지면서 20대 초반의 젊은 수험생들이 크게 늘었다고 한다. 소위 '조공족'이 늘고 있는 것이다. 예전에는 취직을 포함해서 공무원 시험공부도 보통 대학 3학년을 넘어서거나 군대를 제대하고서부터 준비하는 것이 보통이었다. 그러나 요즘은 대학에 들어오자마자 신입생 시절부터 시험 준비를 하는 것이다. 대학에 입학한 1학년부터 공무원이 되겠다며 고시학원을 찾는 대학생들이 늘어나고 있다는 것이 학원가의 분석이다. 노량진 공무원시험 학원에는 고등학교를 이제 막 졸업한 예비 대학생은 물론 신입생으로 대학을 갓 입학한 학생들조차도 일찌감치 9급 공무원 시험을 목표로 학원에 등록을 한다는 것이다. 이들 대학 신입생 수강생들은 대부분 지방 학생들이다. 지방대학 출신들은 취직하기가 더욱 어렵다는 상황을 이미 알고 들어왔기 때문에 하루라도 일찍 시험공부를 시작하는 것이다.

직업으로써 공무원의 인기는 10대에서 조차 높아지고 있다. 주로 9급 공무원 시험에 도전하는 젊은이들의 응시 연령이 고등학생으로까지 낮아지고 있다는 것이다. 특히 최근에는 아예 진로를 미리 공무원으로 정하고 준비하는 고등학교 공시생도 늘고 있다는 것이다. 이들은 대학입학을 위한 수능시험이 끝나기 무섭게 공무원 시험 준비를 위해 학원에 등록하는 상황도 벌어지고 있다. 처음으로 공무원 시험을 준비하는 수험생들이 대부분인 노량진 학원가의 기본종합반에는 약 5%의 고등학교 학생이 등록한다고 한다. 이는 공무원이 최고의 직장이라는 인식이 10대에까지 확산되고 있다는 의미로 보아야 할 것이다. 이는 실제 공무원 시험에서 20세 미만의 응시자가 크게 늘어나고 있는 것으로 충분히 증명되고 있다. 2013년 9급 국가직 응시자 중 만 20세 미만은 3천명을 넘어섰다. 이는 전년에 비해 3배가량 증가한 수치다. 실제 20세 미만의 최종 합격자 수도 점점 늘고 있다.

이러한 현상은 기본적으로 젊은이들의 취업이 갈수록 어려워지면서 안정적인 수입과 정년이 보장된 공무원의 길을 택하는 젊은 청소년들이 늘고 있기 때문으로 보아야 할 것이다. 여기에 또 다른 요인이 있다면 고등학교 수능시험의 과목들이 9급 공무원 시험과목으로 추가되었다는 점이다. 2013년부터 수학, 사회, 과학 등 대학수학능력시험의 과목이 9급 공무원 시험과목과 똑같아 지면서 어차피 공무원 시험을 준비하고 9급 공무원이 되기로 하는 경우에는 굳이 대학을 진학해서 4년여의 시간을 낭비할 필요가 없다는 판단이 가능하게 된 것이다. 고등학교 졸업자가 어느 때보다도 쉽게 공무원 시험에 응시할 수 있는 여건이 만들어진 것이다. 정부는 현직의 공무원들이 방송통신대학 등을 통해 전문성을 갖추어가도록 제도적인 배려를 하고 있어 고등학생들의 공시족은 더욱 늘어날 것으로 보여 진다.

그러나 이들 고등학교 학생의 경우 아직 공무원이라는 직업에 충분한 의미와 가치를 부여하고 있다기보다는 학교 성적이나 대학 졸업 후 진로에 대한 불확실성 때문에 너무 일찍 길을 택하고 있다는 점이 문제라면 문제일 것이다. 취업난이 날로 가중되고 있는 상황 속에서 실업자가 되는 것은 생각하기조차 싫고, 정년이 보장되는 것이 최고라는 생각인 것이다. 졸업 후 취업이 보장되지도 않는 대학에 가서 대학 공부와 공무원 시험공부를 병행할 바에는 아예 공무원 시험공부를 일찍 해서 빨리 공무원에 합격하는 것이 더 좋다는 생각을 하게 되는 것이다. 이들 조공족은 인생의 다양한 가능성을 열어두고 보다 적극적으로 자신들의 미래를 준비하기보다는 공시열풍이라는 사회적인 분위기에 인생의 진로를 너무나 성급하게 선택하여 인생의 외길로 간다는 것이 염려스럽기도 하다.

여공족(女公族)과 공시커플

공무원은 다른 직업에 비해서 상대적으로 여성에 대한 차별이 없는 직업이다. 우리 사회에서 승진과 보수 등의 대우에서 남성과 여성간 차별이 없고, 벽이 있다고 느낄 수 있는 부분이 없지 않아도 노력으로 뛰어넘을 수 있는 분야가 바로 공직이다. 2015년 봄에 치러진

국가직 9급 공무원 시험의 지원 상황을 보면 총 응시생 19만명 중에 여성이 10만명으로 전체 지원자 대비 52.7%로 여성이 더 많이 지원한 것으로 나타났다. 노량진 고시촌은 이러한 상황을 잘 설명해 준다. 이곳 골목을 오가는 공시생들 중에 족히 반은 여성들이다. 삼삼오오 여성들끼리 무리를 지어 그들의 관심사와 필요한 정보를 나누며 학원에서 식당으로, 독서실로 오간다. 이름하여 고시촌의 '여공족'이다.

한창 우정과 사랑을 찾고 만들어갈 젊은 청춘의 시기이기에 이들 공시족도 외로움을 느낀다. 그나마 시험 준비기간이 짧게라도 끝나게 되면 다행이지만 그러나 그렇지 못할 경우 그 외로움은 더욱 커지게 된다. 그러나 공무원의 목표를 세우고 시작할 때에 필히 시험에 합격하여 공무원이 되면 모든 것을 보상받을 수 있을 것이라는 단단한 뜻을 세운 이들이기에 의도적으로 이성의 친구를 만들지 않는 경향이었다. 예전에는 혼자 독한 마음으로 이성을 멀리 한 채 공부에만 전념하는 고시생들이 대부분이었다. 그러나 요즘에는 사교육 세대로 남녀 이성이라는 것에 개의치 않고 늘 학원을 다니며 공부를 해온 세대라서 그런지 같이 필요한 정보를 나누어 공부하는 것이 자연스럽다. 같은 강의실에서 강의를 받고, 같은 독서실에서 같이 공부를 하며 서로 필요한 정보를 주고받다 보면 연인의 관계로 발전하기도 한다. '공시커플'이 되는 것이다. 실제 노량진 고시촌을 오가는 젊은이들 중에는 공시생들이 분명한데도 팔짱을 끼고 다니고, 길거리에서 컵밥이나 아이스크림을 나누어 먹는 공시커플인 듯한 연인들을 어렵지 않게 볼 수 있다.

고시촌의 변화와 그림자

고시가 종말을 고하고 있다는 분위기는 신림동 고시촌에서 역력히 나타나고 있다. 고시를 통해 인생역전의 사다리를 찾던 사람들이 모여들던 고시촌 모습도 변해가고 있는 것이다. 무엇보다도 이곳에 모여드는 대상이 변하고 있다는 것이다. 소위 고시생에서 공시생으로 사람들이 바뀌고 있는 것이다. 이곳은 당초 고시촌이 만들어진 과정이 그러했듯이 전통적으로 사법시험이나 행정고시를 준비하는 사람이 많았었다. 서울대가 신림동에 자리를 잡으면서 서울대 법대생들은 물론 전국에서 고시 준비생들이 몰려들면서 그야말로 전통적인 고시위주의 고시촌으로 형성되어 왔다. 한때는 한 해에 1000명이 넘던 사법고시 합격자가 점점 줄어 2014년에는 200여명이 최종 합격했다. 앞으로는 이 인원이 더 줄어들게 되고, 2017년부터는 아예 폐지되는 것으로 되어 있다. 그러다보니 최근에는 7급과 9급 공무원, 경찰공무원 시험 등을 준비하는 사람들로 대체되고 있다는 것이다. 고시원이나 원룸의 상당부분은 상대적으로 싼값에 숙식을 해결하려는 직장인의 잠자리촌으로도 변해가고 있다.

두 번째로는 고시촌의 풍속도가 달라지고 있는 것이다. 고시나 공시 합격의 길이 예전의 개개인의 노력이나 체력의 산물이 아니라 이제는 부모의 재력이라는 말이 나오는 상황이다. 신림동 고시촌의 풍속도도 재력에 따라 바뀌어 가고 있다는 것이다. 요즘에는 경제적으로 여유 있는 공시생들이 고시촌에 들어오면서 이들의 요구와 취향에 맞추어 빠르게 변하고 있다는 것이다. 위치가 좋은 자리에는 현대식의 원룸과 고시텔 건물들이 들어섰다. 예전에는 화장실을 공동으로 썼지만 이런 고시원은 사라지고 한 달에 30-40만원 했던 고시원도 점차 자취를 감추고 있다. 고시텔은 위치와 크기에 따라 가격이 다양하지만 보증금 수천만 원에 월세가 근 100만원에 육박하는 수준이란다. 고시학원의 수업이 끝난 뒤 주변의 피트니스 센터에서 체력을 단련하는 '웰빙' 공시족도 늘고 있다. 최근에는 고시 합격생들에게 과목별로 개인 과외를 받는 공시생들도 있고, 외제차를 타고 다니는 고시생들이 늘고 있는 것도 과거와 다른 풍속도라 한다.

고시의 종말, 고시는 이미 저물었다

전통적인 고시가 저물어 가고 있다. 고시촌의 변화는 고시의 종말을 반영하는 것이다. 고시제도가 60여년 만에 사라질 운명에 처해 있다. 사법고시와 외무고시 폐지에 이어 행정고시마저 그 이름이 없어지게 됨으로써 고시제도는 사실상 없어진 것이나 다름이 없게 되었다.

2013년부터 외무고시는 폐지되었다. 대신에 특수대학원인 외교아카데미를 통해 필요한 외교관을 신규로 충원하기 시작했다. 2017년이 되면 사법고시도 완전히 종말을 고할 예정이다. 법학전문대학원(로스쿨)법에 따라 법학전문대학원 졸업자들이 시험을 보아 변호사가 된다.

세월호 침몰 참사 이후 행정고시 폐지론이 다시 나왔다. 행정고시 출신 공무원들이 이익단체와 연결되어 민관유착의 비정상의 관행을 만드는 관료 카르텔을 만들어 가는 출발점으로 본 것이다. 행정고시 폐지는 이미 지난 정부 때인 2010년에도 나왔었다. 고시 기수를 중심의 서열화가 되어버린 공직사회의 풍토를 깨고 변화시켜야 한다는 논리였다. 그러나 그 시점 어느 부처 모 장관의 자녀 특채사실이 밝혀졌다. 자신의 딸을 자신이 수장으로 있는 부처에 특채 하는 과정에서 특혜를 받은 사실이 알려진 것이다.

이 특혜논란은 고시 폐지가 결과적으로는 권력층을 위한 제도가 될 것이라는 반대 의견으로 모아졌다. 특채 확대는 과거 조선시대 음서제蔭敍制로 변질될 수 있다는 점을 우려하며 반대했다. 음서제는 조선시대에 귀족이나 양반의 자제를 시험 없이 관리로 채용해 관직의 세습을 가능하게 해준 제도였다. 고시 준비생들도 집단 반발했고, 정치권도 반대했다. 당시 정부가 강조해 온 공정사회 추진과도 부합하지 않는 반反 서민정책이라는 비판이 일었다. 분위기가 이렇게 되자 당시 고시제도를 담당하는 부처의 장관은 폐지가 아니라 '행정고시'라는 명칭을 없애는 것이라고 했다. 2011년부터 행정고시라는 이름의 고시는 없어졌다. 기술고시라는 이름도 함께 없어져 버렸다. 대신 '5급 공채'로 명칭이 변경되었고, 5급(행정직), 5급(외무직), 5급(기술직)으로 구분되게 되었다. 결국 죽어가던 행정고시가 다시 살아나기는 했지만 그 이름은 사라지게 된 것이다. 1950년 고등고시 행정과로 시작하여 1963년부터 행정고등고시제도로 이름을 바꾸어 고위 공무원의 등용문으로 정착되어 왔던 행정고시도 일대 변화를 겪게 된 것이다.

1949년 국가공무원법이 처음 제정된 이후 현대적인 공무원제도 도입과 함께 60년이 넘는 세월 발전되어 온 고시제도는 폐지되거나 변화의 길을 걷게 되었다. 결국 사법고시와 외무고시가 폐지되게 되면서 행시고시에 해당하는 5급 공채만이 계층이동의 사다리로 남아 있다. 행정고시는 명칭이 바뀌었어도 그 폐지와 축소에 대한 찬성과 반대의 양론은 계속되고 있다.

앞에서도 이야기했지만 우리 사회에서 고시제도는 단순히 공무원을 선발하는 채용제도 이상의 경제사회적인 의미를 지녀 왔다. 불과 2017년까지만 일시적으로 남아있는 사법고시 존치의 필요성을 주장하는 이들이 아직도 있다. 이들 중에는 변호사라는 직역의 진입 울타리를 강화하려는 집단이기적인 생각도 없지 않을 것이나 인생역전의 꿈이 사라지는 것을 아쉬워하는 것도 없지 않을 것이다. 고시제도의 종말은 개천에서 용이 나는 우리의 사회구조가 유지되어야 한다는 바람인 동시에 그에 대한 미련이기도 하다고 보여 진다.

고시제도의 폐지를 찬성하는 의견에는 관피아와 같은 폐해가 없어져야 한다는 이유가 강조된다. 공직에는 다양한 분야의 전문지식이 필요한데 몇 년간 고시에만 매달린 고시 출신들은 전문성이 떨어지고, 변화에도 둔감하다는 주장이 나온다.

한편 고시제도의 폐지와 축소를 반대하는 입장은 채용방식의 문제가 아니라는 입장이다. 관피아 문제는 채용과정의 문제가 아니라 채용 이후 공직 관리의 문제라는 관점이다. 관피아의 문제도 퇴직관료를 이용하려는 조직의 이익추구와 퇴직 관료들의 욕심이 맞물려 생겨나는 것이라는 주장이다. 만약 행정고시가 없어지면 7급 공채 출신이나 민간 경력자 출신의 관피아가 새로 형성될 것이라고 주장한다. 민간 경력자의 채용을 넓힐 경우 이들이 퇴직 후 민간 기업에 재취업하는 경우가 오히려 많아지고 전관예우 등의 논란은 더 커질 수도 있다는 의견도 제기된다.

어쨌든 찬 · 반 양론의 핵심은 공직사회의 다양성과 전문성을 높여야 한다는 논리임은 분명하다. 다양한 시각과 경험을 가진 전문가를 확보하는 방안은 충분한 시의성과 방향성을 가지고 있음은 그 어느 누구도 부인하기 어려울 것이다. 그러나 또 한 가지 분명한 사실은 우리 국민들이 금과옥조처럼 생각하는 투명성과 공정성도 공무원의 선발과 채용에 더없이 중요한 부분이라는 점일 것이다.

이제 개천에서는 용이 나지 않는다!!!

고시의 종말과 함께 '개천에서 용 난다'는 말도 이제는 그 끝을 향해 가고 있다. 고시는 오랜 세월 기회와 출세를 상징했다. 지금까지의 '개용남'은 흔하게는 어려운 고시의 합격이 그 출발점이었다. 단 한 번의 시험으로 평생의 인생이 좌우된다는 것에 대한 부러운 시선과 함께 사회적인 반감도 없지 않았다. 그러면서도 우리 사회에 존재하는 거의 유일한 신분 상승의 시스템이 되어 왔다는 점에 대해서는 많은 사람들의 생각이 다르지 않다는 것이 필자의 생각이다. 고시는 누구나 도전할 수 있고, 합격하면 주류 세력에 진입할 수 있었다. 학벌이나 배경이 없는 젊은이도 고시가 있어서 출세를 꿈꿀 수 있었다. 실개천에서도 용이 나는 것이 가능했던 것이다. 고시는 우리 사

회에서 기회의 균등을 의미했다. 고시를 통해 시골 농부의 자식들도 공직에 진출해 커 나갈 수 있었다. 그래서 각종의 고시제도가 없었다면 우리나라 공직은 다 힘 있고, 돈 있는 집 사람들의 차지가 됐을 것이라는 말도 한다. 행정고시 폐지 논의가 한창이던 2010년 어느 부처 장관 딸의 특혜성 특채 논란이 일면서 조선시대 음서제를 염려하며 반대했던 분위기는 이를 반영한다.

신분이나 배경에 관계없이 누구에게나 문이 열려 있는 고시제도는 우리나라가 기회의 땅임을 보여주는 것이었다. 기회의 땅이라는 가치는 지금도 여전히 중요하다. 그렇다면 고시제도의 가치는 아직도 분명히 존재한다고 보아야 할 것이다. 고시제도가 없어지게 되면서 해외 유학파, 대학원 석 · 박사, 법조인 등 여유 있는 집안 출신이 성공하는 길은 넓어지고, 경제적으로 여유롭지 못한 농어촌 출신이 성공하는 길은 좁아질 것이라는 우려 섞인 이야기가 나온다.

실제 사법고시가 없어지고, 외무고시가 없어지면서 개용남이 되어 계층의 상승을 꿈꿀 수 있는 제도의 문은 좁아져만 가고 있다. 그나마 이제 이름을 달리하여 남아 있는 행정고시조차도 이제는 더 이상 개천에서 용이 나는 길이 아니라는 말도 설득력 있게 들린다. 최근 5급 공채 시험 합격자들의 50% 정도가 외국어고와 같은 특목고나 서울 강남 지역 고교 출신이라는 사실을 근거로 돈 없이는 5급 공채 합격도 어렵게 되었다는 이유를 든다.

최근 십 수 년 사이에 부모의 부와 지위가 자녀에게 세습되는 경향은 점점 커지고 있다. 많은 젊은이들, 특히 지역과 지방의 청년들은 가정환경과 부모의 재력에 자신의 미래가 이미 결정되어 있다고 생각한다. 이러한 현실적인 판단 아래서 당장의 일자리를 위해 젊은이들의 도전적인 꿈을 접어버리려는 경향은 커져 갈 수 밖에 없을 것이다. 지금까지 가능했던 계층 이동의 사다리는 넘어져 버렸고, 새로운 도전의 가능성은 절벽에 부딪치면서 개천에서 용이 나올 수 있는 환경은 좁아져 가고 있다는 생각을 하게 된다.

어쩌다 '개용남', 그 서글픈 이야기!!!

"엄마처럼 살지 말아라."

어쩌다 농어촌의 어려운 집안에서 자라 열심히 공부하여 내노라하는 좋은 직업을 갖춘 미혼의 '개용남'이 있어도 그는 이제 1등 사윗감이 아니란다. 금지옥엽의 딸을 둔 예비 장모는 이제 이런 개용남은 관심의 대상이 되지 못할 뿐만이 아니라 그 딸의 입장으로도 좋은 신랑감이라고 보지 않는다는 것이다. 딸 하나만을 귀하게 키운 부모들의 딸에 대한 기대가 높아질 대로 높아졌기 때문이라는 것이다. 또한 딸의 입장에서는 자기 어머니로부터 엄마처럼 고된 삶을 살지 말라는 말을 귀에 못이 박히도록 들으며 자라온 소위 골드미스인 것이다. 사회 전체적으로 넉넉하지 못했던 시절 유교문화의 가부장적 집안에 시집을 온 어머니들은 경제적으로도 여유롭지 않고 쉽지도 않은 시집살이를 경험하면서 자기 딸에게 인생 교육을 단단히 시켜온 결과이다. 이들의 딸들은 오히려 같은 또래의 남성들보다도 좋은 성적으로 좋은 학교를 졸업하고 그 옛날 아버지들이 취직했던 소위 화이트칼라의 전문직에서 활동한다. 좋은 학력과 뛰어난 스펙을 갖추고 남부럽지 않은 직장에서 소득도 높다. 그러다 보니 주변의 시선은 물론이거니와 부모의 기대와 자신의 마음에 맞는 남자를 찾는 것이 쉽지 않게 되었다. 농촌에서 어렵게 자라 어쩌다가 고시라도 합격한 '개용남'은 그의 흡족한 상대가 안 된다고 생각하는 것이다. 또한 이러한 딸을 둔 어머니의 입장에서는 그 개용남이 자신의 부모에게 미처 하지 못한 효도를 딸에게 강요할 것을 우려한다는 것이다. 금지옥엽과도 같이 키운 딸이 자신이 살아왔던 것과 같은 어려운 삶을 다시 살 것을 걱정하는 것이다. 이것만이 아니다. 부모의 도움을 받기 어려운 '개용남'은 행여 결혼 상대를 찾아도 높은 집값 때문에 자신의 힘만으로 결혼하기도 쉽지 않은 것이 어쩔 수 없는 현실이 되어버렸다. 어찌어찌 하다 겨우 '개용남'이 된 사람들의 희망적이지 않은 환경인 것이다.

그럼에도 불구하고 말라버린 개천에서 다시 용이 만들어질 수 있는 사회, '개용남'이 계층의 사다리를 타고 다시 올라 설 수 있는 사회에 대한 바람은 아직도 나름대로의 의미를 갖는 우리 사회의 가치일 것이다.

중국 공무원과 공시열풍의 변화

중국에서도 과거시험은 필요한 관리를 뽑는 등용문이었다. 중국 과거시험제도는 수나라 시대에 생겨나서 당나라 때 발전하여 청나라 때까지 지속되었다 한다. 신라시대 최치원이 당나라 과거시험에 합격하였다는 것은 고고시절 국사 교과서를 통해서도 배운 바이다.

오늘날 중국 공무원도 역사적인 유산인지는 모르겠으나 우리나라와 같이 인기 매우 높다고 한다. 중국 공무원들도 보수는 많지 않지만 보이지 않는 권한과 함께 뇌물과 같은 이득이 있어 더욱 인기가 있다는 것이다.

그러나 시진핑 체제가 들어서면서 상황이 달라지고 있다고 한다. 시진핑 정부가 공무원들의 부패를 발본색원하겠다며 부패 추방운동을 대대적으로 펼치고 있기 때문이라는 것이다. 지금까지 적발된 부패 공직자의 수가 20만 명을 넘었다고 한다. 그러다보니 최근 공무원의 인기가 아주 빠른 속도로 식어가고 있다는 것이다. 2014년 중국의 120여개에 달하는 중앙정부 기관이 뽑을 공무원은 지금까지 사상 최대인 2만 2천여 명인데 서류 전형을 통과해 필기시험 응시 자격을 얻은 이들이 최근 5년 사이 가장 낮은 140만여 명 수준으로 줄었고, 실제 시험장에 나타난 응시생은 90만 명에 불과했다고 한다.

드라마와 영화의 소재가 되어 버린 공무원

우리 젊은이들이 죽기 아니면 살기로 목을 매는 고시의 광풍, 공시의 열풍이 불다보니 '고시생'과 '공시생'은 종종 TV 드라마나 영화 속의 주인공이 되어 왔다. 제목은 달라도 스토리와 전개는 얼추 비슷했다. 가난한 집안의 장남으로 법대를 다니는 고시생인 남자 주인공은 그의 고시 뒷바라지를 위해 헌신적인 여성을 만난다. 이 여성의 지극정성에 마침내 주인공은 고시에 합격한다. 그러나 그는 물심양면으로, 지극정성을 다하여 그의 고시 생활을 도왔던 조강지연糟糠之戀을 버리고 돈 많은 재벌가의 여자와 결혼을 한다. 그리고 버림을 받았던 비운의 조강지연은 임신 사실을 숨긴 채 자취를 감추게 되고 몇 년이 지나 아들을 데리고 나타나는 식의 스토리이다.

고시 수험생의 인생뿐만이 아니라 공무원 사회의 일상을 허구와 코믹으로 다룬 드라마도 종종 있어 왔다. 2009년에 개봉되어 400만 명이 넘는 관객을 동원한 바 있는 영화 "7급 공무원"이 그 일례이다. 모 첩보기관 직원들의 일상을 다루고 있는 영화로 신분을 속인채로 속고 속이는 첩보, 액션, 그리고 로맨틱 코미디이다. 사랑까지도 허구인지 모른다. 2013년 초에는 모 방송사가 동일 작가의 동일 제목인 '7급 공무원'을 드라마로 방송했다. 상대방을 속이는 데는 최고의 전문가인 두 젊은 남녀가 일상생활에서 겪는 사랑, 직장인으로서의 갈등, 여기에 더하여 비밀요원으로서의 고충과 애환 등 특수직역에서 일하는 공무원들의 세계를 보여주는 것이었지만 어디서부터 어디까지가 진실이고 어디까지가 허구인지는 알 길이 없다.

2009년에 방송된 '시티홀'은 당시 시청률 1위에까지 올랐다고 한다. 가상의 도시인 인주시에서 최말단인 10급의 공무원이 우여곡절 끝에 민선시장으로 당선 되는 과정을 가상적으로 그려냈다. 그를 통해 공무원들의 생각과 행동, 공직사회와 연결되는 일선의 정치와 행정을 정당치 못한 톤으로 풍자했다.

젊은이들은 왜 공무원에 목을 매는가??

우리 젊은이들의 어려움, 그 자화상

우리 젊은이들은 대한민국의 희망이다. 이들은 어려운 여건 속에서도 너무나 열심히 제 역할을 다해 내려 하고 있다. 국제사회에서 수학, 과학 경시대회는 물론이고 각종 콩쿠르에서 이름을 날리고 있다. 스포츠계에서 우리 젊은이들의 두각은 누구나가 인정하는 부분이다. 한류의 열풍을 통해 우리문화를 세계에 알리고 있는 것이 대부분 우리 젊은이들이다.

그러나 우리 젊은이들의 삶의 현장은 그렇게 희망적이고 호의적이지가 않다. 지난 2월 스위스 제네바를 다녀오는 출장길 비행기 안에서 영화 한편을 보았다. "잉투기"란 제목의 영화였다. "잉투기"는 '잉여인간들의 격투기'대회의 줄임말이다. 영화 속에 등장하는 인물들은 일반적으로 소위 '잉여인간'이라 불리는 사람들이다. 대학도 졸업하고 군대까지도 다녀왔지만 취업도 못한 채 계속 부모의 곁에 붙어산다. 이들은 잉여의 시대를 살면서 사회의 중심이 아닌 변두리 살면서 분명한 이유도 없이 분노와 폭력성을 분출해 낸다. 요즈음 젊은이들의 처절하고 외로운 삶에 대한 이야기였다. 오늘을 살아가고 있는 우리 젊은이들의 한 단면을 어느 정도 구체성 있게 묘사하고 있다는 생각이 들었다.

원래 잉여인간이라는 말은 소설 '잉여인간'에 나온다. 이 소설은 부정과 부조리가 일상화되다시피 한 전후戰後 시대에 사회에 적응하지 못하고 삶에 대한 적극적 의지를 상실한 무기력한 사람들의 모습을 잉여인간이라는 이름으로 그렸다.

과학과 기술의 발전은 이러한 잉여의 문제를 더욱 부채질하고 있다는 생각이 든다. 교과서를 통해서도 배웠듯이 산업혁명을 거치면서 기계가 육체노동을 대체하게 되었고, 생산은 전문화되었다. 이제는 정보 통신과 로봇의 발달로 정신노동까지도 기계에 맡기는 결과가 되어 가고 있다. 결국 생산성과 전문성은 크게 증가했어도 고용은 늘지 않거나 오히려 줄어드는 상황이 만들어지고 있는 것이다. 과거에 10명이 했던 일을 이제는 단 한명으로도 할 수 있게 되었다. 10명이 하던 일을 혼자 떠맡게 된 한 사람은 과로로 죽어갈 지경이면서도 나머지 9명은 하고 싶은 일을 찾아도 마땅히 할 일이 없는 잉여인간으로 전락하게 되는 상황이 만들어진 것이다. 요즘 우리 젊은이들은 잉여인간이 되지 않기 위해 대학을 들어가고, 대학에 입학하면 곧바로 취업을 위해 갖가지 스펙을 쌓는 것이 거의 정형화된 생활패턴이 되어 버렸다. 우리 역사이래로 최고의 스펙을 쌓은 유능하고 똑똑한 젊은이들이라지만 그들은 알바세대, 인턴세대로 표현된다.

"당신은 행복하십니까?"

국민들을 상대로 한 어느 설문에 20대에게서 부정적 의견이 가장 크게 나타났다. 마크로밀엠브레인이 전국의 만 19세 이상 60세미만의 성인 남녀 1000명을 대상으로 설문조사한 결과다. 가장 행복하지 않다고 답한 연령대는 20대였다. 가장 패기 넘치고 희망에 차 있어야 할 젊은이들이 취업난 등으로 힘겨워하는 슬픈 단상이 아닐 수 없다.

그러나 우리나라 외교부가 전 세계 17개국 청년들을 대상으로 한국에 대한 이미지를 조사한 결과는 아주 상반된 결과로 나타났다. 외

국의 젊은이들은 한국을 '최첨단state of the art', '창조적creative', '미래지향적future oriented' 등으로 매우 긍정적으로 평가하고 있다. 외국의 젊은이들이 보는 우리의 이미지는 우리나라 젊은이들이 보는 것과는 달라도 너무 다르고, 거리가 있는 답변이라는 생각이 든다.

인류 역사에서 세계의 대학은 학문의 탐구와 연구를 위한 제도적 전담기구였다. 즉 대학은 인류문명의 발전을 견인하는 학문의 전당이었다. 그러나 우리나라에서 대학은 인간을 등급화하는 도구처럼 작용해 왔다. 이제는 오로지 취업을 위한 학원으로 변질되어 가고 있다고 한다면 이에 반론을 제기할 사람은 별로 많지 않을 것이라는 생각을 하게 된다. 대학은 더 이상 창조적이거나 미래지향적이지 않다. 젊은이들의 가장 큰 장점이고 무기라 할 수 있는 젊음, 열정, 그리고 도전정신과 같은 것을 찾아보기가 쉽지 않다. 대학은 이미 취업 준비 마당으로, 고시촌으로 변한지 오래되었다. 취업 준비생은 어느 덧 우리 사회의 새로운 하나의 직역이 되어버렸다. 대학은 이제 더 이상 학문의 전당이 아니라 취업을 위한 전쟁터라고 하는 것이 더 맞는 말인 듯하다. 젊은이들은 취업을 하려 하지만 일자리는 원하는 사람들의 수요를 감당하지 못하고 있다. 이들 젊은이들이 무능력해서 취업을 못하는 것은 아니다. 취업을 위해 모든 노력을 다 하지만 일자리가 이들을 받아들이지 않고 있는 것이다. 보다 정확히 말하면 받아들이지 않는 것이 아니라 받아들이지 못하고 있는 것이다. 전장에서 살아남기 위해서는 누군가를 넘어뜨려야 하는 것이 대학가의 슬픈 현실이다.

상황이 이렇다보니 너무나 많은 대학생들이 요즘 여러 가지 비아냥거림의 대상이 되어 버린 공무원이 되고자 목을 매는 상황이 벌어지고 있는 것이다. 한편 부모들은 귀한 자식이 사회의 비아냥거림의 대상이 되는 공무원이 되라고 권하는 격이니 이런 아이러니가 없다는 생각이 든다.

젊은 청년의 장래와 한국의 미래

요즘 우리 젊은이들을 보노라면 한국 사회의 미래가 꽉 막혀 있는 느낌이다. 국가 장래의 희망이고 주역인 젊은이들의 앞길이 밝아 보이지 않는다. 우리 젊은이들을 일컬어 흔히들 3포 세대라고 한다. 취업이 안 되니까 연애를 포기하고, 결혼도 포기하며 이는 결국 출산을 포기하는 것으로 이어진다. 많이 과장된 것이기는 하지만 한발 더 나아가 5포 세대라는 용어까지 등장했다. 우리 젊은이들의 오늘이 어렵고, 내일도 어려워 보인다. 왼쪽으로 가면 경찰서고, 오른쪽으로 가면 형무소와 마주치는 형국이다. 앞으로 가고자 하면 천 길 낭떠러지이고, 뒤를 돌아봐도 천인절벽이다. 인생의 길, 인생의 답을 찾기가 쉽지 않은 상황이다.

요즘 공무원이 온갖 관피아라는 이름으로 질타를 받으면서 공직에 대한 국민의 신뢰가 녹아내리고 있는 상황이지만 공무원이 되겠다는 공시족의 젊은이들은 말 그대로 인산인해人山人海를 이루고 있다. 이해하기가 쉽지 않다. 공직사회와 공무원이 공공公共의 적賊으로 매도되는 상황에서도 오직 공무원만이 살길이라며 공무원이 되고자 고시촌에 수많은 공시생들이 몰려들어 넘쳐나고 있으니 말이다. 젊은이들이 직업을 선택하면서 꿈과 비전보다 정년 보장 등 안정성에만 너무 큰 가치를 부여하는 듯하다. 우리 젊은이들이 모험을 기피하며 안정적인 것만을 찾는 것이다.

공무원이 공공의 적이 되어 버린 상황에서 젊은이들이 '철밥통'이라는 정숙하지 못한 음지의 언어로 표현되는 공무원이 되겠다고 목을 매는 나라에 미래의 희망이 있겠는가?

우리 젊은이들이 공무원만이 살길이라고 목을 매는 지금의 현상은 분명히 정상적인 것도 아니고, 발전적인 것도 아니다. 공무원이 최고의 직업으로 여겨지는 나라의 미래가 밝을 수가 없다. 이는 공직이 중요하지 않고, 공무원이 필요 없다는 이야기가 절대 아니다. 국가가 존속하는 한 공직은 중요하고, 공무원의 역할은 시대의 변화를 넘어 언제나 중요하다.

문제는 공직이라는 직역에 너무나 많은 젊은 인적 자원이 쏠리는 현상이다. 이 같은 젊은 인재의 쏠림 현상은 국가와 사회 전체적으로도 바람직하지 않다. 청년들의 취업 경향은 개인뿐만 아니라 사회 전체로도 국가의 미래를 결정하는 요인이기 때문이다. 이는 무엇보다도 국가적으로 큰 인재의 손실이고 비효율적이고 적정한 인적 자원의 배분에 실패한 것이 된다. 공무원을 선호하는 경향이 계속 이어지게 되면 민간 부문의 활력을 떨어뜨리면서, 고용시장의 균형적인 발전을 저해하는 요인이 될 것이다. 결과적으로 고용시장에서 인적 자원 배분의 왜곡이 점점 커져 가게 된다. 모든 젊은이들이 공무원이 되어 공직에 종사하게 된다면 다른 분야의 직업군에 필요로 하는 적정한 자원이 없게 되고, 필요한 일손이 부족하게 되는 것은 명약관화한 것이다. 이는 지속적인 경제의 성장은 물론 국가 발전에도 전혀 이로울 것이 없다.

인생의 밀물과 썰물

아침과 저녁으로 바닷물이 밀려들어오고 나가는 것을 밀물과 썰물이라 하고, 이를 조수 간만의 차이라 부른다. 우리 인생에도 밀물과 썰물이 있고, 조수 간만의 차가 있다는 생각을 한다. 동해바다와 서해바다에서 조수간만의 크기가 다르듯이 우리 인생의 조수간만의 차이도 개개인의 능력과 그가 현재 처하고 있는 위치에 따라 많은 차이가 있다고 생각한다. 인생에서 이 조수 간만의 차가 클수록 우리 삶의 불확실성은 커지게 되고 불투명성도 커진다. 썰물을 잘 못 타는 상황이 되면 그 인생은 꼬일 대로 꼬이는 형국이 될 것이다. 가급적이면 썰물은 타지 않는 것이 좋은 것이다. 밀물도 때를 가려 잘 타야 한다. 밀물을 타려면 정말 기회를 잘 잡아타야 된다고들 생각한다.

밀물을 잘 타면 인생항로의 탄탄대로가 열리지만, 이에 실패하면 불행의 너울파도에 부딪히고 썰물에 휘말리게 되는 빈곤의 악순환이 전개되기 십상이라고 생각한다. 우리 국민들의 의식 속에 이런 생각들이 깊이 자리를 잡고 있는 것 같다.

사람이면 누구나 위험을 최소화하고 예측이 가능한 삶을 희망하고 추구한다. 이는 우리 젊은이들도 예외가 아닐 것이다. 다만, 문제는 우리 기성세대들보다도 젊은이들이 오히려 이러한 생각을 더 크게, 그리고 깊게 하고 있다는 점이다.

2014년 한국직업능력개발원이 전국의 초 · 중 · 고교생 18만 명을 상대로 '2014 학교진로교육 실태 조사'를 했다. 이 조사에 의하면 우리나라 중 · 고등학생 중 30%는 희망하는 직업이 없다고 응답했고, 희망이 있다는 응답자 중에서는 교사가 1순위였다. 남학생과 여학생 가릴 것 없이 모두 교사가 희망하는 직업 1순위였다. 이 조사에서는 학부모들도 자신들의 자녀가 갖기를 원하는 직업으로 똑같이 교사를 제일 선호하는 직업으로 택했다. 젊은 자녀들과 부모들 모두가 자녀들의 소질과 적성을 따지기보다는 자녀들이 먹고 살아가는데 걱정이 없는 직업을 택하기를 희망하고 있는 것으로 풀이될 수 있다.

이 설문조사 결과가 함의하는 바는 우리 청소년들이 미래에 대해 적극적이고 도전적인 방향이나 목표를 설정하지 못하고 있다는 희망적이지 못한 현실이다. 우리 젊은이들의 미래는 물론 우리 한국의 장래가 밝기보다는 어둡게 보이는 이유이다. 다소 어려움이 있고 위험부담이 있다고 하더라도 과감하게 나만의 인생항로를 개척해 보고자 하는 젊은이들이 흔하지 않다는 반증이나 다름이 없는 것이다.

"풍파에 놀란 사공, 배 팔아 말을 사니,
구절양장이 물보다 어려워라,
이후로는 말도 말고 밭 갈기만 하리라."

조선 숙종 때 장만이라는 사람이 썼다는 "구절양장가九折羊腸歌"의 한 구절이다. 고시古詩이다보니 무슨 의미인지 선뜻 이해되지 않는다. 쉽게 이야기하면 '이것은 위험하고, 저것은 어려우니 다 걷어치우고 위험하지도 않고 어렵지도 않은 일만 찾아 하겠다.'는 정도로 이해될 수 있을 것이다. 뱃사공이 험한 파도가 무서워 배를 팔아버리고, 대신 말을 사서 험하고 가파른 구절양장과도 같은 험한 산길을 오가며 품팔이를 하니 이는 물에서 배를 젓는 것보다도 더 어렵고 힘들다. 이에 말도 팔아 버리고 위험하지 않고 어렵지도 않아 보이는 밭갈이만 하며 살겠다는 의미이다. 원래 완벽하지 못한 우리 인간이란 편하고 쉬운 것을 찾는 존재이다. 서있으면 앉고 싶고, 앉으면 눕고 싶다. 누우면 다시 팔베개를 하고 싶은 것이 인간 본성이다. 항상 편하고 안정적인 것을 찾는 것이 우리 인간 본연의 모습이기에 젊은이들이 쉽고 편한 것만 찾는다고 무턱대고 나쁘게만 생각하고 나무랄 것은 못된다.

그러나 한 인생이 희망과 꿈이 없다면 그 인생은 삶의 의미가 없는 것이나 다름이 없다. 인생의 과정에서 가장 중요한 것이 희망이고, 꿈이다. 내일에 대한 희망과 꿈이 있어야 한다. 오늘을 살면서 내일에 대한 꿈과 희망이 있으면 오늘의 삶이 아무리 고되고 어려울지라도 참고 이겨낼 수가 있다. 내일에 대한 희망이 없으면 오늘을 사는 의미가 없는 것이다. 어려움을 어려움으로 인식하는 순간 그 어려움은 더 이상 어려움이 아닐 수 있다. 어려움에 처해 있다고 인식하는 것이 중요한 것이다. 어려움에 대한 인식은 도전의 정신과 이루고자 하는 꿈을 만들어 낸다. 헤밍웨이가 그의 작품『노인과 바다』를 통해 우리 젊은이들에게 이야기 하고자 하는 것이 있다면 한마디로 희망이고 꿈인 것이다. 그는 "희망을 잃는 것은 바보스런 짓이며 죄악이다It is silly not to hope, it is a sin"라고 말했다.

우리의 삶의 과정은 마치 캄캄한 밤바다에서 고기를 잡는 노인의 인생과 다르지 않다. 파도가 없는 조용한 밤바다도 있지만, 거칠고 험한 풍랑을 뚫고 나가야 할 때도 있다. 항상 고요한 바다만을 생각하고 찾아서는 안 된다. 험한 풍랑도 극복해야 한다. 밀물과 썰물을 잘 이용할 줄 아는 합리적인 이성도 필요하지만 거칠게 몰아치는 풍랑을 향해 나가는 도전정신도 있어야 한다.

창업이 최고인데!!!

"Stay hungry, stay foolish!!!"

명연설의 진수라 해서 우리 젊은이들이라면 대부분 한 두 번은 들어서 알고 있는 문구라 생각한다. 얼마 전에 길지 않은 인생을 마감한 애플의 창업자 스티브 잡스Steve Jobs가 2005년 스탠포드대학 졸업식에서 남긴 축사의 맨 마지막 문장이다. 이 의미 있는 문구는 그의 언어가 아니다. 그가 항상 새로운 것에 목말라 했던 젊은 시절에 애독했다는 어느 잡지의 폐간호 맨 뒤의 표지 면에 나오는 문구를 인용한 것이었다. 그는 직접 그 폐간호를 인용하며 대학을 졸업하며 새로운 도전의 길을 나서는 스탠포드대학 졸업생들에게 이 말을 전했다. 그 후 이 졸업축사 메시지는 전 세계적으로 잡스 신드롬을 불러일으켰다. 또한 2008년에는 또 다른 창업자이면서 작가이기도 한 래쉬미 반살Rashmi Bansal이 전도양양한 자신의 직업을 과감히 접어 버리고 험난하고 위험한 창업의 길을 떠난 MBA 출신 25명의 글을 모아 "Stay hungry, Stay foolish"라는 제목으로 책을 출간하여 인도에서만 30만부 이상 팔리는 베스트셀러가 되었고, 이는 8개국에서 출간되기도 하였다.

"Stay hungry, stay foolish"는 우리말로 번역하기가 쉽지 않다. 직역을 해서는 그 의미가 잘 전달되지 않는다. 오히려 이를 영어로 달리 표현해 보는 시도가 더 의미가 있을지도 모르겠다. 필자가 이해하고, 필자의 서툰 영어 실력으로 다시 표현해 보고자 한다면 아래와 같은 의미가 아닐까 한다.

'Never be satisfied, and always push yourself for new things that people say cannot be done.

'Stay eager, and be ready to try new things!!!'

'항상 욕구에 목말라 하며, 시류를 좇지만 말고 새로운 목표를 추구하라!'라는 의미로 필자는 받아들인다. 어찌되었든 각자의 입장에서 어떤 의미로 받아들이더라도 꿈을 찾아 도전하는 우리 젊은이들에게 매우 의미 있는 금언임은 분명하다.

지금가지 인생을 살아오며 우리 대부분은 창업에 대한 생각을 몇 번씩 해 보았을 것이다. 특히 젊은 패기와 창의성이 가장 큰 장점인 젊은이들은 장래 자신의 인생과 직업을 생각하면서 필히 한번쯤은 생각해 보았을 것이다. 창업에 적극적으로 관심이 있는 젊은이들일 지라도 창업의 어려움과 성공 가능성을 면밀히 가늠해 보면서 이런 저런 고민들을 해 보았을 것이다. 이는 졸업 후 진로를 고민하는 대학생도 그렇지만 새로운 직업을 꿈꾸는 직장인, 은퇴 후 새로운 노후를 준비하는 사람들도 어느 정도 마찬가지일 것이다.

그러나 우리나라 젊은이들에 대한 조사결과는 달랐다. 한경비지니스가 지난 해 서울대 학생 298명을 대상으로 '직업의식' 설문 조사를 실시한 결과는 크게 달랐다. 졸업 후 희망하는 진로를 묻는 질문(복수 응답)에 창업은 겨우 4% 수준이었다. 다시 창업은 희망하는 진로가 아니라는 학생들에게 그 이유를 물었다. 창업에 아예 '관심이 없어서(11.1%)'라는 답변이 수위를 차지했고, '위험부담이 커서(8.8%)', '아이디어가 없어서(7.3%)', '성공 확률이 낮아서(3.1%)' 등 그 이유가 매우 다양했다. 반면에 가장 희망하는 직업은 공직(19.5%)이 가장 높았고, 의료계(13.4%), IT·인터넷(13.4%), 금융(10.1%), 교육(9.7%) 등의 순서였다.

창업에 대한 생각과 희망하는 직업에 대한 그들의 답변은 우리 사회의 현 주소를 보여주는 것이었다. 우리 젊은이들에게 창업의 꿈은 기대하기 어려운 듯해 보인다는 점이다. 창업은 실패할 위험성이 많다고 생각하니 창업에 도전하는 젊은이들이 정말 흔하지가 않은 것이다. 학생들은 대학에 입학을 하면서부터 취업 걱정을 한다. 자신이 원하는 학문을 열정과 도전으로 파고들겠다는 생각이전에 취업 준비를 해야 한다는 강박관념에 잡혀 있다는 생각을 한다. 공과대학 학생이 자기의 전공보다는 고시를 공부하고, 그것도 어렵다고 생각하면 7급 공무원이라도 되겠다고 참고서와 예상문제집을 달달 외우는 우리의 작금의 현상은 위에서 언급한 설문결과를 그대로 반영하고 있는 것이다.

스티브 잡스는 21살에 애플Apple을 설립했다. 마크 주커버그는 20살에 페이스북Facebook을 만들었다. 세계적 기업을 일군 기업의 창업자는 모두 20대에 회사를 설립했다. 이들은 자신이 가진 아이디어를 곧바로 사업화했다.

창업을 준비하는 많은 사람들의 가장 큰 어려움이자 고민거리는 실패에 대한 두려움이다. 그 두려움과 고민은 너무나 당연한 것이다. 그러나 성공한 사업가들은 주저하지 말고 일단 시작하라고 한다. 시작이 반이라며 행동을 중요하게 강조한다. 시작은 혼자서도 무엇인가 의미 있는 일을 할 수 있다는 자신감이 핵심이다. 또래의 친구들이 취업을 걱정할 때에 홀로 시장의 문을 두드리고, 더 나아가 세계 시장의 문으로 들어 갈 수 있다는 꿈은 생각만으로도 가슴을 두근거리게 한다. 젊으니까 청춘이요, 청춘이기 때문에 넘어지고 깨져도 다시 일어날 수 있다는 희망이 있어야 한다. 인생 초반에 시작하는 사업이 탄탄대로만을 달릴 수는 없다. 탄탄대로만 달려 성공신화를 이룬다면 이는 정상이라기보다는 비정상으로 보아야 한다. 초반에는 시행착오의 연속일 수 있다. 아이디어는 충분해도 사업에 대한 경험과 기술이 부족할 수 있기 때문이다. 시행착오와 실패를 충분히 예상하고 이를 극복할 것이라는 다짐을 가지고 가야 한다. 시행착오와 실패는 경험과 노하우를 축적해 간다. 이 경험과 노하우는 성공의 탄탄한 밑거름이 된다. 무엇인가를 위해 도전하고 그 과정에서 느끼고 배우는 것이 있다면, 비록 실패 하더라도 그 경험은 나중에 다른 일을 시작하는 데 든든한 자산이 될 것이다. 우리나라에서도 아주 가끔은 벤처창업가들의 성공 스토리가 화제를 모으기도 한다. 이들도 실패라는 두려움을 떨쳐버리고 모두 '시작'이라는 결심과 행동을 통해 '꿈'을 이루어 냈다.

아내의 자문, 무엇을 답하라!!!

중학교에서 교편을 잡고 있는 아내가 어느 날 내게 자문을 요청했다. 어느 학생이 책상위에 편지 한통을 놓고 갔단다. 중학교 1학년의 편지로 보기에는 너무나 성숙했다 싶을 정도로 우리 젊은이들이 느끼는 인생의 고민을 깊이 있게 담아 낸 진로에 관한 것이었다. 학생은 커서 방송분야에서 일하고 싶고, 나중에 대학을 가도 방송 관련 쪽을 공부하겠다는 생각을 하고 있는데 부모는 직업이 확실한 분야로 나가기를 강요한다며 자기 부모를 설득해 달라는 내용이었다. 부모는 법대에 가서 판사나 검사가 되거나 공무원이 되라고 하는데 학생 자신은 공무원은 그렇다 치고 판 · 검사가 무엇을 하는 직업인지도 모르고 관심이 없다는 것이었다.

요즘 대학생이 되어도 자신이 무엇을 잘하는지, 무엇을 하고 싶은지, 어떤 직업이 맞는지 자신 있게 답하는 학생이 많지 않다는 것이 안타까운 교육의 현실이란다. 학교의 시험성적과 대학 입학을 위한 수능점수에 맞추어 대학을 선택하고, 점수로 진로를 결정하는 것이 우리 교육의 현실이고 현장이기 때문이다. 그런데 이 학생은 이제 겨우 중학교 1학년의 나이에 장래의 인생과 직업을 걱정한다고 하니 그 어른스러움이 대견스럽기만 할 따름이다. 반면에 '공무원이나 해

라. 그래도 공무원이 최고다.' 부모들의 마음인들 오죽하랴. 그래도 사랑하는 자녀들을 위한 다는 것이 공무원을 하라고 강권하는 것이다. 공무원이 되고 판 · 검사가 되라는 우리 부모들도 어쩔 도리가 없는 상황에서 나름 최선의 방안을 자녀들에게 제시하는 것이다. 그럼에도 불구하고 아래의 질문들을 스스로 던져 보고, 생각하고, 고민해 보는 것이 우리 젊은 청소년들의 성장 과정이어야 한다. 부모는 사랑하는 자녀가 이러한 질문을 스스로 던져 생각해 보게 하고 고민해 보게 하는 것이 역할이어야 한다.

나는 누구인가?

나는 어떻게 살아야 하는가?

내 삶을 이끄는 내 안의 가치는 무엇일까?

내 삶의 의미는 어디서 찾고, 어디서 무엇을 하며 살아갈까?

가정에서 자녀에 대한 부모들의 가르침과 학교에서의 교육은 학생들에게 이러한 물음에 답할 수 있는 시간을 만들어 주면서 각자의 삶을 준비시켜가는 교육이어야 한다.

정부가 중학교 1학년 학생들을 대상으로 자유학기제란 제도를 실시하기로 했다. 중학교 1학년 기간을 학생들이 앞으로 살아갈 인생의 진로를 탐색하는 시기로 하여 많은 것을 자유롭게 보고 느끼게 하겠다는 취지이고 목표이다. 정말 필요하고 좋은 방안이라는 것에 필자도 전적으로 동감한다. 향후 어린 학생들이 성인이 되어 살아가야 할 인생의 가치가 무엇이며, 그 가치를 위해 어떤 의미를 부여하고 어떤 삶을 추구할 것인가를 찾아보도록 하는 것이 우리 교육이 본질적으로 추구하는 기본 목표이기 때문이다. 다만, 한 가지 우려스러운 점도 없지 않다. 빨리 빨리 남보다 먼저를 강조하는 우리 부모들 탓에 이 기간을 자식들의 희망과 꿈을 도장 찍듯이 미리 찍어 놓고, 그 꿈을 이루기 위해 선행 학습 시간으로 이용하지나 않을까 하는 점이다. 자녀의 꿈이라는 이름으로 직업을 미리 정해 놓고, 어느 고등학교와 어느 대학을 가고, 전공할 과목과 취득해야 할 자격증을 당장 정하여 그 외길로 몰아가는 시간으로 활용된다면 이는 제도의 취지가 왜곡되는 것이며, 제도를 아예 실시하지 않는 것만도 못하다고 생각되기 때문이다.

한 때 미국의 유력한 대통령 후보이기도 했던 기업가이자 전 뉴욕 시장인 마이클 블룸버그Michael R. Bloomberg는 얼마 전 아주 의미 있는 말을 해서 화제가 되었었다. 당신의 자녀가 '대학을 갈까, 아니면 배관공이 될까.'를 놓고 진로에 대한 고민을 한다면 심사숙고할 필요가 있다며, 대학 대신에 배관공이 되도록 하는 것이 더 좋은 선택일 수 있다는 것이었다. 자녀의 학교 성적이 아주 뛰어나지 않지만 사람 다루는 재능이 있다면 배관공이 더 나은 직업일 수 있다는 것이다. 블룸버그의 이야기다.

"Today if your kid wants to go to college or become a plumber, you've got to think long and hard. If he's not going to go to a great school and he's not super smart academically, but is smart in terms of dealing with people and that sort of thing, being a plumber is a great job because you have pricing power, you have an enormous skill set."

물론 우리나라와 미국은 커다란 문화적, 사회적인 차이가 있고 추구하는 가치도 다르다. 학문에 대한 가치부여도 다르고 배관공이라는 직업에 대한 일반적인 인식과 시각도 엄청나게 다르다. 실제로 뉴욕에서 배관공의 연봉은 평균 2억 원을 넘는 수준이라고 한다. 단순히 벌어들이는 소득으로 따지면 웬만한 대학 졸업자보다도 나은 수준이다. 또한 모든 집과 빌딩에 복잡하게 설치된 배관을 수리하는 일은 컴퓨터와 기계만으로 대체할 수도 없는 분야라서 세상이 아무리 변해도 배관공이라는 일자리와 직업은 없어질 걱정도 없을 것이다.

그러나 블룸버그가 말하고자 하는 것은 결코 자녀를 대학에 보내지 말라는 뜻은 아닐 것이다. 다만, 공부가 적성에 맞지 않는데도 대학만 가면 다 잘 될 것으로 생각하여 너도 나도 대학을 꼭 가야 한다고 생각할 필요는 없다는 의미의 말일 것이다. 대학을 가서도 배관공이 되거나 판사나 검사가 되는 것은 자녀의 인생이고 자녀의 선택사항인 것이다.

이것이 필자가 아내에게 준 자문의 내용이다.

장자의 바닷새는 아닌지요!!!

옛날 노나라 수도에 바닷새 한 마리가 내려앉았다. 새를 무척이나 좋아했던 왕은 이를 아주 좋은 징조라 생각하여 그 새를 잡아 가두어 놓고 보살피며 성대하게 잔치를 베풀어 주었다. 새에게 종묘의 술을 올리고 온갖 기름진 음식을 대접했는가 하면 악사들을 불러 음악까지 들려주었단다. 그러나 그 바닷새는 며칠을 못가 죽어버리고 말았다. 왕이 바닷새를 가두어 놓고 성대히 대접을 한 것은 새를 너무나 좋아했기 때문이기도 했고, 나라에 좋은 일이 있을 징조라고 믿었기 때문일 것이다. 그러나 그 바닷새가 죽은 것은 새를 사람과 같이 양육했기 때문이다. 모름지기 바닷새는 바다를 날고 떠다니면서 다른 새들과 어울려 날아야 한다.

우리 자녀들, 우리 젊은이들도 마찬가지이다. 내가 살아갈 인생은 전적으로 나의 인생이다. 세상의 그 어느 누구도 나의 인생을 대신해 줄 수 없다. 가장 나를 아끼고 사랑하는 부모조차도 내 인생을 대신 살아 줄 수는 없는 것이고, 내 인생을 책임져 주는 것은 아니다. 내 인생은 오로지 내가 선택하는 것이고, 내가 선택한 인생은 온전히 내가 책임져야 한다. 우리 젊은이들이 장자의 바닷새가 되어서는 안 된다. 그것은 비극이다.

출산율이 세계 최하위인 우리나라에서 독자로 태어나 귀하게만 키워진 요즘 우리 젊은이들은 육체적으로는 성인이지만 성인으로서의 역할을 하지 못한다는 이야기를 가끔 한다. 자신의 생활과 앞으로 살아갈 인생에 닥칠 문제를 자신의 생각과 능력으로 결정하지도 못하고 해결하지도 못한다는 것이다. 부모들이 부모들의 뜻대로 생각하고, 가르치고 만들어 낸 자식의 인생은 대학을 졸업하고 사회에 첫발을 내 디뎌도 자신의 문제를 스스로 결정하지 못하는 상황을 만든다. 가끔 우스개처럼 이야기되는 상황들이 있다. 대학에 입학한 아들을 대신하여 엄마가 수강 신청을 해주고, 어렵게 취직하여 회사에 첫 출근한 아들의 회사에 아버지가 꽃바구니를 들고 찾아가 아들을 잘 부탁 한다는 식의 이야기들이다.

한경비즈니스가 서울대 학생 298명을 대상으로 '직업의식' 설문조사를 실시한 결과, 자신들의 진로 계획에 가장 큰 영향력이나 동기를 부여하는 사람으로 '부모(32.6%)'를 가장 많이 꼽았다. 다 큰 자녀들이 이토록 부모에게 의존하는 현상의 가장 큰 책임의 대부분은 우리 기성세대에 있음을 부인하기 어렵다. 자신의 자녀를 지나친 관심으로 마치 자신이 아끼는 분재와 같이 만들고 키워 온 부모들에게 책임이 있다고 보아야 한다. 한편 이렇게 귀하게만 양육되어 온 젊은이들은 자기 삶의 대부분을 부모에 의존하게 되고, 인생의 크고 작은 결정을 자신의 의지와 생각으로 결정하지 하지 못하는 문제의 심각성을 잘 알지 못하게 된다.

우리 부모들은 귀한 자녀를 온실 속에 가두어 두고 키우는 방식이어서는 안 된다. 우리 젊은이들은 부모라는 따뜻한 온실 속에 스스로 갇혀 안주하는 인생이어서는 더욱 안 된다. 부모는 자녀를 장자의 바닷새로 키워서는 안 되며, 자녀도 스스로도 장자의 바닷새가 되어서는 안 된다. 부모의 품안은 일시적으로는 편하고 행복할 지라도 긴 세상, 인생의 험한 풍파에서는 죽음과도 같은 것이다. 영어 단어 fragile은 유리제품이나 도자기처럼 깨지기 쉽다는 의미를 갖는다. 사람의 경우에는 신체나 건강이 허약하다는 의미로도 쓰인다. 장자의 바닷새처럼 키워진 젊은이들은 fragile할 수 밖에 없다. 그러나 우리 젊은이들은 세상의 험난한 풍파를 이길 수 있도록, 몸과 마음이 강건한 anti-fragile이어야 한다.

세상은 넓고 할 일은 많은데!!!

"저 밖은 어떤 세상일까?"

우물 안 개구리가 어느 날 고개를 들어 우물위로 솟아 있는 높은 하늘을 보았다. 개구리는 호기심이 생겼다. 우물 벽을 타고 있는 힘을 다해 기어 올라왔다. 주위를 둘러 보았다.

"아, 이럴 수가!!!!"

가장 먼저 눈에 들어온 것은 앞에 펼쳐진 커다란 강이었다. 이건 생각도 못했던 파라다이스라는 생각이 들었다.

"이렇게 크고 아름다운 세상이 다 있다니!"

정신을 가다듬고 강을 따라 내려갔더니 더 큰 호수가 나타났고, 호수를 가로질러 가니 바다가 나타났다. 이 개구리에게는 엄청난 충격이었다. 지금까지 자신이 얼마나 작은 세계에서 좁게만 생각해 왔는지 알게 되었다. 그야말로 자신의 삶이 정저지와井底之蛙였다는 것을 깨닫게 되었다. '우물 안 개구리'라는 뜻의 사자성어가 만들어진 환경일 것이다.

작은 우물에서 태어나 내내 이 우물에서만 살아온 개구리에게는 그 우물이 자신이 생각할 수 있는 가장 커다란 이상향의 우주였던 것이다. 그러나 어느 순간 생각을 달리하여 밖으로 나와 보니 그 우물보다 수백 배 큰 강이 있고, 수천 배 더 큰 호수가 있는가 하면 가히 비교하기조차 어려운 바다가 있는 것이다.

우리 인간도 마찬가지이다. 누구는 작은 우물 안에서 한 평생을 살지만, 누구는 도전과 열정으로 강을 헤엄쳐 건너고, 누구는 격한 풍랑이 이는 바다를 항해한다. 큰 바다를 항해하다보면 험한 풍랑을 극복해야 한다. 이를 위해서는 냉철한 이성도 필요하지만 거칠게 몰아치는 풍랑을 넘을 수 있다는 도전정신이 있어야 한다. 얼마 전 우리는 언론을 통해 세계 최대 전기차 업체인 테슬라의 최고경영자

CEO이면서 민간 우주개발 업체 '스페이스X'의 CEO인 일론 머스크 Elon Musk의 쓰라린 불행을 보았다. 스페이스X의 우주화물선인 팰콘9이 발사되자마자 공중에서 폭발해 버렸기 때문이다. 팰콘9의 임무는 우주 정거장에 식량과 생필품을 전달하는 것이었다. 지금까지 17차례 발사돼 우주정거장에 필요한 물품을 성공적으로 실어 날랐다.

그는 물리학 박사 학위를 위해 스탠퍼드대학에 입학했지만 이틀만에 자퇴했다고 한다. 자퇴 이유는 그가 꿈꾸는 인터넷, 재생 에너지, 우주 등 3가지 분야의 창업에 대한 열망 때문이었다는 것이다. 그는 인터넷 대금결제수단인 PayPal의 전신 X.com을 개발했다. 2002년 이베이e-bay가 페이팔을 15억 달러에 인수하면서 부호의 대열에 오

른 그는 관심사였던 우주선과 전기 자동차 개발에 본격적으로 뛰어들었다. 언젠가 수명이 다할 지구를 떠나 화성으로 인간을 이주시키겠다는 그의 꿈을 실현하기 위해 스페이스X를 설립했다. 지구 환경오염을 늦춰 인간이 화성으로 이주할 시간을 벌어야 한다는 생각으로 공해가 없는 재생에너지의 전기 자동차회사 테슬라도 만들었다. 그는 대학 때부터 세계와 인류의 미래에 어떤 것이 가장 큰 영향을 미칠 것인가에 대한 고민을 했다고 한다. 그는 지금 미래를 설계하는 사람으로 통한다. 팰콘9이 한번 실패했다고 해서 그의 꿈을 접을 사람이 아닐 것이다. 한번 실패했다고 해서 낙담하고 좌절할 사람이 절대 아니라는 생각이 든다.

하루가 다르게 변해가는 지구촌의 세계 속에서 젊은이들의 가치는 누가 뭐래도 변화와 도전이어야 한다. 변화와 도전을 위해 세상을 넓게 그리고 멀리 보아야 한다. 세상을 넓게 보고 멀리 뛰면, 새로운 도전의 기회가 생기고, 새로운 변화의 계기가 만들어진다. 모 전 그룹 회장의 말씀과 같이 우리 젊은이들에게 세상은 정말로 넓고 할 일은 많다. 이를 위해서는 넓게 보는 혜안과 멀리 뛰는 노력이 필요하다.

왜 공무원이 되려 하는가!!!

요즘 우리 젊은이들에게 창업의 환경은 매우 어렵다. 취업도 너무 어렵다. 남들이 좋다고 생각하는 직장에 들어가는 것은 낙타가 바늘 구멍 지나가는 것만큼이나 어렵다. 한마디로 취업 전쟁이다. 그러나 이러한 어려운 취업 상황은 앞으로도 더욱 어려워질 것이란 생각이 앞선다. 경제 성장률 둔화가 중요한 요인으로 작용할 뿐만이 아니라 제조업 부문에서의 일자리 창출이 거의 늘지 않고 있기 때문이다. 이러한 실정이다 보니 개인이 취업을 위한 노력을 아무리 기울여 봐도 힘겨운 상황이 계속되고 있는 것이다. 이제 대학생들은 취업에 대한 두려움까지도 가지고 있다. 언제, 어디에, 어떻게 취업을 해야 할지를 놓고 고민하는 젊은이들이 너무나 많다. 이들 젊은이들이 능력이 없어서 취업을 못하는 것이 아니다. 모든 노력을 다하지만 일자리가 이들을 받아들이지 않고 있는 것이다. 취업을 위한 젊은이들의 필사적인 노력에도 불구하고 일자리가 이들의 수요를 감당하지 못하고 있는 것이다. 자신이 취업이라는 고지를 점령하기 위해서는 누군가를 넘어뜨려야 하는 상황이 연출된다. 옆에서 같이 공부하는 친구도 함께 손을 잡고 가야하는 전우가 아니라 자신이 살기 위해 적으로 보고 무찔러야 하는 안타까운 현실이다.

이런 상황에서 우리 젊은이들은 고시와 같은 각종 공무원 시험에 합격하는 것을 최고로 생각하고, 다음으로 대기업과 공기업에 취업하는 것이 현실적으로 나아가야 할 길로 보고 있다. 우리 젊은이들이 너 나 없이 공무원이 되겠다고 하는 것은 너무나 어려운 취업난 그 자체가 일차적으로 가장 중요한 이유일 것이다. 이는 또한 우리 젊은

이들에게 맞는 다양한 양질의 일자리가 제대로 공급되고 있지 못하다는 반증이다. 여기에 공직은 신분보장과 함께 안정된 직장이라는 인식이 크게 작용하고 있다.

한국행정연구원 연구에 의하면 공무원을 직업으로 선택한 이유 중에 '신분보장'이 31.3%로 가장 높았다. 보수나 연금 등 '안정된 경제생활'이 19.6%로 그 다음이었다. 특히 안정된 경제생활을 이유로 택한 공무원의 비율은 2001년 6.2%에서 2014년 19.6%로 크게 증가했다. 이렇게 보면 공무원을 직업으로 택한 이유 중에 신분보장과 경제적으로 안정된 생활이 과반을 넘는 것이다.

정부는 정부 나름대로 젊은이들의 개인 창업을 권장하거나 중소기업에서 먼저 경력을 쌓도록 정책을 유도하고 있지만 이들 젊은이들에게 이 같은 정책에는 별로 관심이 없는 듯하다. 오로지 공무원이 되는 것만이 최고라고 생각하는 것이다.

공무원이나 되어 볼까!!!

취업이 매우 어려운 상황에서 일단 직장을 얻어 취업하는 것은 생존을 위한 필수요건이지만 자신의 인생을 설계하고 미래의 삶에 대한 의미와 가치를 부여하지 않으면 안 된다. 공무원도 마찬가지이다. 공무원도 똑같이 하나의 직업이고, 그 공직은 직장이다. 공직에 대한 깊은 생각과 고민이 없으면 어렵게 공무원이 되고도 후회할 수 있다. 미래 30년 이상 자기 인생에 맞는 직업의 가치를 부여하고, 인생의 디딤돌로 삼을 수 있다는 판단이 앞서야 한다. 단지 잘 나가는 대기업에 들어가고 정년이 보장되는 공무원이 되는 것보다 자신의 재능과 적성에 맞는 일인지 고민하는 것이 무엇보다 중요하다. 부모가 공무원이나 되라고 권유하기 때문에, 아니면 주변 대다수 친구들이 하니 나도 해본다는 식으로는 내 한 평생을 바쳐야 할 일과 직업에 충분한 의미를 부여하기 어렵다. 자신의 인생으로 값진 의미를 부여하고 즐길 수 있다는 판단이 서야 한다. 이유와 논리가 먼저이고, 희망과 목표는 다음이다.

제도적으로 공무원은 누구나 도전할 수 있고, 실제 누구나 공무원이 될 수 있다. 엄격한 자격 요건이 있는 것이 아니기 때문이다. 연령을 제한하지도 않는다. 적어도 공개경쟁의 시험으로 공무원을 선발하는 경우에는 그렇다.

이유가 무엇이었던 간에 우리 사회에서 공무원은 최고의 직업으로 자리매김하여 왔고, 앞으로도 계속될 분위기이다. 그러나 공무원이 되겠다고 작심하고 무조건 도전한다고 해서 될 일이 아니다. 공무원이 되기 위해서 '공무원이나 되어 볼까'라는 마음으로는 불가능하다. 이러한 마음과 행동으로는 우선 공직의 문을 들어가기가 쉽지 않다. 사실상 불가능할 것이다. 그러기엔 경쟁률 자체가 높아도 너무 높다. 수십 대 1은 기본이고, 수백 대 1까지도 간다.

치열한 경쟁을 뚫으려면 내가 왜 공무원이 되려고 하는지 분명한 가치관의 부여가 있어야 한다. 깊은 고민과 구체적인 생각이 앞서야 한다. 친구 따라 강남 간다는 말과 같이 친구가 장마당에 가니 일하던 지게를 지고 같이 따라가는 식으로는 절대 안 된다. 나는 왜 공무원이 되려고 하는지, 나는 어떤 사람인지, 무엇을 원하는지, 내 자신의 인생의 가치를 어디에 어떻게 부여할 것인지에 대한 최소한의 문제의식과 함께 공직의 가치에 대한 고민을 가지고 있어야 한다.

학년이 바뀌는 연말이나 춘삼월의 새 학기 초에 남들이 공무원이 되겠다고 이야기 하니 나도 공무원이나 되어 보겠다고 생각하는 사람들이 있다면, 그리고 이런 과정으로 이미 공무원이 되기로 하고 대학 도서관의 한 구석에서 참고서와 문제집을 붙잡고 있는 사람이 있다면 지금부터 며칠만이라도 다시 한 번 생각해보자. 시험서와 문제집에서 눈을 거두고 자신에게 되새겨 한번 자문해보자.

나는 왜 공무원이 되려고 하는가?
내가 공무원이 되면 어디서 무엇을 할 수 있을 것인가??

분명한 가치와 목표를 부여하지 않은 채 시작하는 공무원 시험 준비는 귀한 인생의 값진 시간을 헛되이 흘려버리기 십상일 것이다. 개인적으로는 공시낭인으로 전락할 수도 있고, 국가와 사회적으로는 젊고 귀한 인재를 잃게 되는 결과가 될 수도 있을 것이다.

최소한 어느 한 기업을 위해 일하는 것보다는 국민 전체를 위해 봉사하겠다는 정도의 마음과 각오는 기본적으로 서 있어야 한다. 더불어 우리 사회의 어떤 문제와 이를 둘러싼 정책에 관심이 많아 이러한 문제들을 정책적으로 풀어보겠다는 마음과 생각을 최소한이나마 가지고 있다면 공무원으로서 공직은 자신의 인생에 가치를 부여할 수 있는 직장이 될 수 있을 것이라는 생각을 한다.

종편 토크쇼, '비정상회담'의 '공시생'

"비정상회담"은 한 종편 텔레비전의 재미있는 토크 쇼다. 11개국 출신의 젊은 남성 패널들과 우리나라 3명의 MC가 우리 젊은이들이 봉착한 현실적인 문제들을 의제로 설정해 놓고 토론해보는 프로그램이다. 그야말로 정상頂相이 아닌 사람들이 정상正常이 아닌 듯 해 보이는 주재를 의제로 상정하여 벌이는 비정상非頂相의 비정상非正常에 관한 회담이다. 우리나라에서 생활하는 11개국의 젊은이를 통해 각국의 다양한 문화뿐만이 아니라 그들의 생각을 들을 수 있어 적지 않은 재미를 선사하고 있다.

이 프로그램은 지난 해 그 시작 초반에 '공시생'들의 인생 사활인 공무원 시험의 도전을 의제로 올려 토론한 적이 있었다. 군 입대도 미루고 7년간 사법시험에 시간을 들이는 한국의 고시생을 과연 정상正常으로 보아야 할 것인가, 아니면 비정상으로 보아야 하는가를 놓고 토론을 벌였다. 11명의 패널 중 정상이라고 보는 견해가 6명, 비정상이라는 견해가 5명으로 거의 반반으로 갈렸다. 인생의 목표를 정하고 그 목표를 이루기 위해 노력하는 것이기 때문에 정상으로 보아야 하며, 그 목표를 이룰 때까지는 하던 노력을 계속 해야 한다는 의견이 조금 더 우세했던 것으로 기억된다.

이 토론에서 특히 인상적이었던 것은 19세의 젊은 나이에 에베레스트를 정복했다는 영국 대표 제임스 후퍼의 이야기였다. 그는 이미 결혼을 하여 가정을 꾸리고 있는 지금의 시점에서 에베레스트를 다시 오르는 것이 여러 가지 많은 위험요인risk을 갖고 있지만 아내와 협의하고 설득해서 다시 오르겠다는 것이었다. 그러면서 꿈을 좇는 한국의 젊은 공시생들에게 세 가지를 결론으로 이야기했다. 공무원이 되기로 하는 꿈을 가지고 있다면 그 꿈은 이루어야만 꿈이 된다는 것이 이야기의 핵심이다. 그의 결론은 이 책의 다른 장에서 다시 이야기하기로 한다.

공직의 매력은 무엇인가???

국가와 국민을 위해 일할 수 있는 자리!!!

"Ask not what your country can do for you, ask what you can do for your country."

애국이라는 개념에는 아예 생각이 없어 보이고, 애국심에 대한 이야기는 거의 하지 않는 미국인들이지만 그들에게 존경하는 인물 중에 한명을 뽑으라고 하면 존 F. 케네디를 말하는 사람들이 적지 않다. 그는 아직도 미국인들의 가슴속에 깊이 살아 있는 인물이라는 생각이 든다. '국가에 무엇을 바라기 전에 국가를 위해 자신이 무엇을 할 수 있는가를 우선 생각하라'는 1961년 그의 취임 연설은 아직까지도 미국인들의 마음에 살아 있다는 느낌이다. 1962년 소련이 핵 탄도미사일을 미국의 턱 밑에 위치한 쿠바에 배치하려 하자 그는 군함으로 소련의 미사일 운반선을 용기 있게 막아서면서 핵미사일 위기를 극복했다. 핵전쟁의 발발을 염려하며 불안에 떨었던 국민들에게 안도의 한숨을 쉬게 했다.

우리 모두는 자신의 인생이 조금이라도 더 의미 있는 삶이 기를 희망하며, 인생의 Road Map을 만들고 그 길을 가고자 노력한다. 사람에 따라서는 그것이 거창한 것이 아니고, 아주 소박한 것일 지라도 자신이 추구하고자 하는 가치와 소망을 담은 인생인 것이다. 여기에는 자신의 인생에, 그리고 그 삶에 가장 중요하게 영향을 미칠 나름대로 의미 있는 직업을 찾아 그 길을 가고자 한다.

케네디는 미국의 제35대 젊은 대통령이었다. 대통령도 공무원이다. 모든 공무원들이 대통령인 케네디와 같이 큰일만을 하는 것은 아니다. 그러나 그들이 하는 일이 크든 작든 간에 국민을 위한 일을 할 수 있고, 더 나아가 국가를 위한 일을 할 수가 있다. 이윤 추구를 목적으로 하는 민간기업과 달리 공직은 국가와 국민을 위한 일을 할 수 있고, 진정 국민을 위해 봉사할 수 있는 자리이다. 우리 사회가 매우 빠르게 변화하면서 국민들의 다양한 욕구를 수렴하여 정책을 조정하고 반영하는 공무원의 역할은 의미 있는 직업이 아닐 수 없다. 또한 사회의 어두운 곳이나 어렵게 사는 취약계층의 국민들을 위한 정책과 프로그램을 만들고 이를 시행하는 일은 매우 가치 있는 일일 것이다.

직업으로써의 공직은 진정 국가와 국민을 위해 봉사할 수 있는 직종이고, 공무원이 그의 직분을 충실히 이행한다고 한다면 진실로 국민을 위한 일이고, 어느 직종에서, 어떤 위치에서 어떤 일을 하는 것보다도 더욱 의미가 있고, 가치 있는 일자리이다. 많은 젊은이들이 공무원이 되고자 하는 이유가 국가와 국민을 위한 봉사자가 되고자 하는 것일 것이라고 필자는 생각한다.

직장의 안정성은 공직이 최고!!!

"공무원으로 직업 전환을 생각해 본 적이 있는가?"

우리나라 취업전문 사이트인 잡 코리아Job Korea가 직장인을 대상으로 설문조사를 실시했다. 70%가 넘는 사람이 공무원으로 전직하는 것을 '생각해 본 적이 있다'고 답했다. 특히 회사에서 핵심적인 역할을 해야 하는 30대 직장인이 가장 많이 전직을 고민한다고 답했다. 대학생만이 아니라 직장 생활을 경험한 이들의 공무원 시험 준비가 계속 늘고 있는 것이다.

앞에서도 이야기했지만 우리 젊은이들이 겪는 취업난의 어려움은 감히 형언하기 어렵다. 취업의 어려움을 직접 경험하지 않은 젊은이들이 아니고서는 그 어느 누구도 그 어려움을 말로써 설명하는 것이 불가능하다고 할 정도다. 요즘 젊은이들의 취업은 그들의 입장에서는 인생 최고의 지상 과제이다. 우리 사회의 미래이고 장래인 젊은이들이 길을 잃고 난관에 봉착해 있는 것이다.

이제 학업을 마치고 사회에 처음 진출하는 신출내기 젊은이들의 입장에서는 고민만이 앞설 뿐 좋은 방안이 없다. 그렇다고 체념만 가지고 미래를 맞이할 수는 없다. 한국개발연구원KDI의 전문 연구에 의하면 2013년 기준 1000명 이상 대기업에 다니는 근로자 가운데 29세 이하 청년계층의 건강보험 가입자 자격을 상실하는 비율은 64.6%에 달한다. 이는 무엇을 말하는가. 대기업에 취업한 젊은이들 중에 10명 중 6명은 다시 보따리를 싸서 직장을 옮겨 간다는 것을 말한다. 또한 우리나라 전체 임금근로자 가운데 20대 근로자의 1년 미만 근속비율은 49.8%이다. 이는 또한 무엇을 의미 하는가. 일자리를 찾아 헤매는 젊은 청년층 근로자 2명중에 1명은 1년 이내에 취업했던 직장을 떠난다는 의미임과 동시에 그들의 고용 안정성이 매우 낮다는 것을 반증해 준다.

상황이 이러하다 보니 젊은 대학생들이 가장 선호하는 직업중의 하나가 공무원이다. 이유는 간단하다. 직장에 대한 안전성이다. 물론 이들 중에는 그들이 하는 일이 개인이나 기업이 아닌 국민과 국가를 위해 봉사할 수 있다는 사명감과 가치관의 부여가 공무원이 되고자 하는 이유이기도 할 것이다. 당위적으로는 이러한 공직에 대한 사명감과 가치관이 안전성이라는 동기부여 보다는 앞서 있어야 하며, 필자의 개인적인 생각으로도 우선이기를 바란다. 그럼에도 불구하고 현실적으로는 신분보장의 안전성을 더 고려한다. 비록 보수 수준이 대기업만큼은 못하지만 신분 보장이 잘 되어 어느 직종보다도 안정적일 뿐만이 아니라 노후를 대비할 수 있는 연금으로 상쇄될 수 있다고 생각한다.

앞에서 이미 이야기한 바와 같이 학생들뿐만이 아니다. 일반 민간 기업의 직장인들마저 공무원 시험을 준비하는 경우가 많아지고 있다. 민간기업과 비교해 정년이 보장되어 안정성이 높고, 연금과 육아휴직 등 상대적으로 우수하다고 생각되는 복지제도가 또 한몫을 하고 있다.

상황이 이러하다 보니 직급의 높고 낮음에 관계없이, 그리고 그 자리가 국가직과 지방직 가릴 것 없이 공무원시험에 매달리는 인구가 늘어가고 있는 것이다. 결혼을 원하는 신랑이나 신붓감 선호도에서도 공무원은 맨 앞자리에 있다. 맞벌이가 대세인 것처럼 여겨지는 요즘에는 공무원만큼 좋은 직업이 없다고 생각하는 것이다. 실제 결혼정보업체의 조사결과 원하는 배우자 직업은, 남녀 모두 공무원과 공사 직원이 1위를 차지했다. 10여 년 동안 부동의 1위이다. 남성은 공무원에 이어 일반 사무직과 교사가 1등 신부감이라고 생각한다. 여성은 공무원, 공사 직원에 이어 일반 사무직, 금융직, 교사, 연구원을 1등 신랑감으로 꼽는다. 90년대 말 IMF 금융위기 이후부터 2003년까지는 의사, 회계사 등 전문직 남성이 1등 신랑감 자리를 차지했다. 그러나 2004년부터는 안정적인 공무원과 공기업 직원이 그 자리를 지켜오고 있는 것이다. 이들이 생각하는 배우자감의 직장은 철저히 안정성과 신분보장에 맞추어져 있다는 생각이다. 사실 안전성과 신분보장으로 치자면 어떤 민간 대기업과도 비교할 수 없는 것이 공직의 자리이고, 공무원인 것이다.

노후의 소득보장, 그 견고함!!!

언제부턴가 우리나라 시골 각지에 펜션pension이 많이 만들어졌다. 한적하면서도 풍광이 좋아 심신이 치유될 될 만한 자리에는 어김없이 펜션이 들어서 있다. 이제 우리나라에서 펜션은 특히 경관이 수려한 농어촌지역을 중심으로 하나의 산업이 되어버렸다. 이러한 펜션도 따지고 보면 유럽에 있는 민박풍의 작은 호텔인 펜션에서 유래했다. 유럽에서 펜션은 은퇴한 노부부, 또는 그 노부부가 자녀들과 함께 가족단위로 한적하게 여행하며 묵는 여행자를 위한 가정적인 숙소다. 숙소의 개념 보다는 여유롭게 여행하며 휴식을 취한다는 의미가 보다 강하다고 생각된다.

원래 펜션이라는 말은 영어로 pension펜션이다. 우리말로는 '연금年金'을 뜻한다. 이 영어 단어의 원조는 프랑스어 pensión팡시옹이다. '연금'이라는 뜻과 함께 프랑스를 중심으로 한 유럽지역에서는 비용이 저렴한 여행자 숙소로서의 의미를 동시에 가지고 있다. 이 단어가 동사로 쓰이는 경우에는 '연금을 주어 명예 퇴직시키다'의 의미를 갖는다. 하나의 예문으로 '나는 작년에 연금을 받고 명예 퇴직했다'를 영어로 표현하면 'I pensioned off last year'가 될 것이다. 그러고 보면 펜션의 어원은 노후의 은퇴와 연금의 의미를 함께 가지고 있는 것이다. 은퇴한 노인들이 연금과 민박 경영으로 노후를 보내는데서 그 이름이 유래한 것이다. 또한 은퇴한 노인들이 연금으로 생활하면서 유럽의 경치 좋은 곳을 여행하는 이들이 늘어나면서 그들이 머물던 숙소에 펜션이라는 이름이 붙여진 것이기도 하다. 여하튼간에 은퇴 이후의 경제적 근심을 덜어주는 연금이나 경치 좋은 곳에 자리 잡은 아늑한 숙소로서의 펜션 모두가 노후의 안정되고 편안한 느낌을 준다는 점에서 중요한 공통점을 가지고 있다. 특히 고령화 시대를 살아가고 있는 우리들에게는 더욱 중요하다고 생각된다.

최근 이 펜션의 개혁이 장안의 화재가 되었었다. 농어촌에 위치한 펜션을 개량하거나 리모델링하는 것이 아니다. 연금제도를 개혁하는 것이었다. 연금 중에서도 공무원연금의 개혁이었다. 이 개혁으로

인해 공직사회는 물론 정치권과 모든 국민들의 관심사가 되었었다. 잘 아는 바와 같이 연금은 나이 들어 퇴직하게 되는 경우를 대비하여 젊어 경제적인 활동과 소득이 있을 때에 소득의 일부를 저축형태로 적립하고 그 재원을 잘 운용하여 퇴직 시에 매월 일정액을 지급하여 안정된 노후의 생활이 가능토록 해주는 소득보장제도이다. 우리나라는 일반 국민을 대상으로 하는 국민연금제도가 있는 반면에, 공무원과 군인, 그리고 사립학교 교직원은 별도의 연금제도를 만들어 운영하고 있다. 공무원연금과 군인연금, 사립학교교직원연금이 그것이다. 이름은 달라도 제도의 취지와 목적은 모두 똑같다. 제도의 종류에 따라 그 적용 대상이 다르고, 봉급에서 부담하는 금액과 나중에 연금으로 돌려받는 수준과 금액이 다를 뿐이다.

공무원연금은 다른 연금제도와 비교할 때 그 노후 보장의 견고함은 비길 데가 없다. 우리나라 공무원연금제도는 이미 1960년부터 시작되었으니 벌써 오랜 세월이 흘렀다. 이제는 퇴직한 공무원들이 그들의 노후를 살아가는 중요 수단으로 정착되었다. 공무원연금은 단순히 퇴직 공무원들의 노후 소득보장 수단 이상의 의미도 갖고 있다고 필자는 생각한다. 공무원연금이 직업공무원제도의 근간으로도 작용하고 있는 것이다. 튼튼한 노후보장이 공직의 안정성과 함께 유능한 인재를 끌어들여 공직사회의 경쟁을 불어넣는 힘이 되고 있는 것이다.

신분보장과 함께 연금의 튼튼한 노후 보장성은 공무원들의 있을 수 있는 부정과 부패를 막고 장기근무가 가능하게 한다. 노후에 대한 안정적인 보장은 공무원들이 업무에서 청렴을 유지하고 영리적 활동을 하지 않도록 하는 울타리가 되는 것이다. 공무원들이 자신의 노후를 걱정하여 비리에 취약하게 된다면 그 피해는 결국 국민이 감당하게 된다. 민간 근로자와 달리 공무원들에게는 특수한 연금이 주어지기 때문에 청렴 의무, 영리활동 금지, 재취업 금지 등 제약을 감내하라는 암묵적 합의가 되고 있다고 보는 것이다.

공직사회의 여풍당당!!!

우리나라 모든 시험에서 여성들의 약진이 두드러지고 있다. 요즘 여성들은 왜 남성보다 공부를 더 잘 하고, 시험에 더 강할까? 이 물음에 대한 대답으로 그럴 듯한 이론까지 있다는 것이 자못 흥미롭다. 그 첫째는 생물학적 우성이론이다. 여성은 남성에 비해 언어와 감성의 유전자가 더 우월하다는 주장이다. 둘째는 여성호르몬의 영향 때문이라는 것이다. 사람의 집중력과 안정성은 여성호르몬의 영향을 받고, 충동성과 공격성은 남성 호르몬의 영향을 받는데 남성호르몬은 집중력을 약화시킨다는 것이다. 이에 대한 과학적인 논거로 주의력결핍과잉행동장애ADHD 아동의 대부분이 남자 아이라는 것이다, 다시 말해 집중력과 안정성을 보이는 여성호르몬의 영향으로 여성들이 시험에 유리하다고 보는 주장이다.

아무튼 요즘 우리사회에서 여풍의 기세가 대단하다. 10여년 전까지만 해도 미풍微風 수준이었던 여풍은 이제 강풍强風으로 바뀌었다. 인구만으로 보아도 대한민국 여성의 숫자가 남성의 숫자를 앞질렀다. 여성의 대학진학률이 남성보다 훨씬 높다. 2013년 여성의 대학진학률은 74.5%인데, 남성은 67.4%로 여성이 7.1% 포인트나 더 높다. 이미 오래된 일이지만 초등학교의 선생님은 근 80%가 여성이다. 중학교와 고등학교 선생님은 근 60%가 여성이다. 여풍은 우리나라 정치 · 경제 · 사회 전반에 물밀듯 밀어닥치고 있다. 여성들이 경제활동을 통해 벌어들이는 소득도 중요하지만, 경제활동을 통해 가정과 사회에 미치는 영향과 의미도 중요하다. 일을 가진 여성이 화목한 가정을 만들고, 사회를 건전한 방향으로 이끌어 가는 힘이 되고 있다. 여성인력의 활용을 미래 국가 경쟁력의 핵심으로 보는 관점이 있다. 미래학자인 존 나이스비트John Naisbitt의 시각이고 입장이 그러하다. 여성의 사회적 역량을 키우고 잘 활용하는 국가가 미래 경쟁력을 지켜 갈 수 있다는 이야기이다. 우리 정부의 분석 자료도 다르지 않다. 고용노동부 발표에 의하면 여성의 사회진출이 늘면 기업경영이 투명해지고, 수익성도 높아지는 것으로 나타났다. 여성인력을 잘 활용하는 기업이 그렇지 못한 기업에 비해 성과가 높다는 사실이다.

이러한 현상이 어디 민간분야 뿐이겠는가? 정부부문도 마찬가지이다. 여성들의 진출이 최고로 괄목상대한 분야 중의 하나가 공직이다. 공직사회에 부는 여풍은 이미 대단하다. 이제 공직의 진출에는 그 자리가 중앙정부이건 지방자치단체이건 간에 관계없이 여성들의 진출이 눈부시다. 그야말로 공직사회에 여풍女風이 불어온 것이다. 이제 공직사회에서 여성은 소수가 아닌 다수가 되어 가고 있다.

공직은 우리나라 고학력의 엘리트 여성들이 가장 선호하는 분야가 되었다. 이러한 현상을 일부 전문가들은 여성 인재들의 쏠림 현상으로 분석하기도 한다. 몇 해 전에 '여성 리더 계층의 부상과 전망'이란 보고서를 발표한 삼성경제연구소의 한 연구원은 여성의 공직 진출이 급격히 늘어나는 상황과 이유를 세 가지로 요약했다. 성적순으로 자격을 부여 받는다는 점, 커리어의 지속성이 가능하다는 점, 그리고 일과 육아의 균형이 수월하다는 점 등을 그 이유로 분석했다. 여성의 경우 결혼 후에도 제약 없이 지속적인 사회활동을 하는데 공무원과 같은 직종을 찾기 쉽지 않다. 정해진 근무시간, 휴무일의 확정성, 특이사항 없는 한 정년까지 갈 수 있는 이점 등 여성들이 선호할 수 있는 여건을 갖추고 있다. 공무원은 남녀 간에 임금 격차가 없고, 승진상의 차별도 없다. 일하는 능력과 열정으로 평가받고, 승진하는 시스템이다.

정부의 공식 발표에 의하면 2015년 기준으로 국가직 공무원 중 여성 공무원은 49.0%에 달한다. 당장 2016년부터는 여성 공무원 수가 남성을 앞지르는 여초女超시대가 될 것이라는 분석이다. 여성 공무원의 비율은 2000년 35.6%에서 2005년 43.3%, 2010년 47.2%, 2014년 49.0%로 매년 그 수적인 우위를 키워 가고 있다.

옛날 행정고시에 해당하는 5급 공채를 비롯한 중간 관리자급 공무원의 채용에도 여성의 합격자 비율이 이미 그 절반에 이른다. 2013년 5급 공채에는 46.0%, 사법시험은 40.2%이 여성 합격자였다. 외무고시에서 여성 합격자가 남성 합격자 수를 앞질렀다는 것은 더 이상 뉴스거리가 아니다. 2013년 외무고시 합격자 37명 중 여성은 절반을 훌쩍 넘는 60% 수준이었다. 여성의 외무고시 합격률은 2007년 67.7%로 최고점을 찍은 이후 여초女超현상은 이미 굳어져 버렸다. 외무고시는 이미 여성들이 다수의 위치로 자리매김 했다. 그러다 보니 2013년 기준으로 외교부 전체의 여성 비율은 32%를 넘어 섰고, 외교부 본부의 여성비율은 근 50%에 육박하는 수준이다. 행정고시와 외무고시는 물론 사법시험에서도 여성들이 수석을 차지하는 것이 자연스러운 현상처럼 되어 버렸다.

5급 승진자와 5급 경력직 채용에서도 여성의 증가세는 괄목할 만하다. 5급으로 승진한 여성의 비율은 2010년 10.9%에서 2014년 16.4%로 상승했다. 5급 경력직 채용의 경우에도 2010년 34.7%에서 2014년 43.0%로 높아졌다.

7급 공무원이나 9급 공무원도 이러한 여성 진출의 신장세는 분명하다. 2014년 국가직 7급 공무원 합격자 755명 중 여성 합격자는 272명으로 그 비율이 36%에 달해 사상 최고치를 기록했다. 국가직 9급 공개경쟁 채용시험은 20만명 이상이 지원한다. 우리나라에서 수능 다음으로 많은 사람들이 일시에 치루는 시험이다. 여기에서도 2014

년도 전체 합격자 중 여성이 차지하는 비율이 49%에 달했다. 사상 최고 기록이다. 과거 최고 비율인 2002년의 48.6% 보다도 더 높아진 결과이다.

다만. 아직까지 고위 공무원의 여성 비율은 높은 수준이 아니다. 그러나 이는 시간의 문제일 뿐이다. 90년대 후반부터 여성의 공직 진출이 크게 늘어나기 시작한 것을 감안 한다면 현재 팀장과 과장급 직위에 이르러 있는 이들이 고위공무원이 되기까지는 불과 5-6년 정도의 시간일 것이다.

남성 공무원들의 볼멘소리, 남성 역차별

조직과 부서에 따라서는 오히려 남성 공무원들이 역차별을 받고 있다는 우려의 목소리가 나오고 있다. 공직은 남성과 여성 할 것 없이 모두 똑같이 능력으로 평가받는 시스템이고, 제도를 갖고 있다. 그러나 오히려 여성이라는 이유로 보이지 않는 배려를 받거나 공개적으로 발탁되는 사례도 없지 않다. 남성들이 상대적으로 역차별을 받는다며 박탈감을 느끼는 것이 전혀 근거가 없는 상황은 아닌 것이다. 또한 남성들은 일단 여성 공무원들이 능력이 있어 남성보다 빨리 승진할 가능성이 높은 것까지는 이해를 하지만 좋은 보직으로 불리는 양지만을 찾고 험한 것은 배척하는 경향이 있다는 볼멘소리도 나온다.

남성들의 대표적인 볼멘소리의 하나가 중간 간부급의 여성들이 남성보다 더 빨리 승진한다고 생각하는 것이다. 정부가 공식적으로 발표한 남성과 여성의 승진 소요 연수를 비교하면 그럴 만도 하다. 6급 공무원에서 중간관리자인 5급으로 승진하는데 소요된 기간이 남성은 9년 7개월이지만 여성은 9년 6개월로 1개월가량 빨랐고, 5급에서 4급으로 승진하는데 소요된 기간도 남성은 8년 10개월인 반면에 여성은 8년 8개월로 2개월 정도가 빠르다. 이러한 결과는 여성 공무원들의 일하는 능력이 남성에 비해 일반적으로 보다 더 우수하다는 반증으로 이해되어야 할 것이다. 그러나 남성 공무원들은 여성을 우대하는 정부의 방침이 이러한 결과에 영향을 미치고 있다고 생각한다. 여성의 공직 진출이 급속히 늘어나는 것도 2003년부터 양성평등 채용 목표제를 법으로 정하여 시행한 결과라는 것이다. 또한 2002년부터 추진된 5급 이상 여성 관리자의 임용 확대 계획도 영향을 주고 있다고 생각한다. 사실 정부는 지난 2001년 기준으로 5%에도 못 미치는 여성 중간 관리자의 비율을 10%까지 높이는 방침을 추진해 오고 있다.

양지와 험지에 대한 이야기는 여성의 두뇌 진출이 특별난 부처를 중심으로 제법 크게 흘러나온다. 외교부가 그 대표적인 사례로 꼽힐 수 있다. 여성 외교관들이 물밀 듯이 몰려들자 남성 외교관들 사이에서는 이러다 험지는 다 남자 차지가 되는 것 아니냐는 우려와 볼멘소리가 나온 것은 이미 상당히 오래 전의 일이다. 여성 외교관이 크게 늘어남에 따라 남성 외교관들이 내 뱉는 탄식의 목소리인 것이다. 실제 여성 외교관들의 수가 소수였던 90년대까지만 해도 이러한 고려가 어느 정도 가능했고, 남성외교관들은 이를 묵시적으로 지켜보면서 이견을 달지 않았다. 그러나 여성 외교관들의 수가 압도적으로 많아지면서 이제는 더 이상 이런 고려는 어렵다고 한다. 여성 비중이 계속 늘어나니 남성과 여성을 불문하고 똑같은 잣대로 똑같이 평가하고 대우해야 하는 상황이다.

법원의 경우에도 여성 판사의 비율이 급격히 높아지면서 쉽지 않은 상황이 발생된 곳이다. 출산을 위해 휴직하는 여성 판사들이 많아지면서 법원 합의부는 그 빈자리를 채워야 하는 문제가 생겼다. 법원은 고육지책으로 합의부를 통합재판부 형태로 개편하여 운영하고 있다. 재판부별 배석판사수를 지금까지 2명에서 3명으로 늘려 번번이 일어나는 결원의 문제를 상황에 맞게 탄력적으로 해결하는 방식이다.

하지만 남성들의 이러한 볼멘소리와 해당 기관의 어려움은 앞에서도 언급했듯이 여성 인재가 공직으로 쏠리는 현상으로 이해되어야 할 것이다. 즉, 여성 공무원들의 진출 확대와 발 빠른 승진은 여성의 능력이 남성보다 상대적으로 뛰어난 데 따른 결과라는 것이 전문가들이 보는 시각이다. 이러한 상황적인 대세를 인지하지 못한 남성 공무원들의 넋두리는 좋은 시절의 옛날이야기에 불과하며, 앞으로는 이런 넋두리가 통하지 않는 상황이 될 것이라는 점을 빨리 인식해야 할 것이다.

편견 없는 육아휴직

육아휴직 공무원은 지난 2009년 2만 여명에서 2014년에는 4만 명이 넘어 4년 만에 2배 이상 늘었다. 요즘 남성 공무원들의 육아휴직도 크게 늘어나고 있는 추세이다. 남성 육아휴직 공무원은 같은 기간 500여명에서 3배 이상인 1천 800여명으로 늘어났다.

필자가 전에 일했던 부처의 한 남성 과장은 그가 과장 초임시절 육아 휴직을 했다. 아무리 공직이기는 하지만 중앙부처의 중견 간부 공무원인 과장이 육아휴직을 한다고 하니 실제 또래의 동료들은 물론 상사의 눈총도 없지 않았다. 그래도 그는 육아휴직을 감행했고, 그 육아휴직 기간이 그렇게 행복했다고 한다. 유치원에 다니는 두 딸이 학교를 마치면 한눈팔지 않고 한 걸음에 집으로 달려와 아빠를 찾으며 들어오는 모습이 너무나 반갑고 행복했다고 한다.

어린 아이들을 두고 있는 맞벌이 부모의 경우 육아의 어려움과 고충을 겪어보지 않은 사람은 그 누구도 이해하기 힘든 일중의 하나이다. 공무원들이 출산휴가와 육아휴직을 이용해 아이들을 돌볼 수 있도록 하는 휴직제도는 커다란 이점 중의 하나이다. 2008년부터는 여성 공무원에 대한 육아휴직 기간이 1년에서 3년으로 늘어났다. 정부는 법을 개정하여 남성 공무원의 육아휴직 기간도 3년으로 확대했다. 이는 성별 간 차별을 없애고 육아에 대한 공동책임의 분위기를 장려하기 위한 것이었다. 일과 가정이 양립할 수 있는 여건과 환경을 만들어야 한다는 저출산 해소 대책과도 맞물려 있다.

그러나 여성 공무원들의 3년 장기 육아휴직제도가 아직까지는 충분히 정착되지 못하고 있다는 것이 대체적인 시각이다. 따라서 남성 공무원들의 3년 육아휴직제의 취지도 제대로 활용되기 어려울 것이라는 우려가 적지 않다. 법으로 3년까지 보장은 하고 있지만 3년의 장기휴직을 하면 자신의 업무 능력이 감소할 것을 우선적으로 염려한다. 또한 민간 기업의 직원들과 마찬가지로 공무원도 경력관리와 승진에서 겪을 수 있는 불이익을 우려하여 제도를 제대로 활용하

지 못하는 분위기가 없지 않다. 승진 순위에서 밀려날 것을 염려하면서 휴직기간을 법 규정대로 충분히 이용하지 못하는 것이 현실적인 상황이기도 하고, 동료와 상사의 눈치를 보는 것도 어느 정도는 현실이다.

그러나 이러한 문제는 시간과 속도의 문제일 뿐으로 이러한 분위기와 염려는 결국 없어질 것이다. 정부는 출산과 육아휴직제도가 본래의 취지대로 뿌리 내릴 수 있도록 하는 시책을 병행하고 있다. 시간선택제와 시차출퇴근제 등 유연근무제도, 대체인력지원제도 등이 그것이다. 유연근무제도는 개인 사정에 따라 출 · 퇴근 시간을 자율적으로 조절하는 것으로 맞벌이 공무원 부부 등이 주로 활용하고 있다. 맞벌이 공무원이라면 2년은 부인이, 나머지 1년은 남편이 육아휴직을 공동으로 쓰고 이후엔 청사 어린이집에 맡겨 출퇴근 시간을 조정하는 시차출퇴근제로 보완할 수 있다.

또한 지난 2010년부터 '대체인력뱅크시스템'을 구축해 대체인력풀을 선발하여 필요한 기관에 지원하고 있다. 해당 공무원들의 육아휴직이나 출산휴가가 법 규정대로 보다 활성화될 수 있도록 하기 위한 것이다.

일부 지방자치단체는 출산으로 육아 휴직하는 공무원에 대한 인사상 우대 정책도 실시하는 경우가 있다. 용인시가 그 일례다. 여성공무원이 출산휴가 중일 경우 승진우대를 실시하고 만약 출산과 연계해 육아 휴직하는 경우 복귀 시 희망하는 보직을 우선 적용하는 육아휴직 복직자 희망보직제도를 실시한다는 방침이다. 현실적으로 불이익을 우려해 마음 놓고 출산에 전념하기 힘든 여성 공무원을 배려하기 위한 것이다.

정부는 육아 부담을 덜기 위해 청사 내에 어린이집도 운영하고 있다. 서울과 과천은 물론 대전과 세종청사에는 어디보다도 믿고 맡길 수 있는 공공 어린이집을 갖추고 있다. 이들 청사에서 일하면서 육아까지도 담당해야 하는 여성 공무원들은 청사 주변으로 이사를 한다. 이들은 퇴근하여 자녀들에게 저녁을 챙겨주고 사무실에 다시 들어와 야근을 할 정도로 남성보다도 더 적극성을 발휘하기도 한다. 자기가 맡은 분야에서 둘째가라면 서러워 할 젊은 여성 공무원들의 일처리 자세이다. 우리 사회의 소위 '알파 맘'이다.

인생의 관점을 넓히는 해외출장과 유학

"축祝, 장도壯途
사무관님께서 여차여차 해외출장을 가시니 축하해 주세요."

필자가 처음으로 비행기를 타고 해외출장을 간 것은 1986년이었다. 이때만 해도 공무원조차도 해외 출장이 그리 흔하지 않던 시절이었다. 그러다 보니 웃지 못 할 해프닝이 벌어 졌다. 같은 계系원이었던 주사 한 분이 상급자인 필자가 출장을 간다니깐 부처 내의 각과에 소위 사발통문을 돌린 것이다. 사발통문도 지금 같으면 인트라넷에 간단히 고지를 하면 될 일이겠으나 당시에는 이를 타자로 쳐서 결재판에 끼워 넣고 각과를 돌며 전달하는 방식이었다. 지방 행정관청에서 전입한 지 얼마 안 되는 박 씨 양반 가문의 이 주사 양반은 사망과 결혼 등 직원들의 애경사에 이를 알려 위로하고 축하해 주는 것과 같이 해외 출장조차도 아주 드물고 축하할 일로 생각하여 필자의 출장비를 보태 주고자 했던 것이다. 사실 이는 옛날 조선시대 지방에서 한양으로 과거를 보러 먼 길을 떠날 때에 동내의 어르신들이 과시생들에게 격려차원에서 노자 돈을 십시일반으로 보태주는 미풍양속의 전통이나 다름이 없는 것이었다.

이 출장은 필자가 태어나고 나서 처음으로 타보는 비행기였고, 처음으로 가보는 타국이었다. 우리나라 공적 연금제도인 국민연금제도의 도입을 준비하면서 외국의 사례를 연구하기 위해 제도가 잘 되어 있는 독일과 스웨덴, 이태리를 방문하여 그 나라의 제도를 배우는 프로그램이었다. 그 당시 공적으로 가는 출장이었지만 그 과정은 쉽지 않았다. 그리고 그 경험은 과정이 쉽지 않았던 것만큼 실로 짜릿했었다. 아직 군대도 가지 않고 결혼도 하지 않은 미필, 미혼의 젊은 초임의 공무원이었기 때문이었다. 우선 군 미필자가 해외에 나가기 위해서는 재산세를 상당히 내는 2인 이상의 연대 보증을 받아 병무청장의 허가를 받아야만 했다. 출장비용은 정부 돈이 아니고 UNDP가 지원했다. 비행기도 우리나라 항공이 아닌 루프탄자 항공을 탔었다. 비행기가 그렇게 좋은 줄 몰랐다. 처음 타 보는 비행기로 들뜬 마음이기도 했지만 필자가 탄 좌석이 이코노미석이 아닌 비즈니스(프레스티지)석이라 더욱 그러했다. UN기관은 비행시간이 일정 시간을 넘으면 비즈니스석 비용을 지불한다. 사회적인 직급과 위상에 따라 좌석 등급이 달라지는 우리나라와는 다른 방식이다.

비행기 안에서 즐기는 기내식 또한 환상적인 것이었다. 그 흔한 자장면을 초등학교 4학년에야 처음으로 먹어본 강원도 산골 촌놈이 스파게티를 처음 먹어 본 것도 이 때였다. 독일 본에서 한국 대사의 초청을 받아 간 시내 음식점이 이태리 레스토랑이었다. 새까만 자장에 훌훌 비벼 젓가락으로 한 뭉텅이씩 입에 몰아넣어 가며 먹는 자장면과는 달리 빨간 소스에 면을 비벼 포크에 찍어 돌돌 말아 먹는 스파게티는 처음이었다. 먹는 방식도 첫 경험이었지만 그 맛은 황홀 그 자체였다. 그 이후 필자는 가끔씩 스파게티를 먹었지만 얼마간 스파게티는 의례 빨간 토마토소스가 전부인줄 알았었다. 그 이후 스위스 제네바에 있는 세계보건기구WHO에서 일 할 때 제네바 시내의 유명 이태리 음식점에서 먹는 스파게티는 종류도 다양했지만 소스는 더욱 다양하다는 것을 알게 되었다.

필자가 미국 위스콘신대학으로 유학을 간 것은 1997년이었다. 이미 과장 승진을 했고, 첫 해외 출장을 다녀오고도 10년이 넘어서였다. 각국의 학생들과 공부하고 어울리면서 배우고 느끼는 것도 큰 것이었지만 방학을 이용하여 가족과 함께 미주 대륙을 두루 섭렵하다시피 한 여행은 너무나 값진 것이었다. 한 여름에 보는 그랜드캐년 grand canyon은 자연의 위대함이요, 이 우주를 만든 창조자의 위대함이었다. 눈이 펑펑 내리는 겨울 방학 어느 날 위스콘신 메디슨을 출발하여 이틀을 꼬박 쉬지 않고 달려가니 플로리다 마이애미 해변에 도착할 수 있었다. 그 곳은 같은 미국 하늘이지만 한여름이라 온 가족이 해수욕을 즐길 수 있었다. 미국이라는 나라가 크기는 큰 나라라는 생각을 하면서도 한편으로는 우리가 살고 있는 지구가 별로 크지 않다는 생각을 처음으로 하게 되었다.

지난 5월 세계보건기구 집행이사회 참석차 스위스 제네바를 다시 다녀왔다. 탑승권을 자세히 보니 지금까지 이 항공사의 비행기 탄 회수와 마일이 적혀 있었다. 57회를 탄 거리가 50만 킬로를 넘었다. 여기에 국내 다른 항공사와 미국과 유럽 등 다른 나라 항공을 이용한 회수를 더 하면 이보다 근 두 배는 되지 않을까 싶다. 지구 한 바퀴의 길이가 약 4만 킬로라고 하니 지구를 통으로 돌아도 수십 번은 돈 것이다. 그 만큼 각국의 많은 곳을 다니면서 많은 것을 보았다. 그리고 많은 것을 배우고, 느꼈다. 교통과 통신이 고도로 발달한 지구촌의 현대사회에서 이 지구가 정말로 크고 넓은 지는 독자 각자의 판단에 맡기더라도 '세상에는 할 일도 많고, 가 볼 곳도 많다'라는 것이 필자의 세계관이다. 이는 필자가 적지 않은 나라에 출장과 유학을 하고, 외국 주재 대사관과 세계보건기구 등에서 일하고 생활하면서 키운 세상을 보는 눈이다.

공직의 다양한 문, 어디로 가야 하나!!!!

공무원 채용의 변화, 그 방향과 관점

공무원을 충원하는 제도와 방식은 너무나 중요하다. 정부에 필요한 바람직하고 능력 있는 인재를 어떤 방식으로 어떻게 충원할 것인가의 문제이기 때문이다. 이는 또한 공무원이 되고자 하는 공시생들에게도 너무나 중요한 사안이다. 이들에게는 인생과 삶이 걸린 문제라고 본다면 이보다 더 중요한 것은 없을 것이다.

지금까지 60여년을 유지해 왔던 행정고시와 외무고시, 사법시험 등의 고시제도는 그 필요성을 충분히 인정하면서도 선발방식에 문제를 제기하는 시각이 많았다. 너무나 획일적인 시험제도에 의한 선발보다는 다양한 분야에서 다양한 경험이 있는 인재를 보다 폭 넓게 받아들이는 방법과 제도가 모색되어야 한다는 관점인 것이다. 요즘 젊은이들의 대부분이 직업의 안정성을 최우선적으로 고려하는 현실에서 공개경쟁에 의한 필기시험 중심의 채용방식으로는 공직에 대한 적성과 상관없이 지원하는 경향을 막는 것이 어렵다. 결과적으로 정부가 필요로 하는 공직에 대한 의지와 다양한 경험이 있는 우수한 인적 자원을 찾아내는데 충분하지 않다는 의견인 것이다.

이러한 획일적인 채용제도를 통해 일단 공무원이 되면 정년이 보장되고 무리 없는 승진이 이루어지게 됨으로써 공무원들간에 자체적인 경쟁의 분위기를 저하시킨다는 문제점이 제기되어 오기도 했다. 또한 출신 학교가 같거나 비슷한 생각을 가진 인재끼리 모여 조직 분위기가 경직된다는 문제도 제기됐다. 실제 정부 발표 자료에 따르면 공채 출신이 차지하는 비율이 3급 과장급은 60%를 넘고, 고위공무원의 경우에는 70%를 넘는다.

따라서 기존의 고시제도와 같은 필기시험위주의 획일적인 충원방식에만 의존할 것이 아니라 필요한 정규 교육과정을 마치고 공직에 적성이 있고, 의지가 있는 인재라면 과감히 발탁하는 방식을 찾아야 한다는 의견이 강하게 대두되어 왔다. 자연과학분야의 필요한 전문인력도 전공과 자격을 중심으로 충원하는 방안을 강구해야 한다는 입장도 강하다. 이는 결국 충원의 방식과 제도를 보다 다양하게 하고, 그 문호를 더욱 개방해야 한다는 입장으로 모아진다. 이는 현재와 같은 완전한 공개경쟁의 채용 방식보다는 제한적인 경쟁 내지는 특별 채용의 방식으로 가야 한다는 이야기가 된다.

이러한 방향과 방식에 가장 문제가 되고 핵심이 되는 것은 채용과정의 공정성과 투명성을 어떻게 확보할 수 있을 것인가이다. 공개경쟁 방식의 시험을 준비하고 있는 공시생들이 우려하는 점이기도 하다. 이들은 고시제도 폐지가 현대판 음서제도를 가져올 것이라며 염려한다. 이렇게 되면 결국 외국에서 유학했거나 적어도 박사학위를 받을 정도로 경제적인 여력이 있는 사람들이 공직의 중요한 자리를 차지할 것이라고 생각한다. 또한 장관이나 차관 등 고위 관료의 자제들이 공직을 메워 가게 될 것이라고도 생각한다. 선거의 과정에서 공직이 정치권의 전리품처럼 인식되게 되고, 이 경우 힘이 있는 정치인의 입김이 작용할 가능성도 우려한다. 우리나라 사법전문대학원 제도Law School System의 도입으로 5급 공개채용의 선발인원이 줄어들

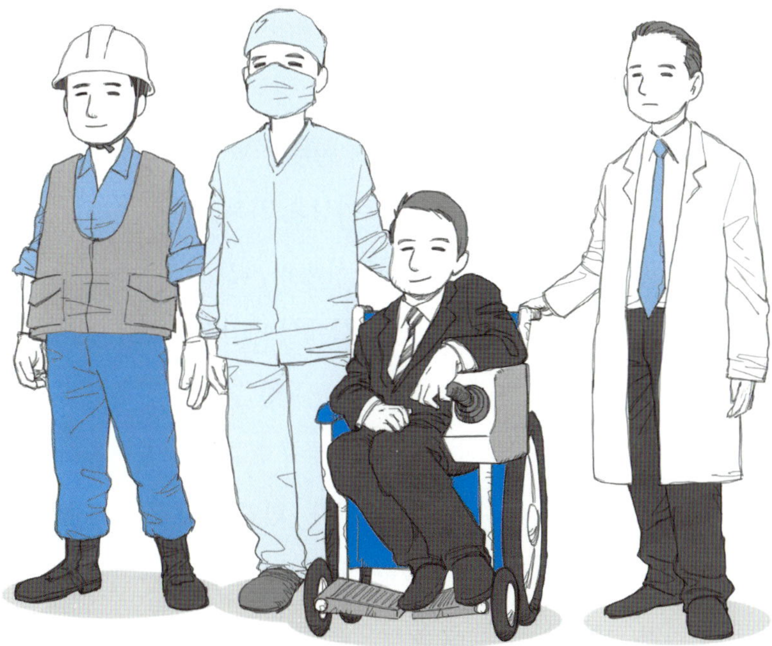

것이라는 의견이 있는 것도 같은 맥락에서 나오는 이야기이고, 우려인 것이다. 채용 방식과 방법을 다양하게 하는 것이 분명 올바른 방향이다. 또한 공직의 문호를 대폭 확대하는 것도 필요하고 옳은 방향이다. 그러한 방향으로 나가야 함은 분명하다. 다만, 여기서 나타날 수 있는 공정성과 투명성 문제를 보완할 수 있는 방법이 전제되어야 함도 또한 분명하다.

민간 전문 경력자, 공직의 기회가 확대된다

정부는 2014년도에 5급 국가공무원으로 민간경력자 120명을 선발했다. 그간 100명 수준이었던 선발인원이 상당히 늘어난 것이다. 민간부문에서 일한 경험과 전문성이 있는 경력자가 공무원으로 진출할 수 있는 기회가 확대된 것이다. 경쟁률만으로 보아도 전체적으로 3천 4백여 명이 응시해 평균 26대 1 이상을 기록했다.

이러한 민간부문 경력자의 채용은 사회의 제도체계와 행정환경이 날로 다원화되고 전문화되고 있는 현실에서 민간분야에서 다양한 현장경험을 쌓은 전문 인재들을 공직에 유치해 그들의 전문성을 적극 활용하기 위한 것이다. 또한 이를 통해 공무원들의 경쟁력을 높이고자 하는 것도 제도의 취지이고 목적이다. 민간 전문 경력자 채용의 대표적인 사례는 현장 경험이 있는 변호사가 검찰이나 판사가 아닌 일반 부처의 일반 공무원으로 들어오는 것이다. 현재 법원과 법무부가 아닌 일반 정부 부처에 200여 명 이상의 변호사가 근무하고 있다. 정부는 판·검사 임용을 제외하고 민간 분야에서 활동을 하는 변호사들을 적극 끌어들이고 있다. 또 다른 전문분야인 보건의료의 경우 의사와 간호사는 물론 약학이나 생물학을 전공한 전문가의 공직 진출이 이에 해당된다.

그간 민간부문 전문 경력자의 채용은 중앙정부의 각 부처가 실제 수요 판단에 따라 산발적으로, 수시로 특별 채용하는 형태였다. 이러다 보니 관심이 있는 대상자들도 채용 정보를 놓쳐 기회를 찾지 못하는 경우도 없지 않았다. 2012년부터는 공무원 채용업무를 전담하는 부처(현재 인사혁신처)가 각 부처의 수요를 사전에 파악하여 일괄 채용하는 방식으로 제도가 변경되었다. 모든 부처가 필요로 하는 전문 경력직위의 수요를 사전에 파악하고, 전체적으로 시험일정을 공고하여 시험을 치르게 됨으로써 관심 있는 경력자가 기회를 놓치는 것과 같은 경우는 없어지게 되었다.

향후 민간 전문가의 채용 규모는 더욱 커 질 것으로 보여 진다. 정부가 다양한 현장경험과 전문성을 갖춘 민간분야의 젊고 우수한 인력이 공직에 더 많이 진출할 수 있도록 하겠다는 기본 방향을 설정하고 있기 때문이다.

지역인재, 견습직 선발 채용제도에 눈을 돌려라

지역인재 견습직 선발 채용제도는 공직을 희망해도 여러 가지로 그 진출의 꿈이 쉽지 않은 지방대학 출신 젊은이들에게 문호를 넓혀 주기 위한 제도이다. 지역인재 7급 견습직원 선발 채용제도는 지방 소재 대학의 공직 진출 기회를 고르게 확대함으로써 특정지역이나 특정학교 출신이 편중되는 것과 학교 간 공직진출자의 불균형을 해소하면서도 동시에 공개경쟁을 통한 필기시험 위주의 경직적인 공무원 채용방식을 다양화하기 위한 목적으로 2005년부터 도입하여 시행하고 있다. 이는 특히 공직에 관심을 갖고 있어도 기존의 공개경쟁 시험을 통해 공직 진출이 상대적으로 용이하지 않은 지방 소재 대학의 우수 학생들이 공직에 보다 많이 진출할 수 있도록 하는 제도로 정착되어 가고 있다.

대상은 지방 소재 대학의 졸업 예정자로서 학과성적이 상위 10% 이내에 해당하고, 영어 점수인 토익 700점과 한국사 능력검정시험 2급 이상을 획득한 학생이다. 대학은 요건을 충족하는 학생 중에서 일정 인원(현재 학교별 6명)을 선발하여 추천하고, 추천된 학생은 공직적성검사PSAT와 면접시험을 거쳐 최종 선발된다. 선발 후 1년간 공무원으로서 필요한 자질과 역량의 습득을 위해 실무 부처에 배치하여 일반 공무원과 똑같이 교육 훈련을 겸한 업무를 수행한 후에 그 능력을 평가하여 정식 7급 공무원으로 임용된다.

2015년도에는 105명을 선발한다. 행정분야 60명, 기술분야 45명이다. 2013년 90명과 2014년 100명보다 늘어난 수치이다. 정부는 처음 시행 당시 50명이었던 선발 규모를 지속적으로 확대하여 왔고, 2017년에는 선발 인원을 120명까지 확대할 예정이다. 또한 대학별로 최대 6명까지 가능하였던 추천인원을 2016년부터는 최대 8명까지 확대하여 보다 많은 우수인재가 추천될 수 있도록 한다는 계획이다.

지방인재 채용목표제도도 주목할 필요가 있다

지금까지 중간관리직인 5급 공무원의 공개경쟁 채용시험에 적용되어 온 지방인재 채용목표제도가 2015년부터는 7급까지 확대된다. 지방인재 채용목표제도는 지역사회의 균형발전을 도모하고 지방대학을 활성화시킨다는 취지로 2007년부터 행정고시와 기술고시에 해당하는 5급 공무원 채용시험에 도입해 왔다. 5급 공개경쟁 채용시험에서 지방인재가 합격예정인원의 일정비율(20%)에 미달할 경우 그 비율까지 추가 합격시키는 제도다. 지방 대학 출신의 합격자가 전체 합격자 인원의 20%에 미달하는 경우 그 합격선을 20%가 될 때까지 합격 점수를 낮춰 추가 합격시키는 방식이다. 당초 2011년까지 한시적으로 운영될 예정이었지만 연장되었고, 2015년부터는 이를 7급 공무원 시험까지 확대 적용되게 된다. 적용 대상은 서울특별시를 제외한 지역 소재 학교를 졸업하였거나 졸업예정자이며, 중퇴하였거나 휴학 중인 자를 포함한다. 다만, 서울 소재 대학 중퇴 후에 지방대학에 편입 또는 입학하여 재학 중인 경우는 그 대상에서 제외된다. 추가 합격자 결정에 있어 지방인재 채용목표제와 양성평등 채용목표제가 경합해야 할 경우 지방인재 채용목표제를 우선 적용한다.

실제 309명을 선발한 지난 해 5급 행정직 공무원의 공개경쟁채용시험에서 지방인재로 합격된 사람은 23명이며, 이 중 7명은 지방인재 채용목표제 적용으로 추가 합격한 인원이다. 또한 92명을 최종 선발한 5급 기술직 공무원 공개경쟁채용시험에서 지방인재 합격자는 6명이며, 이 중 1명은 지방인재 채용목표제 적용으로 추가 합격하였다.

5급 공무원 채용의 경우 그 적용 비율이 20%인데 비하여, 금년부터 처음으로 적용되게 되는 7급 공무원의 경우에는 30%로 그 범위를 더욱 넓게 정하고 있다.

이 제도가 7급 공무원의 공개경쟁 채용시험까지 확대될 경우 공직에 관심이 있고, 공직 가치관을 갖춘 지역의 지방대학 출신의 젊은이들이 공직에 진출할 수 있는 기회가 실질적으로 확대될 수 있게 될 것이다.

양성평등채용목표제도도 눈여겨보라

공무원 채용에서는 법령의 규정으로 양성이 평등하게 공직에 진출할 수 있도록 하는 제도를 시행하고 있다. 공무원시험령에 의한 양성평등채용목표제가 그것이다. 이는 공무원 채용에 있어 성비 불균형을 해소하기 위하여 남녀 모두 최소 채용 비율을 정하여 성비를 조정하는 제도로 2003년부터 시행하고 있다. 남녀 중 어느 한 성性의 합격자가 선발 예정 인원의 30%에 미달하는 경우에 목표 인원만큼 해당 성의 응시자를 추가 합격시킨다.

현재 적용 대상이 되는 시험은 선발예정 인원이 5명 이상인 시험 중에서 옛날 행정고시와 기술고시에 해당하는 5급 공무원 공개경쟁채용시험과 외무고시에 해당하는 5등급 외무공무원 공개경쟁채용시험과 외교관후보자 선발시험, 7급 및 9급 공무원 공개경쟁채용시험의 경우에 적용되고 있다. 채용 목표 인원은 선발 예정 인원의 30%이며 예외적으로 검찰직의 경우는 20%이다. 채용 목표 인원은 시험 단계별 합격 예정 인원에 대한 채용 목표 비율로써 인원수를 계산할 때 선발 예정 인원이 10명 이상이라면 소수점 이하를 반올림하고 5명 이상 10명 미만일 때는 소수점 이하는 버린다.

실제 309명을 선발한 2014년도 5급 행정직 공무원 공개경쟁채용시험에서 양성평등채용목표제 적용으로 법무행정에서 여성이 1명 추가 합격했고, 92명을 최종 선발한 2014년도 5급기술직 공무원 공개경쟁채용시험에서는 공업과 전산분야에서 여성 2명이 추가 합격하였다. 7급 국가직 공무원의 공개경쟁 채용 시험에서는 감사, 선거행정, 공업, 시설, 전산, 방송통신 등 6개 분야에서 남성 6명과 여성

7명 등 13명이 추가 합격했다.

시간선택제와 소수직렬 선발도 하나의 문이다

시간선택제 일자리는 고용률 70% 달성을 위한 정책의 일환으로 2014년부터 국가와 공공기관뿐만이 아니라 민간 대기업의 직원 채용 시 일정 비율을 시간선택제로 선발토록 한 국가차원의 제도이다. 민간 기업의 시간선택제 선발에도 응시 인력이 이어지고 있으나 신분보장이 확실한 공무원 시간선택제도 그 이상으로 충분히 매력이 있다.

중앙정부가 선발하는 국가직 시간선택제 시험은 경력자 채용이고, 지방자치단체가 선발하는 지방직 시간선택제 시험은 공개채용 방식이다. 시간 선택제 공무원은 오전 또는 오후로 정해 1일 평균 4시간, 주 20시간을 일하고, 보수는 일한 시간에 비례해 받는다. 따라서 급여는 전일제 공무원의 절반 수준으로 이해하면 된다.

시간선택제 공무원은 육아 등 가사를 하면서 일을 할 수 있다는 장점이 있다. 남성 공무원보다 여성이 이를 선호하는 것은 현실이 반영된 당연한 결과일 것이다. 실제 이 시간선택제 공무원을 지원하는 사람은 30대 이상 여성이 70% 이상이다. 이는 의지와 능력은 있지만 출산 및 육아 등으로 휴직해야했던 여성들이 재취업을 희망하며 지원하는 것이다. 이 제도의 또 다른 장점은 일반 공무원에 비해 시험의 경쟁률이 낮아 선발 가능성이 높다는 점과 함께 역시 정년까지 신분이 보장된다는 점이다.

다만, 보수 수준이 낮다는 점과 여건이 허락한다면 다른 일자리를 찾아야 한다는 문제가 있다. 따라서 이들 공무원은 전일제 공무원과는 달리 겸직이 가능하다. 또한 일선 현장에서는 업무 연속성이 저하되어 일의 생산성이 떨어진다는 문제점이 실제로 지적되고 있다. 이는 제도의 성격상 어쩔 수 없는 문제로 볼 수도 있겠으나 보완할 수 있는 특별한 방안을 적극 검토할 필요가 있다고 생각된다.

국가직 시간선택제 공무원은 앞으로도 계속 늘어날 전망이다. 지방직 시간선택제 선발은 일반직 공채 시험과 같은 전형으로 이뤄진다. 2015년 각 지방자치단체에서 선발할 예정인 시간선택제 공무원은 1천3백여 명 수준이다. 2014년보다 2배 이상 늘어났다.

장애인과 저소득계층 등과 같은 취약계층이 소외됨이 없이 공직에 활발히 진출할 수 있는 길도 있다. 이들의 공직 진출을 위해 7급과 9급 공채 시험에 장애인과 저소득층을 구분하여 모집한다. 2015년에는 그 선발인원도 확대되었다. 장애인은 법정 의무고용비율인 3%를 상회하는 6.5% 수준인 총 258명을, 저소득층은 9급채용 인원의 2.7%인 100명을 선발한다.

개방형 임용제도, 고위직에 이르는 문이다

개방형 임용제도는 쉽게 말해서 정부의 공무원 직책을 민간에 개방하는 것이다. 그야말로 민간인이 고위직 공무원이 될 수 있는 길인 것이다. 2000년부터 실시되고 있는 이 제도는 고도의 전문성이 요구되거나 효율적인 정책 수립을 위하여 공직의 내부 또는 외부에서 적격자를 임용할 필요가 있는 고위공무원단 직위 또는 1급~3급의 실장과 국장급 자리를 그 대상으로 하고 있다. 중앙정부의 부처별로 실장이나 국장급 직위 총수의 20% 범위 내에서 개방형 직위를 지정한다. 2002년부터는 중앙행정기관이 과장 또는 이에 상당하는 공무원도 50% 범위 내에서 개방형 직위로 대체할 수 있도록 확대되었다. 현재 정부는 439개를 개방형 직위로 정하고 있다. 이 개방형 임용제도는 공무원과 민간인이 함께 해당직위에 응모하여 공개경쟁을 통해 임용되므로 공무원이 계속 해당 직책을 맡을 수도 있다. 부처 간의 장벽도 없어 다른 부처의 공무원이라도 자신이 관심이 있고 능력이 있다고 생각되면 응모할 수 있다. 공개모집은 선발위원회를 구성하여 진행하게 되는데 외부 민간인 위원이 절반 이상이 되어야 한다. 이 위원회는 응모자 중에서 가장 적격자라고 평가된 응모자 2~3인을 장관에게 추천하고, 장관은 그 추천 후보자 중에서 임용해야 한다. 해당 직책이 고위공무원단 직위에 해당하는 경우 임용후보자의 우선순위를 정하여 고위공무원임용심사위원회의 심사를 거쳐 임용한다. 이 제도의 핵심은 공직의 변화와 경쟁이며, 행정의 생산성과 전문성이다. 즉, 외부의 민간 전문가나 경력자에게 공직의 문호를 개방하여 새로운 지식과 참신한 아이디어를 받아들임으로써 공직 사회의 변화와 경쟁을 유도하고, 행정의 효율성과 생산성을 높이고자 하는 것이다.

지금까지 개방형 직위의 공모 절차는 진행하면서도 실질적으로는 해당부처의 공무원이 임용되도록 폐쇄적으로 운용하는 경향도 보여 왔다. 또한 민간인 출신은 전부 계약직공무원으로 임용이 되어 왔다. 기간은 원래 3년으로 시작했으나 5년으로 그 기간을 확대하였다. 3년이나 5년이 지나 그 자리에서 물러나게 되면 신분보장이 되지 않아 지원자가 아예 없거나, 지원자가 있어도 유능한 인재가 지원하지 않는다는 문제점이 계속 제기되어 왔다. 의사와 박사, 법학전문대학원 출신 등의 전문가는 사회에 처음으로 진출하는 연령이 대략 30대에 이르고, 특정 분야에서 상당한 경험과 기술을 쌓은 경력자의 연령은 이미 40대에 이르기 때문에 이들에게 주어지는 근무조건이나 보수가 민간부문에 비해 매력적이지 못하다는 것도 제도의 취지를 살리지 못하는 문제점으로 지적되어 왔다.

정부는 민간분야의 우수한 인재를 공직에 최대한 끌어들이기 위해 보다 더 과감한 개선방안을 마련하고 있다. 우선 중앙정부의 국장과 과장급 개방형 직위 439개 중 144개 직위를 민간인만 지원 가능한 경력개방형 직위로 지정했다. 이는 홍보, 정보화, 국제협력 등 민간 경험과 전문성을 활용할 필요성이 큰 직위를 전적으로 공직 밖의 민간에게 응모자격을 주고 내부의 공무원은 배제되도록 하겠다는 것이다. 현재 개방형 직위에 외부 민간인이 임용된 자리는 15.6% 수준에 불과하다. 그러나 이 제도가 시행되면 2017년에는 민간인 임용이 173명 수준으로 39.5%까지 높아질 것으로 전망하고 있다.

이들의 신분도 계약직이 아니라 일반 공무원처럼 신분을 보장하는 방안을 검토하고 있다. 또한 고위공무원 스카우트제도의 도입도 검토되고 있다. 1, 2급에 해당하는 고위공무원은 아예 공개모집 절차도 생략하여 장관이 직접 추천할 수 있도록 하는 방안과 함께 이들에 대해서는 보수도 해당부처 장관이 인사혁신처장과 협의해서 정할 수 있도록 하여 보수의 실질적인 상한선을 없애는 방안을 검토하겠다는 것이다.

공직으로 가는 길은 무엇인가??

꿈이 있어야 꿈을 이룬다.

'꿈이 있어야 꿈을 이룬다.'

'꿈은 희망이고 목표이다.'

목표가 없고 희망이 없으면 이룰 수 있는 것은 아무 것도 없다. 꿈이 있다는 것은 이루고자 하는 희망이 있는 것이다. 우리가 잘 아는 헤밍웨이 소설 『노인과 바다』의 핵심 메시지를 한 단어로 이야기 한다면 '꿈'이고, '희망'일 것이다. 그는 '희망을 갖지 못하는 것은 어리석은 것이며, 죄악It is silly not to hope, it is a sin'이라고 까지 했다.

미국 하버드대학의 한 연구결과는 목표를 갖는 것이 얼마나 큰 차이를 가져오는지를 잘 설명해 준다. 하버드대학은 재학생 중에 목표가 뚜렷한 학생들과 목표가 없는 학생들을 구분하여 목표와 성취도에 대해 25년간 추적 조사하였다. 학생시절에 꿈과 목표를 가지고 있었던 학생들은 사회적으로 안정된 지위에서 활동하고 있는 것으로 조사되었다. 반면에 목표가 없었던 학생들은 25년이 지난 시점에도 여전히 목표 없는 인생을 보내고 있었다는 것이다.

꿈을 이룬 사람들은 분명한 목표를 세운다. 그리고 목표를 이룰 때까지 초지일관 한 우물만을 판다. 느린 거북이가 쉬지 않고 계속 걸어가니 그렇게도 빨리 달리는 토끼를 이길 수 있는 것이다. 지난 날 '세상은 넓고 할 일은 많다'는 메시지로 우리 젊은이들에게 꿈과 희망을 주었던 모그룹 전직회장이 최근 강연을 통해 다시 젊은이들의 꿈을 주문했다.

"요즘 젊은이들은 잠재력은 높으나 꿈과 비전이 없다. 꿈과 목표가 있어야 노력할 수 있고, 꿈과 목표가 있다면 잘할 수 있는 방법은 많다."

깊이 있는 고민을 통해 잘 설정된 인생의 목표는 행동으로 옮기는 실천의 과정에서 겪을 수 있는 시행착오를 줄일 수 있다. 시행착오를 작게 하거나 없게 한다는 것은 목표를 이루는 과정의 시간과 노력을 줄여주는 것이다. 목표를 설정하고 앞으로 나가는 모든 사람에게 가장 중요하면서도 항상 부족한 것은 아마도 시간일 것이다. 부지런히 목표를 이루려는 사람에게 시간처럼 귀하고, 시간처럼 부족한 것은 없다.

욕심 많은 우리 인간이 욕심을 부린다고 해서 가고 싶은 모든 길을 다 갈 수는 없다. 목표의 설정은 한 분야로도 족하며, 목표를 설정한 한 분야에서 그 목표를 이루는 것도 쉬운 일이 아니다. 나에게 인생의 분명한 목표가 있다면 이미 성공의 문으로 가는 것이고, 이제 행동으로 옮기고 실천하는 일만이 남아 있을 뿐이다.

제임스 후퍼의 꿈, 꿈은 이루어야 꿈이다

현재 한국에서 활동하고 있는 젊은이인 영국 사람 제임스 후퍼는 19세의 나이에 에베레스트를 정복했다고 했다. 지금은 이미 결혼을 하여 가정을 꾸리고 있는 그는 여러 가지 많은 위험risk을 감수하면서도 에베레스트를 다시 오를 것인지, 아니면 차라리 오르지 않는 것이 현명한 것인지를 놓고 고민한다고 했다. 그는 아내를 설득해서 에베레스트를 꼭 다시 오르겠다는 것이다. 그는 공무원이 되겠다며 공시생의 길을 걷는 우리 젊은이들에게 다음 3가지를 주문한다.

'첫 번째는 단계별로 차근차근 노력하는 것입니다The first is to take things step by step. 만일 여러분이 내일 당장 에베레스트를 오르겠다고 다짐한다면 그것은 불가능 합니다. 하지만 실내 등반과 같은 작은 실천을 통해 조금씩 스스로 오르는 것은 쉽습니다. 그러고 나면 어느새 여러분의 꿈이 이루어질 수 있다는 것을 깨닫게 될 것입니다. 두 번째는 위험을 두려워하지 않는 것입니다The second thing is not to be afraid of risk. 위험은 언제나 존재하기 마련입니다. 위험이 곧 배움의 기회임을 명심해야 합니다. 그 배움으로 우리는 위험을 극복할 수 있습니다.

마지막으로, 여러분이 원하는 꿈을 사람들에게 말해야 합니다 finally, you should tell other people about your dreams and what you want to achieve. 되도록 많은 사람들이 여러분의 꿈을 알수록 보다 많은 이들이 여러분을 도울 수 있습니다. 여러분에게 맞는 성공을 직접 찾아서 도전해야 합니다.

필자는 제임스 후퍼의 말에 전적으로 동감한다. 필자는 공무원이 되겠다는 꿈을 안고 이제 험난한 여정을 시작하는 공시생들에게 이 제임스 후퍼의 꿈을 강조하고 싶다. 꿈은 행동으로 실천하여 이루어내야 꿈인 것이다. 생각만하고 노력하지 않는 꿈, 그래서 이루지 못하는 꿈은 꿈이 아니다. 그저 상념일 뿐이다. 꿈은 행동으로 이루어야 비로소 꿈이다.

시작이 반이고, 도전이 반이다

'한 술 밥에 배 부르랴만 그래도 시작이 반이다.'

'천 리 길도 한 걸음부터다.'

우리가 흔하게 들어온 속담이다. 우리는 새로 무엇을 시작하려고 결심하거나 시작할 때 이 속담을 생각한다. 무슨 일이든 그 시작이 중요함을 이르는 말이다. 어떤 일이든지 시작하기는 쉽지 않지만 일단 시작하고 나면 끝마치기는 그리 어렵지 아니함을 이르는 것이기도 하다.

우리가 정하고 가고자 하는 것이 어떤 목표이든지, 아니면 어떤 과정이든지 간에 일단 시작하는 것이 너무나 중요하다. 시작하지 않으면 아무것도 진행되지 않고, 진척되지 않는다. 목표가 아무리 원대하더라도 실천이 따르지 못하는 계획은 하나의 상념일 뿐 아무런 의미가 없는 것이다. 일단 꿈을 갖고 그 꿈의 실행을 위한 목표를 세웠으면 이제는 시작이다.

"잘 시작한 일의 반은 벌써 이루어진 것이다Well begun is half done."

이는 우리 모두가 알고 있는 철학자 아리스토텔레스의 가르침이다. 일은 처음이 중요하고, 시작이 중요하다는 점에서는 동서고금東西古今이 다르지 않다. 동서고금을 넘어 우리네 인생사에 결코 간과할 수 없는 금언金言인 것이다.

시작의 시점도 중요하다. 빠르면 빠를수록 좋다. 큰 사업가도, 대단한 발명가도 크게 성공을 일구어 낸 인물들은 모두가 '시작'이 출발점이었다. 그리고 그 시작의 행동을 통해 '꿈'을 이루었다. 21살에 애플을 설립한 스티브 잡스가 대표적인 모범사례이며, 20살에

facebook을 창립한 마크 주커버그 또한 그 주인공이다. 이들은 자신이 가진 아이디어를 곧바로 사업화했다. 이들은 대학 졸업과 직장생활과 같이 일반인들이 거치는 창업의 중간과정은 생략됐다.

많은 사람들은 때가 너무 늦었다며 시작하는 것을 머뭇거리는 경우가 허다하다. 시작하고자 하나 이미 늦었다고 생각되는 때가 가장 빠른 때일 수 도 있다. 한편, 시작은 하였으되 중간의 과정과 끝맺음에 소홀해지는 것은 완벽하지 못한 우리 인간의 본성일지도 모른다. 일단 시작을 하였으면 항상 경계해야 할 것은 끝맺음이다. 시작이 '작심삼일'이고 '용두사미'가 되어서는 안 된다. 시작의 출발점은 강인한 도전이다. 새로운 인생은 설정한 목표를 실행에 옮기는 도전에서 시작된다. 이제 시작 했으면 다부지게 마음먹고 도전하여 행하고

쟁취하는 것이다. 새로운 출발은 항상 신선한 자극을 준다. 도전하는 삶에는 새로운 기회가 찾아온다.

공무원이 되고자 한다는 목표를 세웠다면 그것을 나의 인생을 위한 도전으로 생각하고 시작하라. 공무원이 내 인생을 멋지게 담아갈 그릇으로 생각하고 출발하라. 반드시 이루어 낼 수 있다는 강한 신념과 의지로 도전하라. 그러나 그 도전은 언제나 그리고 결코 쉬운 것이 아니다. 도전挑戰이라는 한자의 의미는 '정면으로 맞서 싸운다.'는 뜻이다. 정면으로 맞서 싸우는 일이 어디 쉬운 것이겠는가? 더욱이 도전의 과정에서 한번이라도 실패를 하게 되면 그 도전의 과정은 더욱 어렵게 되고, 일어나 다시 도전하는 것은 더욱 어려운 일이 될 것이다. 그러한 실패를 두 번, 세 번 겪고도 다시 일어나 드디어 이루어 낸다면 얼마나 장하고 의미 있는 일이겠는가? 칠전팔기七顚八起로 이루어 낸 도전의 결과는 그 결과가 얼마나 크고 작고를 떠나 너무나 대단하고 장한 일이 아닐 수 없다.

공든 탑이 무너지랴!!!

힘을 다하고 정성을 다하여 한 일은 결코 헛되는 법이 없다. 피나는 노력과 짜디짠 땀은 좋은 결실을 가져다준다. 이는 우리가 살아가는 세상의 이치이다. 그렇다면 결과는 땅 짚고 헤엄치기가 아니겠는가!!

"뜻이 있는 곳에 길이 있다."

"하늘이 무너져도 솟아날 구멍이 있다."

우리 선조들이 늘 믿고 귀담아 온 속담이다. 목표를 향해 가는 과정이 아무리 힘들어도 뜻을 세우고 끝까지 가면 목표점에 이른다. 그 과정은 마라톤과도 같다. 42킬로미터가 넘는 그 길은 그야말로 인간의 한계를 시험하는 험난한 과정이다. "우공이산愚公移山"의 노력이 필요하다. "우공이산"은 중국의 속담이다. 옛날 중국에 우공이라는 사람이 미련하게도 산을 옮겨 놓았다는 말에서 유래한다. 인간의 힘으로 산을 어떻게 통째로 옮길 수 있을까마는 옮겨 놓을 수 있다는 굳은 의지가 있으면 안 될 일이 없다는 의미와 교훈을 주고 있다.

공무원이 되겠다는 목표와 의지를 품고 달리노라면 결승선에 도달하게 된다. 그리고 그 결과는 값진 성공의 열매이다. 과정이 힘들었던 만큼에 비례하여 그 열매의 가치는 더욱 커지게 된다. 그 목표를 빨리 이루는 사람도 있고, 몇 년 이상이 걸리는 사람도 있다. 몇 년이 걸려서도 아예 목표점에 도달하지 못하는 사람도 있을 수 있다. 개인적인 사정이 다 다르고 이유가 다 다를 수 있다. 그러나 무엇보다 가장 중요한 한 가지는 반드시 목표에 도달할 수 있다는 신념과 의지이다. 초지일관의 자세로 일로매진 한다면 합격의 달콤한 열매는 반드시 찾아오는 것이다.

10년의 법칙과 1만 시간의 법칙은 있다

10년의 법칙이 있다. 우리에게 잘 알려진 공병호 박사의 성공 논리이다. 10년의 법칙이란 어떤 분야에서 최고 수준의 성과와 성취에 도달하려면 적어도 10년은 사전에 집중적인 준비를 해야 한다는 것이다. 쉽게 말해서 한 사람이 한 분야의 전문가로서 성장하기까지 필요한 시간이다. 이는 하버드대학의 교육심리학자인 하워드 가드너의 연구 결과이다. 그는 아인슈타인이나 피카소 등과 같이 특정 분야에서 위대한 업적을 남긴 창조적인 인물 7명의 삶을 조사하여 얻은 공통적인 결론이다.

"잠재능력이 충분히 발휘되기 위해서는 약 10년에 걸치는 숙성 기간이 요구된다. 인류 역사에서 위대한 업적을 낸 사람치고, 10년 정도의 숙성 기간을 거치지 않은 사람은 없다."

이 10년의 법칙은 '10년이면 강산도 변한다.'는 우리 옛말과도 일맥상통하는 점이 있다. 그러나 여기서의 10년은 단순히 흘러 보낸 시간, 저절로 지나가 버린 시간이 아니다. 10년이 흘러가면 저절로 어떤 성공적인 결과가 나오는 것이 아니다. 자신의 분야에서 피를 흘리고, 땀을 흘려 매진하는 10년이다. 자신의 자세와 태도가 중요하다. 언제나 긍정적인 자세로 더 나은 모습을 위해 도전하며 행동할 때 가능한 것이다. 경쟁의 상대와 대적하며 처절하게 경쟁을 해야 한다.

동시에 나 자신을 또한 경쟁의 상대로 삼아야 한다. 어제의 나, 지금까지의 나를 경쟁상대로 삼아야 한다. 매일 매일 새로워지고 발전하는 모습을 바라보고 싶다면 지금 이 순간부터는 과거의 나, 어제의 나와는 다른 태도로 생각하고 행동해야 하지 않겠는가.

"1만 시간의 법칙"을 말하는 사람도 있다. 하루에 3시간, 일주일에 20시간. 그렇게 10년간 한 분야에 적어도 1만 시간을 들인다면 그 분야에 최고가 될 수 있다는 것이 바로 1만 시간의 법칙이다. 이 법칙은 성공한 사람들의 사례분석을 통해 그들은 모두 한 가지 일에 1만 시간 넘게 몰입했다는 공통점을 지니고 있다. 1만 시간의 법칙을 핵심 개념으로 제시한 말콤 글래드웰Malcolm Gladwell의 "아웃라이어Outliers"는 2008년 미국에서 출간되자마자 베스트셀러에 올랐다. 성공을 위한 지침서가 되었다. '아웃라이어outlier'는 통계학의 용어이다. 정상분포에서 벗어나 다른 것과 확연히 구분되는 것을 뜻한다. 글래드웰은 1만 시간의 법칙을 설명하면서 아웃라이어를 '보통사람의 범주를 벗어나 성공한 사람'의 의미로 파악했다. 그리고 아웃라이어의 성공은 탁월한 재능이 아닌 피나는 노력이었다는 점을 강조하고 있다.

"10년의 법칙"과 "1만 시간의 법칙"은 공무원이 되기 위해 도서관과 독서실에서, 그리고 좁은 고시원에서 자신의 목표를 이루기 위해 고군분투하고 있는 많은 젊은이들의 노력을 정당하게 뒷받침해 주는 소중한 법칙이고 인생의 나침판이다.

고지가 바로 저긴데 예서 말 수는 없다!!!

이제 시작했으면 꿈과 목표를 향해 나가야 한다. 시작이 반이라 했으니 등산으로 비유하면 고지의 5부 능선에는 이미 오른 것이 아닌가. 이제부터는 5부 능선에서 남은 고지를 향해 한 걸음, 한 걸음 나가야 한다. 아직 고지는 멀다. 정말로 힘든 고난의 여정이 그대로 남아 있다. 그래도 어찌 여기서 멈출 수가 있겠는가! 고지가 저 멀리 보이는데 여기서 말 수는 없지 않는가!!

"고난의 운명을 지고,
역사의 능선을 타고,
이 밤도 허위적 거리며,
가야만 하는 겨레가 있다.
고지가 바로 저긴데 예서 말 수는 없다.
넘어지고 깨어지고라도
한 조각 심장만 남거들랑
부둥켜안고 가야만 하는 겨레가 있다."

우리가 고등학교 시절 교과서에서 배웠던 이은상님의 시조다. 조국 분단의 암울한 현실에서 분단 극복의 중요성과 함께 그 험난함을 일깨우고자 하는 내용으로 필자는 이해한다. 나라의 통일을 이루지 못하고 있는 지금도 이 시의 의미는 계속 진행형이다. 그러나 한편으로 이 시는 어떤 목표를 세우고 도전해 가는 우리 젊은이들에게 행동의 귀감이 되는 꼭 필요한 시라고도 생각한다. 그간 20여 년간 학문적인 성장의 과정을 마치고 처음으로 부모의 품에서 나와 사회의 냉엄한 현실에 부딪쳐야 하는 우리 젊은이들의 도전에 꼭 들어맞는 시라고 생각된다. 공직의 도전이라는 인생의 목표를 설정하고 이제 그 시작의 출발점에 선 공시생들에게 이 시는 더욱 절박하게 마음에 와 닿는 '행동의 지침시指針詩'가 될 것이다.

이제 남은 것은 일로매진(一路邁進)이다

자신이 설정한 공직의 목표, 공무원이 되는 고지를 남달리 쉽게 정복할 왕도王道는 없다. 자신의 기본적 능력과 함께 설정한 고지를 향해 오로지 중단 없는 노력으로 전진하는 것뿐이다. 이루어 낼 수 있다는 자신감을 갖고 자신이 설정한 목표의 길을 가노라면 고지에 다다르게 되는 법이다. 고지를 저 멀리 앞에 보고 나가는 등정의 과정에서 자신이 생각하고 있는 2년 또는 3년이 길면 길고, 짧으면 짧은 시간일 것이다. 길고 짧은 것은 오로지 자신의 마음가짐과 노력 여하에 달려 있다. 자신이 설정한 목표의 고지를 밟기 위해 노력하다 보면 2, 3년은 너무 짧은 시간일 수도 있다. 짧게는 2년, 길게는 3년 아니면 4년의 목표를 정하고 부단히 끊임없이 전진하라. 처음 다부지게 설정한 목표를 향해 초지일관初志一貫의 자세로 매 순간 순간 일로매진一路邁進하는 것이다. 고지에 다다르겠다는 목표가 뚜렷하다면 중간 중간의 과정에서 맞닥뜨리게 되는 걸림돌은 아주 작은 것에 불과하고, 이를 나의 원대한 목표와 비교하면 극복하지 못할 것이 없다. 시간을 아껴가며 고지 극복을 향해 나가는 인내와 노력은 인생의 성공과 행복의 수준을 결정한다. 도전의 성공은 수많은 유혹에 대한 인내와 노력의 고통 뒤에 맺어지는 너무나 값진 열매이다.

목표를 향해, 고지를 향해 오직 한 길로 나가는 일로매진의 과정에서 조그만 차이가 엄청난 결과의 차이를 가져온다는 것도 또한 잊지 말자. 1천미터의 고지에서 999미터를 오르고도 나머지 남은 1미터를 오르지 못하면 그간의 노력은 아무런 의미를 갖지 못한다. 그러기에 어제와 오늘 만족할 만한 수준으로 실천하는 노력을 하였다고 하더라도 지금 이 순간에 해이해질 수 있는 마음을 항상 경계하여야 한다. 고지를 향해 나가는 과정에서 가장 경계해야 할 일은 작은 어려움에 포기하고, 수시로 다가오는 달콤한 유혹에 빠지거나 끝나지 않은 중간의 조그만 성취에 자만하며 해이해지는 마음일 것이다. 1천 미터의 고지에 999미터를 올라 이제 남은 것은 1미터밖에 없다며 조금 빠른 성취감에 빠지거나 마음이 해이해진다면 그 고지는 결코 오르지 못한다. 남은 1미터를 올라야 고지에 이르는 것이고, 성취하는 것이다. 고지가 바로 저긴데 목전에서 말 수는 없지 않는가! 이는 공무원이 되겠다는 목표를 정하고 자신이 정한 그 고지를 향해 나가는 과정만이 아니라 인생의 모든 여정에서 똑같이 적용되는 인생의 철칙이다.

4

나는 공무원이 되기로 마음먹었다

너래 바위에 누워 높은 하늘을 보다

뻐꾸기의 꿈

뻐꾹! 뻐꾹!! 뻐뻐꾹!!!

뻐꾸기 소리에 곤한 잠을 깼다. 등판 떼기가 딱딱하게 아프다. 오늘도 깨어보니 너래바위 위에서 낮잠을 잔 것이다. 두어 시간 이상은 족히 잔 것 같다. 옆에는 검정 고무신 한 짝이 나란히 놓여 있고, 그 옆에는 책을 말아 담은 책보가 풀어져 있다. 오늘도 학교를 갔다 오는 길에 집 어귀의 개울가에 있는 너래 바위 위에서 잠을 잔 것이다. 해는 이미 백우산 반대편으로 기울고 있다. 넘어가는 햇살을 받은 백우산은 그 어느 때보다도 더욱 높아 보이기도 하거니와 신비스럽다는 생각도 들었다. 뻐꾸기는 그 백우산 속에서 우는 것이 분명하다. 저렇게도 멀고 높은 백우산에서 우는 뻐꾸기 소리가 이 마을 아래까지 들리는 것이 신기하다는 생각을 하곤 했었다.

필자는 초등학교 3학년까지 대한민국의 가장 오지마을이라고 할 수 있는 강원도 홍천 광암리라는 곳에서 나고 자랐다. 광암리廣巖里라는 지명의 의미대로 커다랗고 널따란 바위가 유난히도 많은 마을이다. 개울가에는 널따란 너래바위들이 마치 줄을 지어 누어있는 것과도 같다. 이들 너래바위 중 몇 개는 키 높이 자랑이라도 하듯 유난히 높게 튀어 올라 있으면서도 평평한 등판을 만들어 놓고 봄에서 가을까지 아이들의 놀이터는 물론이거니와 어른들의 마을회관처럼 사랑방 역할을 했다. 특히, 한여름에 어린 애들은 개울에서 물장구를 치며 멱을 감고 피곤하다 싶으면 이 너래바위 위에 누어 백우산을 쳐다보다가 해가 넘어갈 때까지 낮잠을 자곤 했다. 이미 폐교가 되고 없어진지 오래 되었지만 왕복 40리나 되는 초등학교를 마치고 집에 다다라 너래바위에 이르면 피곤한 몸을 지체 못하여 그 바위에 올라가 파란 하늘을 쳐다보며 팔베개를 하고 누우면 어느새 잠이 소르르 들곤 했던 기억이 마치 어제의 일인 것처럼 어린 시절의 소박한 추억으로 머릿속에 뚜렷이 남아 있다. 지금으로 치면 유치원에 겨우 들어갈 아주 어린 나이에 엄하기만 하셨던 할아버지로부터 회초리를 맞아가며 천자문을 배웠던 기억이 있고, 할아버지가 세상을 하직하셨던 날 이제는 천자문을 배우지 않아도 되고, 회초리를 맞지 않아도 된다는 기쁨에 형과 함께 너래바위에 올라가 만세를 부르며 좋아 했던 기억도 뇌리에 그대로 남아 있다.

그 어린 시절 광암리 마을은 동쪽으로는 백우산, 서쪽으로는 홍천

강을 이루는 개울이 흐르고 있는 조용한 마을이었다. 백우산은 그 높이가 900미터가 채 안 되는 산이었고, 그 백우산에서 흘러 내려 홍천강으로 합류하는 앞마을의 개울, 그리고 쳐다보면 언제나 높고 푸르른 하늘은 필자가 이 마을에서 보고 느낄 수 있는 우주의 전부였다. 산은 높고, 개울은 넓고, 파란 하늘은 한없이 높기만 했었다. 이 우주는 어린 소년의 꿈과 마음을 키워가는 삶의 세계였다. 필자는 광암리의 너래바위 위에서 아름다운 뻐꾸기 소리를 들으면서 인생의 첫 번째 꿈을 꾸었었다. 필자의 어린 시절 꿈은 양계를 하고, 소를 키우는 것이었다. 닭을 몇 마리 사서 양계를 하고, 그 닭이 계란을 낳으면 그것을 모아 암소 한 마리를 사고, 그 암소가 다시 새끼를 낳아 소를

열 마리쯤은 키우는 것이었다.

필자의 이러한 소박하기만 한 꿈은 초등학교 3학년 이후에 면 소재지로 이사를 하고 초등학교 6학년 때에는 다시 춘천으로 이사를 하면서 바뀌어 버렸지만 지금도 생각하면 그야말로 아름답고 소박한 꿈이었다. 지금에 와서 이 꿈을 아름답게 표현한다면 '뻐꾸기의 꿈'이었고, 이는 어린 필자의 마음과 상상의 세계에서 가장 크고 원대한 꿈이었다. 그 꿈은 지금까지 성장하고 살아오면서 지금 필자의 인생의 터전이 되었다고 믿는다.

"난 꿈이 있어요.
그 꿈을 믿어요.
나를 지켜봐요.
언젠가 산을 넘고서
저 하늘을 높이 날을 수 있어요."

가수 인순이는 그녀가 태어나고 자란 환경을 '거위의 꿈'으로 노래했다.

아버지와 고등어

필자는 2007년 8월 3년 예정으로 미국 워싱턴 DC의 한국 대사관에 보건복지관으로 부임했었다. 그리고 그해 가을 멀리 타국에서 처음 맞는 추석이었다. 서둘러 오다 보니 고등학교 1학년인 작은 아들과 단 둘이 맞는 추석이라 더욱 쓸쓸하다는 생각이 들었다. 흔히들 이야기하는 기러기 가족이 아니라 역逆기러기 가족인 셈이었다. 그래도 최대의 명절인 추석이니 그 기분을 내기에 필요한 것을 사겠다는 마음으로 한국 마켓을 찾았다. 그 어느 때보다도 시장을 보는 교포들도 많고 활기차보였다. 이것, 저것 구경하며 영광굴비는 아니겠지만 조기도 몇 마리 사고, 고등어와 이면수도 한 손씩 샀다. 작은 아들과 추석날 구워먹거나 지져 먹으며 옛날을 생각하리라!

추석이 며칠 지났지만 고등어는 냉장고에 그대로 있었다. 추석에 고등어를 먹는 집은 흔하지 않을 것이다. 우리 집도 마찬가지이다. 그러나 추석이면 필자가 초등학교 5학년이었던 35년 전에 세상을 하직하신 아버지를 생각하게 되고, 아버지 생각에 이르면 고등어를 떠올리지 않을 수 없는 트라우마가 있다. 대한민국에서 둘째가라면 서러울 정도로 가장 오벽지였던 홍천에서의 삶은 우리 집만이 아니라 마을의 대부분이 다 넉넉하지 못했다. 요즈음 같은 콜드체인 시스템은 말할 것도 없고 교통도 취약했던 촌에서 생선이라도 먹을 수 있는 것은 추석과 같은 명절에나 가능했다. 그것도 싱싱한 생물 고등어가 아니라 소금덩이나 다름없는 간절임 고등어였다. 아버지는 새마을운동으로 벌이고 있는 농로확장 현장에서 일하시다 머리를 크게 다쳐 끝내 의식을 회복하지 못하시고 며칠 만에 유명을 달리 하셨다. 잘 살아보자며 새마을 운동이 전국 방방곡곡에 불붙던 때였다. 같이 일하던 동료가 실수로 언덕위에서 바위를 굴렸고, 그 바위는 공교롭게도 짠 고등어를 아침 반찬으로 드신 탓에 물이 댕겨 계곡에 엎드려 옹달샘 물을 마시던 아버지의 머리를 때렸다고 한다. 상상만 해도 진저리 쳐질 지경이니 그 고통을 앓고 가셨을 아버지의 모습이 아련하다. 사고를 낸 것은 동네 아저씨였지만 원인을 제공한 것은 간절임 고등어였던 셈이다.

아버지가 돌아가신 후 우리 집의 경제는 전적으로 어머니의 몫이었다. 형님이 중학교 2학년이고 필자 아래로 더 어린 동생이 둘이나 있었다. 졸지에 어린 자식을 네 명씩이나 데리고 가계의 책임을 지게 된 어머니의 입장에서는 말 그대로 먹고 살 길이 없었을 것이다. 그 이듬해 봄 우리 가족은 춘천으로 이사를 했다. 아무리 어려워도 자식들 공부를 시켜야 한다며 외할머니께서 우리 가족을 춘천으로 불러간 것이었다. 어머니는 춘천 교외를 돌며 고등어와 같은 생선을 머리에 이고 다니며 팔고 다니셨다. 하루 종일 끼니도 거른 채 생선을 팔아 우리 4남매를 키워 오신 것이다. 묘한 인연이다. 인연이라기보다는 먹고 살아야 하는 피할 수 없는 현실이었다. 아버지가 일찍 돌아가신 것이 어떻게 보면 짠 간절임 고등어 때문인데 어머니는 우리 자식들을 키우기 위해 그 간절임 고등어를 다시 머리에 이고 다니셨던 것이다.

고교 우등생의 개꼬리, 그리고 도전

2004년 봄 국회의원 선거가 있던 날 아침 선거를 일찍 치르고 선친 묘소가 있는 고향 홍천을 방문했었다. 2002년 제네바에 있는 세계보건기구WHO에 근무하기 위해 출국하기 직전에 인사하고 떠났다가 이제 귀국 하여 다시 왔으니 2년이 넘어 찾아온 고향이었다. 돌아오는 길에 필자가 다녔던 초등학교 교정을 잠시 들러 보았다. 필자의 가족이 이곳을 떠나 춘천으로 이사한 것이 초등학교 6학년 초였다. 아마 1972년 봄이었다고 기억된다. 만 32년 만에 어린 시절의 교정을 둘러 본 것이다. 학교가 홍천 읍내와 인제를 잇는 국도변에 있어 이따금씩 이 앞을 지날 때면 목을 빼고 처다 보곤 했지만 잠시나마 발길을 멈추고 이곳을 들러본 것은 처음이었다. 교사는 신축되었지만 위치와 크기는 옛날이나 다름이 없었다. 다만, 옛날에는 운동장 옆 언덕에 아카시아 나무가 울창이 들어서 있었으나 지금은 잣나무로 갈아 심어 어느덧 크게 자라 있었다. 옛날의 아카시아 나무 언덕을 생각하다 5학년 때 선생님의 모습이 머릿속을 스쳐 지나갔다. 사춘기의 어린 마음에 선생님은 너무나 예쁘고 목소리도 고왔었다. 더운 여름에는 교실을 나와 아카시아 나무 밑에서 동화나 재미난 이야기도 들려 주셨고, 그림도 그렸었다. 32년의 시간이 지났지만 책을 읽어 주시던 선생님의 모습과 이름이 떠올랐다.

참 스승은 인생의 잠을 깨워 준다. 신체적인 결함을 딛고 세계인의 스승이 된 헬렌 켈러Helen Keller는 "내 생애 가장 중요했던 날은 설리번 선생님께서 부임했던 바로 그 날이었다"고 했다. 좋은 선생님은 제자의 인생을 일깨워주고 방향을 잡아 주기 때문이다. 아버지를 일찍 잃은 필자에게 선생님은 정말로 인생의 참 스승이었다.

그 중에서도 나는 특별히 세분의 선생님을 잊지 못한다. 앞에서 이야기 한 초등학교 시절 이금자 선생님이 그 한분이시고, 두 번째는 중학교 3학년 담임이셨던 조만구 선생님이시다. 그리고 또 다른 한 분은 고등학교 특수반인 3학년 4반 이춘기 선생님이셨다. 성격이 내성적이고 조용했던 필자는 그 중요한 시절 내내 성적과 대학 진로 등 여러 가지로 내심 방황했었다. 공부는 늘 열심히 하면서도 젊은 나이에 홀로 되시어 너무나 어렵게 어린 자식들을 키우시며 생계를 때워 가시는 어머니 앞에서 대학을 가겠다는 말을 할 수가 없었고, 한 번도 대학을 가겠다고 이야기를 한 적이 없었다. 그럴 때 마다 보이지 않게 필자의 마음을 붙잡아 주시고, 방향을 잡아주신 것이 선생님이셨다. 3년을 열심히 공부했고 학교 성적은 우등생이었다. 79년 겨울 대학 입학의 최대 관문이었던 예비고사 성적이 나왔다. 생각했던 것

보다 좋지 않았다. 그래도 누구나가 가기를 원하는 대학의 인문대학이나 사범대학을 갈 정도의 성적으로는 충분했다. 서울로 대학을 가면 학비는 둘째치고라도 생활비가 문제였다. 필자의 어려움을 잘 아시는 선생님은 춘천에 소재한 국립대학을 권유했다. 그렇게 하기로 마음을 먹었다. 52명의 반 친구들 중에서 필자만이 유일하게 서울이 아닌 고향의 대학에 원서를 냈다. 합격자 발표 일에 필자가 전체 수석으로 합격했다며 기자들이 찾아 왔다. 기자를 처음 맞아 보는 필자는 당황하지 않을 수 없었다. 당시 공무원이 되어 공직 생활을 시작한 형님과 인터뷰 전략을 숙의 했다.

"행정고시에 합격해서 공무원이 되는 것이 꿈입니다.
재학 중에 고시에 합격하겠습니다."

생각하지도 않고 있었던 수석 소식에 들이 닥친 춘천 MBC와 KBS 취재기자들의 물음에 대한 필자의 답변이었다. 결국 이 답변은 일종의 약속이 되어 버렸고, 결과적으로 30년 공무원 인생의 진로가 되어 버렸다.

가문의 영광, 고시 수석합격

1983년 12월 16일, 27회 행정고시 최종 합격자를 발표하기로 되어 있는 날이었다. 이 날 오전에는 필자가 장학금을 받아 왔던 장학

재단이 속한 기업그룹의 최종 입사 면접이 있었다. 면접 후에 노량진에서 친구를 만나 점심을 먹고 헤어졌다. 이제 이 시간쯤이면 총무처에 전화를 걸어 확인하면 고시 합격여부를 알 수 있는 시간이었다. 그러나 전화를 걸 수 있는 용기가 나지 않았다. 노량진 일대를 혼자 배회하며 몇 번씩이나 공중전화 박스를 들락거렸다. 결국에는 어쩔 수가 없었다. 용기를 내어 다시 전화박스에 들어갔다. 심호흡을 한 번 크게 하고는 전화 다이얼을 돌렸다. 이름과 수험번호를 알려주었다. 합격이었다. 합격 중에서도 사회직류 수석 합격이었다. 기분이 너무 좋아서 날아갈 듯하다는 느낌이 바로 이것이구나 하는 심정이었다. 당시 1만 2천여명이 응시해서 100명을 뽑았으니 경쟁률이 120대 1을 넘는 것이었고, 사회직류만으로는 3천명이 넘게 응시해서 겨우 10명을 뽑았으니 무려 300대 1이 넘는 것이었다.

청량리로 와 춘천행 기차에 몸을 실었다. 어느 덧 날이 저물어 차창 밖의 불빛들이 휙휙 스쳐 지나갔다. 지난 4년의 시간들도 머릿속에서 주마등과도 같이 스치고 지나갔다. 80년 대학에 갓 입학했을 때에는 79년의 10.26과 12.12의 연장선에서 새로운 군인 세력의 등장으로 학생들의 민주화 요구와 소요로 날을 지새웠던 때였다. 80년 봄 5.18 군사계엄 조치로 학교에는 탱크와 군인이 주둔하게 되면서 학교는 무기한 휴교에 들어갔다. 학교에서 수업은 이루어 질 수가 없었고, 학점과 성적은 과제물로 대체되었다. 공부를 하고 싶어도 대학에 들어 갈 수 없으니 대학이 아닌 시립도서관에서 사회학과 심리학 관련 서적을 빌려 읽으며 인문학에 재미를 붙여갔다. 2학년이 되면서부터는 전공과목도 공부를 하게 되었으나 학문으로써의 행정학은 별 흥미를 붙이기가 쉽지 않았다. 행정학 보다는 경영학이 더 재미있었고, 경영학보다는 오히려 사회학과 심리학이 훨씬 더 학문답다는 생각을 했다. 인간의 의식과 자아의 세계를 다루는 프로이트의 정신세계에 대한 분석은 필자의 등골을 오싹하게 하는 재미를 주었다. 결국 사회학도 인간의 심리적 동기와 의도가 사회의 관계와 체계 속에 나타나는 현상을 다루는 것이었다. 행정학보다는 사회의 현상과 문제를 다루는 사회학원론과 사회문제론이 훨씬 더 흥미로웠다. 이러다 보니 자연스럽게 고시공부도 일반행정직류보다는 사회직류를 선택하게 되었다. 3학년과 4학년 2년은 그야말로 고시공부에 매진했다. 7-8월의 무더위를 이겨내고, 한겨울의 대한 추위도 이겨내야만 했다. 나름 믿는 구석이 있었다면 오늘은 힘들어도 내일을 위해 열심히 살아야겠다는 다짐과 오기였다.

80년대 초 다른 학생들도 다들 어려웠지만 필자는 그야말로 가난한 시기였다. 매 학기 등록금을 내야 하는 날은 왜 그리도 빨리 오는지 늘 걱정이었다. 그 당시 등록금은 지금 생각하면 돈도 아닌 듯하지만 그때는 꽤나 큰돈이었다. 수석 입학 덕분에 외부에서 주는 장학금을 두 개나 받을 수 있었다. 등록금을 내고도 얼마의 돈이 남았다. 공부에 필요한 책들을 사고 어머니께 돼지고기 몇 근을 사다 드릴 수 있었다.

몇몇 친구들은 필자를 두고 '개천에서 용 났다'고 했다. 그리 틀린 말은 아니라는 생각도 들었다. 뭐 용이랄 것은 전혀 없지만 앞에서도 이야기했듯이 백우산을 뒤로 하고 앞으로는 홍천강을 이루는 개울가가 있는 대한민국 최고의 오지마을이나 다름이 없는 강촌에서 태어나 고시를 합격했으니 굳이 부인할 것까지는 없다는 생각이다. 생각해보면 어린 시절 너래 바위에서의 뻐꾸기의 꿈이 이루어진 것이었고, 4년 전 대학을 입학했을 때 수석 입학 소감으로 고시를 합격해서 공무원이 되겠다고 언론에 했던 약속을 이루어 낸 것이었다.

유학의 길, 지구촌의 세상을 배우다

필자의 학문적 배경은 행정학이고 정책학이다. 행정학은 그야말로 미국의 학문이다, 행정학의 학문적 원류는 미국 제28대 대통령인 우드로 윌슨Woodrow Wilson으로 그의 1887년 "행정연구The Study of Administration"로 보는 것에 이론이 없다. 우리나라 대학에서 행정학 교수는 거의 모두가 한국인이지만 그 공부의 주된 내용은 미국의 학문을 공부한다. 우리말로 된 교과서로 공부하는 경우에도 번역본이나 마찬가지일 정도로 대부분의 이론과 실제는 미국의 이론과 연구로 설명된다. 하나의 대표적인 예를 들어 보자. 행정학만이 아니라 심리학과 사회학은 물론 경영학과 정치학 등 사회과학분야에서 다 같이 소개되는 대표적인 이론중의 하나가 매슬로Abraham Harold Maslow의 욕구 단계설이다. 그는 미국의 심리학자였다. 특히 그는 위스콘신대학에서 학부부터 시작해 석사와 박사(1934년)까지 공부한 인물이었다.

필자는 행정학을 공부할 바에는 아예 행정학의 본고장인 미국에서 직접 공부하고 싶은 욕구가 늘 잠재해 있었다. 이를 굳이 매슬로의 욕구 단계설로 이야기한다면 맨 위의 5단계에 해당하는 자아실현의 욕구가 아니었겠는가. 그래서 찾아간 곳이 위스콘신대학이었다. 공직에서 이미 13년을 일하고 이미 중년의 나이에 중견 공무원인 과장이 되어 간 유학이었다. 위스콘신대는 90년대 후반까지 공무원들이 선호했던 유학코스이기도 했다. 개발도상국 공무원을 대상으로 하는 일종의 특수대학원인 정책학 프로그램Center for Development을 갖추고 있었다. 주립대로는 명문인데다 다른 대학과 비교하여 상대적으로 저렴한 학비와 생활비도 큰 장점이었다. 해외에서 오는 많은 유학생들에게 제공되는 기숙사 이글하이츠Eagle Heights는 외국 학생들을 위한 커다란 커뮤니티였다. 방 2개와 거실이 있는 기숙사에는 한국은 물론 중국과 인도 등 세계 각지에서 온 많은 젊은이들이 함께 생활하며 소통하는 장이었다.

그러나 필자의 영어는 영어의 본고장 미국에서 통하지 않는 것이었다. 중학교에 들어가서야 처음으로 ABC를 배우고 그것도 문법위주로 배운 영어였기 때문이었다. 토플TOEFL의 듣기부분은 아예 제쳐놓고 문법 중심으로 공부해서 대학이 요구하는 토플의 어학 요건을 간신히 넘겨 입학 허가를 받았던 필자에게는 너무나 당연한 것이었다. 학기가 시작되기 전에 한 달 정도 일찍 도착하여 영어 훈련과정을 거쳤지만 그 짧은 훈련으로 극복될 영어가 아니었다. 발음을 해도 따라 갈 수 없는 영어, 현지 학생들이 알아듣지 못하는 영어, 말 그대로 필자의 콩글리쉬는 유학기간 내내 머리에 쥐가 나게 할 지경이었다. 그래도 영어를 정복해 보겠다는 가당치도 않은 대단한 욕심으로 저녁밥이나 아침밥을 먹으면서도 워크맨을 귀에 들이대곤 했건만 듣고 말하는 영어는 결코 하루아침에 이루어질 수 있는 것이 아니었다. 수업을 듣고 학점을 따기 위해서는 사전 예습을 해야 했고, 집에 돌아와서는 교수님의 강의 내용을 다시 복습해야만 겨우 따라갈 수 있었다. 리포트라도 제출해야 하는 경우에는 며칠씩 밤을 새우는 것은 다반사였다. 학문에 대한 열정이 마음속에 불타고, 자아의 욕구가 아무리 강해 열심히 한다고 해도 따라가기가 쉽지 않으니 필자는 진정한 학문을 위한 학생이 아니었다는 생각이다. 그러다보니 학문적인 욕구보다는 그 넓은 미국의 세계를 배운다며 길거리로 나가고, 들로 나가는 것이 더 큰 즐거움이고 낙이 되었다. 교실에서 배우는 영어보다는 길거리와 필드에서 배우는 영어가 진정 살아 있는 영어라며 자신을 합리화 했다. 길거리로 나가는 것은 주말과 휴일에, 그리고 방학 기간에 가족과 함께 미국의 구석구석을 여행하는 것이었고, 들로 나가는 것은 동료들과 필드에 나가 운동을 즐기는 것이었다. 여름 방학에 미국 중서부를 가로 질러 록키산맥을 넘고, 미국 서부 맨 하단의 샌디에고를 지나 멕시코로 넘어 갔다가 다시 미국으로 들어와 서쪽 태평양 연안을 타고 북상하여 캐나다 밴쿠버를 지나 시카고를 거쳐 다시 북부 록키산맥을 넘어 위스콘신으로 돌아오는 33일의 대장정은 이 지구의 아름다운 산하를 만끽하는 시간이었다. 눈이 펑펑 내리는 겨울 방학에 위스콘신 메디슨을 떠나 2일을 꼬박 운전하여 남쪽을 향해 달려가니 그야말로 아름답다는 찬사를 받는 마이애미 해변에 다다를 수 있었고, 거기서 해수욕을 즐길 수 있었다. 이틀 동안의 자동차 이동으로 한 겨울에서 한 여름을 맞는 것은 놀람 그 자체였다.

필자가 종교를 갖고 교회를 다니기 시작한 것도 이곳 위스콘신 메디슨에서였다. 한 때 교회 바로 옆에 살면서도 그 교회 안에 들어가 본 적이 없고, 신은 존재하지 않는다고 생각해 왔기에 종교가 무엇이냐고 누군가가 물으면 나 자신을 믿는다며 아신교我神教라고 답하던 고집불통의 필자가 교회를 다니게 된 것은 인생의 크나 큰 반전이었다. 한국인 커뮤니티가 그렇게 크지 않은 메디슨에서 주일에 교회에 나가 한국인을 만나 교류하는 것은 영어의 어려움으로 뇌경색에 빠질 지경인 머리를 살려내기 위한 몸부림이었는지도 모른다. 어쨌든 교회에 처음으로 다니게 되었고, 귀국할 즈음에는 세례까지도 받았다.

아주 어린 시절 대한민국 최고의 오지나 다름없는 산촌에서 태어나 백우산 위로 솟아 오른 하늘을 보며 이 지구는 무한대로 정도로 크고 넓다고 느꼈던 어린 소년이 이제는 미국 대륙을 횡단하고 종단하면서 지구가 생각보다 크지 않다는 것을 처음으로 실감했다. 우리가 살고 있는 세계가 그야말로 하나의 지구촌地球村이라는 말을 피부로 실감하게 된 것이었다. 하나님은 존재하지 않으며 자신을 믿는다던 오만의 필자를 하나님의 교회로 안내 받은 것 또한 인생의 의미 있는 전환이었다.

돈으로 살 수 없는 경험과 보람

한미FTA 협상, 균형 잡힌 눈사람론!!!

필자는 한미FTA 협상 당시 의약품의료기기협상분과장을 맡아 미국과 협상을 진행했었다. 미국 측 상대는 한미FTA 전체 차석대표이면서 의약품분야를 맡았던 Arrow Augerot 통상대표부USTR 부대표보였다. 한미FTA 협상은 그 협상이 공식적으로 시작된 2006년 6월 이전부터 4대 선결조건이니 통상현안이니 하면서 논란도 많고, 반대도 많았었다. 모 방송사 PD 수첩은 그 해 7월 중순 '한미FTA, 진실과 거짓'을 방영했다. 정부가 건강보험 약가, 스크린쿼터, 쇠고기수입, 자동차 배기가스 규제 등 소위 '4대 선결조건'을 이미 미국에 양보했다는 의혹의 제기였다. 서울에서 있었던 제2차 협상에서 의약품 협상이 결렬된 직후였다. 일부 언론은 의약품 협상 결렬은 정부가 이미 의약품 약가와 관련한 조건을 들어주기로 해 놓고도 약속을 이행하지 않았기 때문이라고 보도했다. 결국 이 협상 결렬은 한미FTA

반대 움직임이 더 확산되는 계기가 되었다. 일부 보건의료단체와 반대진영에서는 국민건강과 관련된 사안은 국민주권에 해당하는 것으로 협상의 대상이 될 수 없다고 소리를 높였다. 의약품분야가 한미 FTA 협상의 중심이 되어 버렸다.

정부는 7월 20일 정책방송인 KTV에서 "4가지 통상현안, 오해와 진실은?"을 방영했다. 필자는 이 방송을 통해 진실은 무엇이며 미국은 왜 협상을 결렬시켰는지를 분명히 했다.

> "미국의 요구를 들어준 것이 절대 없다. 이제 협상을 시작하는 것이다. 2차 협상이 결렬된 것은 우리 정부가 강력히 실시하고자 하는 "약제비 적정화 방안DERP"을 미국 측이 반대하기 때문이다."

그해 8월 의약품협상분과는 싱가포르에서 별도의 추가 협상을 벌였다. 그러나 10월에 제주에서 있었던 4차 협상까지도 전혀 진전을 이루지 못하고 있었다.

농업부문보다도 더 취약하기 그지없는 의약품분야에서 우리 측은 우수의약품임상기준GLP, 우수의약품제조기준GMP과 복제제네릭의약품의 상호인정MRA를 요구하고 있었다. 그러나 미국 측은 그들의 요구사항만을 논의하려고 할 뿐 우리 측의 요구사항에 대해서는 전혀 성의를 보이지 않았다.

그해 12월 몬타나주 Big Sky 리조트의 2천피트가 넘는 설원에서 제5차 협상이 진행되었다. 전체적으로는 5차 협상이었지만 의약품

분야는 8차 협상이나 마찬가지였다. 8월 싱가포르에서의 추가 협상과 시애틀에서의 3차 협상과 제주에서의 4차 협상 이후에도 11월 서울에서 다시 추가 협상을 하였고, 추가적인 화상회의 등 3차례의 협상을 별도로 거쳤기 때문이었다.

이번에는 어느 정도 진전을 이루기 위해 필자는 "균형 잡힌 눈사람론Well-Balanced Snowman"을 주장했다. 미국 측이 주장하는 몇 가지 중요 요구사항을 묶어 우리 측의 요구사항과 package deal을 시도하여 우리 측의 요구사항에 대해 미국 측의 긍정적인 입장을 이끌어 내기 위한 전략이었다.

"몬타나는 눈이 있어 참 아름답다. 나는 어릴 적에 눈사람 만들기를 좋아했다. 눈사람은 크게도, 작게도 만들 수 있다. 아래 부분은 크게, 윗부분을 작게 만들 수도 있다. 반대로 아랫부분을 작게, 윗부분을 크게도 만들 수도 있다. 몬태나의 설원을 보면서 한미FTA 협상도 눈사람을 만드는 것과 같다는 생각을 했다. 협상은 혼자 만드는 것이 아니다. 양측이 합심해서 위와 아래가 균형이 잘 잡힌 눈사람을 만들어 보자. 위 부분은 미국 측이 만들어 달라. 아래 부분은 미국 측의 우려를 담아 우리 측이 예쁘게 만들어 보겠다."

미국 측의 일방적인 주장만 내세우지 말고 우리 측이 수용할 수 있는 상호 win-win의 협상을 강조한 것이었다. 우리 측의 요구 사항을 긍정적으로 검토하지 않는 한 어떤 진전도 이룰 수 없음을 분명

히 했다. 의약품분야 협상은 또 다시 결렬되었다. 미국 측이 우리 측의 요구사항에 대한 성의를 보이지 않는 상황에서 강공으로 나갈 수 밖에 없었다.

그해 12월말이 되면서 우리 정부는 "약제비 적정화방안DERP"을 예정대로 시행에 들어갔다. 한편, 2006년 말 미국 의회의 중간 선거는 집권당인 민주당이 상·하 양원에서 다수당의 입지를 확보하게 되면서 우리 측에 우호적인 협상 환경을 제공했다. 한국의 의약품 시장을 놓칠 수 없는 상황에서 미국 측은 유연해 져야 하는 상황이 되었다. 그간의 협상을 통해 그들의 일방적인 요구와 주장은 통하지 않는 다는 것도 알게 되었다. 이듬해인 2007년 2월 워싱턴DC에서 있었던 7차 협상부터 미국 측은 유연성을 보이기 시작했다. 우리 측의 요구사항을 긍정적으로 검토하겠다는 입장을 표명했다. 우리 측도 유연성을 발휘하기로 했다. 7차 및 8차 협상을 통해 의약품분야도 속도를 냈다. 한미FTA의 전체 협상은 8차례의 협상으로 종료되었지만 의약품은 결렬과 추가 협상 등 모두 11번의 협상을 해야만 했다.

협상은 상대방 상호간에 이해interests의 차이를 좁혀 합의에 이르는getting to yes 과정이다. 눈사람으로 치면 지나친 가분수가 되지 않고 상 · 하가 균형을 이루어야 하는 것과 같이 "이해의 균형"을 맞추는 과정인 것이다. 한미FTA 의약품 분야의 협상은 균형이 잘 잡힌 8등신의 눈사람은 아니더라도 양측이 양보할 것은 양보하면서 수용할 것은 수용한 협상이었다고 필자는 평가하고 있다.

국민연금제도의 탄생과 전국민

국민연금은 노후의 소득보장을 위한 사회보험제도이다. 소득보장은 무엇이며, 사회보험은 무엇인지 쉽지 않은 전문 용어다. 쉽게 말해 늙어서 소득이 없을 때를 위한 연금제도이다. 일반 모든 국민을 대상으로 하는 국민연금제도가 시작된 것은 188년 1월 1일이었다. 어느덧 27년이 흘렀다. 현재 연금 가입자는 약 2천 1백만명이고, 연금을 받는 사람도 근 4백만명에 육박한다. 연금 가입자들이 자신의 노후를 위해 맡겨 놓은 국민연금 기금fund은 530조원이 넘는다. 세계에서 세 번째로 가장 큰 글로벌 기금이 되었다.

1988년 1월 2일 국민연금제도 출범식이 열렸다. 그간 제도의 출발을 위해 흘린 피와 땀이 드디어 결실을 맺는 순간이었다. 드디어 우리나라에도 모든 국민, 전 국민을 대상으로 하는 연금제도가 탄생되었구나!!! 우리나라 소득보장제도의 근간인 국민연금제도를 탄생시켰다는 자부심은 30년 공무원 인생의 가장 큰 보람이었고, 평생 잊을 수 없는 실로 벅찬 감동 그 자체였다. 승용차도 없던 시절 밤을 꼬박 새고 하얀 입김이 서리는 새벽녘에 퇴근하면서도 지칠 줄 모르던 젊은 시절이었다.

필자는 84년 5급 사무관 수습과정을 거쳐 그해 11월에 처음 복지부에 들어왔다. 처음 보직을 받은 곳이 연금기획과였다. 88년 1월 제도가 출범하기까지 국민연금법을 만들고, 하위 법령인 시행령과 시행규칙을 만드는 일을 도맡아 했다. 필자는 제도 담당 사무관이었다. 87년 하반기에는 관리조직인 국민연금 공단을 만들고, 적용대상 사업장을 상대로 전국을 돌며 제도 내용을 알리는 교육과 홍보를 담당했다.

연금제도를 시행해 놓고 그해 6월 공직생활 5년차에 군 입대를 했다. 군을 마치고 복직을 했더니 다시 연금제도 업무를 맡겼다. 연금제도의 정착이 시급하다는 이유에서였다. 사무관 재직기간 11년 중에 7년여 기간을 국민연금을 위해 일했다. 89년에 태어난 첫째 아들의 이름을 전국민으로 지었다. 당시 국민연금이 10인 이상 사업장의 근로자를 중심으로 시작한 제도이기에 10인 미만 사업장의 근로자와 자영자까지 모든 국민이 적용되는 전全 국민 연금제도가 하루 빨리 도입되고 정착되기를 바라는 마음에서 지은 이름이었다. 그만큼 국민연금제도에 대한 필자의 자부심과 애착은 남다른 것이었다.

이러한 연금제도는 이미 1974년 1월부터 실시하기로 예정되어 있었다. 그러나 제2차 석유파동으로 그 실시가 무기한 연기되었었다. 그래서 지금의 건강보험인 의료보험제도가 1977년부터 먼저 시작되었다. 제5공화국의 군사정부시절이던 85년까지만 해도 국민연금이 언제 실시될 수 있을지는 가늠하기 어려웠다. 물론 실시를 위한 준비는 계속하고 있었다. 전두환 대통령은 국민연금제도의 실시에 대해 정권 초기에는 매우 부정적이었던 것으로 알려졌다. 정부는 1986년 1월 한국개발연구원에 국민연금제도의 구체적인 설계를 위한 용역을 의뢰하였고, 하반기에는 그 연구 보고서인 '국민연금제도의 기본구상과 그 경제사회적 파급효과'가 마무리되었다. 보험료 기여율과 연금 급여 수준 등에 대한 다양한 시나리오를 전제하여 장기적인 재정 추계를 담은 것이었다. 1986년 광복절을 며칠 앞둔 8월 11일 대통령은 하계기자회견을 통해 국민연금제도의 도입, 전국민 의료보험 확대 실시, 최저임금제도 도입 등 3대 복지정책을 발표하였다. 국민연금은 88년 1월부터 실시한다는 것이었다. 이날부터는 눈코 들새 없이 바빠졌다. 88년 1월부터 제도가 실시될 수 있도록 하기 위해서는 86년 안에 법이 만들어져야만 가능하다는 판단이 섰다. 이 날부터는 당장 합숙을 하다시피하며 법을 만드는 작업에 진력을 다했다. 86년 9월 29일에는 제도의 기본요강이 발표되고, 9월 30일에는 국민연금법안이 성안되었다. 대통령의 계획 발표 후 3개월이 채 되지도 않았다. 그야말로 불철주야로 일사천리로 진행시켰다. 이후 법안을 국회에 제출하여 그해 12월 17일 국회를 통과했다. 이듬해인 87년에는 하위법령인 시행령과 시행규칙을 만들고, 관리공단을 만드는 작업이 본격적으로 진행되었다.

국민연금 실시를 준비하고 추진하는 과정에서 필자는 한 가지 경험을 결코 잊을 수가 없다. 87년 6월 10일은 우리가 아는 바와 같이 우리나라 헌법을 개정하여 대통령을 직접 선거로 뽑도록 하는 계기가 된 민주화 항쟁일이다. 이날 정부에서는 오전 10시에 경제장관회의가 예정되어 있었고, 안건으로 국민연금법시행령 제정안이 상정되어 있었다. 이날 아침 일찍 당시 장관은 국민연금 실시를 준비하던 사무관 이상 모든 직원들을 장관실로 불렀다. 그리고는 국민연금 시행령 제정안을 경제장관회의 안건에서 빼도록 지시를 했다. 이유는 국민연금 적용대상자중 자영자는 소득파악이 어려워 보험료 부담 기준을 근로자 평균 보수수준에 해당하는 단일 금액으로 설정하고 있었는데 이를 근로자와 똑같이 여러 단계로 하라는 것이었다. 그러나 그러한 방안은 이미 검토를 했었고, 어렵다는 결론을 얻어 지금의 방안으로 추진을 했던 것이었다. 그러나 국장님도, 과장님도이나 고개만 갸우뚱거리며 말씀이 없었다. 담당 사무관인 필자가 나설 수밖에 없었다.

"장관님 말씀과 같이 다단계화 하는 것이 이상적이기는 합니다만 현실적으로 어려움이 있습니다. 자영자는 정확한 소득 수준을 파악할 수 없기 때문입니다. 그렇게 되면 계층 간에 소득의 역분배逆分配가 일어나는 문제가 발생합니다."

장관은 필자를 쳐다보며 응시하더니 말씀하셨다.

"어이 전사무관, 당신은 여기가 뭐 놀러가는 유원지쯤이나 된다고 생각하는 거야! 복장이 그게 뭐야!!"

당시 필자는 싸구려 여름용 체크무늬 콤비 재킷을 입고 있었는데 사무실에서 검정색과 감색 양복을 주로 입던 그 시절 필자가 입은 웃옷이 마음에 안 들었는지, 아니면 장관의 지시에 안 된다고 하며 반론을 제기하는 놈이 미워서 그랬는지 옷 입은 것을 가지고 나무랬다. 장관실을 나온 필자는 그 옷을 집어 던지고는 그 날 이후 그 옷을 다시는 입지 않았다. 결국 시행령은 장관회의 안건에서 내려야만 했고, 원점에서 다시 검토하고 추진했지만 다단계화는 어렵다는 내부 결론을 내고 원래의 방안대로 추진되었다. 추진 일정이 몇 개월 지연되었음은 어쩔 수가 없었다.

당시 같이 일 했던 분들조차도 이제는 이미 다 잊어버리고 말았을 조그만 에피소드의 하나에 불과한 이 상황을 어찌 그 처절했던 6.10항쟁에 비길 수 있으련만 그 날이 6.10일이었기에 필자는 나름으로 그저 이름하여 보건복지부의 6.10항쟁이라고 생각하며 잊지 못하고 있는 것이다.

의약분업과 장관님

내일이 2000년 새로운 밀레니엄에 처음 맞는 광복절이었다. 그러나 의료계는 나흘째 거칠게 파업하고 있었다. 이 파업은 처음이 아니라 금년 들어와 네 번째였다. 지난 2월 동네의원에 종사하는 의료인들 중심으로 파업이 시작된 이래 4월에 2차 파업이 있었고, 6월 하순에는 3차 파업이 있었다. 2000년 새로운 밀레니엄에 의료계는 의사와 약사 양 진영이 서로 나뉘어 한 치의 양보도 없는 전쟁을 계속하고 있었다. 의료계는 의사와 약사 간에 어느 정도 합의를 이루어 의약분업을 실시하기로 해 놓고도 작은 것에서부터 큰 것에 이르기 까지 갖가지 이해관계를 따지며 정책에 반영해 줄 것을 요구했다. 지난 4월에는 실거래가상환제 보전, 건강보험 수가 6% 인상 등을 내걸고 2차 파업을 강행하더니 6월에는 건강보험수가의 대폭적인 인상을 포함하는 의료계 10가지 요구사항을 내걸고 3차 파업을 결행했었다. 그 이후 정치권이 여 · 야 영수회담을 거쳐 약사법 개정에 합의를 하고 7월 한 달간 계도기간을 거쳐 본격적인 의약분업이 실시되었음에도 불구하고 7월에는 전공의들이 파업에 들어가더니 지금 다시 네 번째로 전국적인 파업이 다시 진행되고 있다.

필자는 당시 장관 비서관이었다. 장관실에는 한 치의 쉴 틈도 없이 끈임 없이 전화벨리 울리고 있다. 8월 11일부터 파업을 시작한 의사들은 전국 각지에서 장관실에 계속적으로 전화를 해 가며 갖은 욕설을 퍼붓고 있는 중이었다. 비서 아가씨들은 서로 얼굴만 쳐다볼 뿐 전화를 받지 않고 있는 것이었다. 받지 않는 것이 아니라 무서워서 아예 전화를 내려놓고 있는 것이었다. 파업 중인 병원의 의사와 간호사들이 장관실에 전화를 걸어 갖은 욕설을 퍼붓고 있었다. 비서는 누구보다도 친절해야 하는 직업이다. 외부에서 전화가 걸려오면 즉각적으로 그리고 친절하게 전화를 받아야 한다. 비서들이 그렇지 못하면 이들을 나무라야할 처지의 필자도 그러한 상황을 그냥 묵인만 하고 있었다.

전화벨이 계속 울려도 비서들이 전화를 받지 않으니 장관실에서 장관님이 직접 받았다. 일방적인 욕설이 퍼부어 졌다.

"이 쌍X들아!!!, 네 X들은 우리가 낸 세금으로 처먹고 살면서......"

장관님은 아무 말도 못하고 얼굴만 벌겋게 상기되어 어찌할 바를 몰라 하셨다. 누군가가 전화를 받으니 드디어 여비서가 전화를 받았다고 생각했는지 차마 입에 담을 수도 없는 쌍욕을 일방적으로 토해 낸 것이었다. 비서 아가씨들은 '똥바가지를 가지고 가서 퍼 붓겠다.' '도끼로 찍어 죽이겠다.'는 등의 갖은 욕설은 듣고 참아내면서도 '네 X들은 내가 낸 세금으로 처먹고 살면서 그따위냐!'는 식의 욕설은 자존심이 도저히 허락하지 않는다고 했다. 그래서 비서관인 필자도 정 그러면 전화를 당분간 엎어 놓고 받지 않도록 지시를 해 놓고 있는 상황이었다.

여러 가지 우여곡절 끝에 2000년 7월부터 의약분업이 시작되었다. 우리나라 보건의료 정책의 역사에 한 획을 긋는 큰 혁명과도 같은 것이었다. 해방이후 서양의 의약 시스템이 도입된 이래로 50년 이상 만들어지고 다져진 치료와 처방에 대한 근본적인 변화를 가하는 정책이었기 때문이다. 이는 또한 30여년 이상을 끌어온 개혁과제이기도 하였다. 1963년 약사법에 의약분업의 원칙을 규정하였으나 유보되어 왔던 것이다. 의약분업의 기본적인 목표는 국민건강 증진이었다. 불필요하거나 잘못된 과다투약을 방지하고, 무분별한 약의 오남용이 없도록 하는 것이 의약분업의 목적이었다. 따라서 의약분업의 실시를 위한 모든 과정은 이 정책의 목표를 벗어나서는 안 되는 것이었다.

한편으로 국민의 생명과 건강을 다루는 보건의료 정책은 어느 다른 분야보다도 더 많은 이익집단 또는 이해관계인과 연결되어 있고, 그 이해가 상호 충돌되는 경우가 허다하다. 의약분업도 이러한 이해가 첨예하게 충돌되는 대표적인 것 중의 하나였다. 의료계와 약계간의 충돌과 싸움은 매우 복잡하고도 극한 갈등 양상을 띠면서 진행되었다. 핵심 이해 당사자들인 의료계와 약계간의 갈등은 물론, 정부와 시민단체, 그리고 다양한 의료소비자들과의 갈등관계 등 다중적인 갈등 구조를 형성하였다. 이는 의약분업이 단순한 의약간의 기능적 분업을 넘어서는 이익의 분배에 변화를 가져오는 사안이었기 때문이다. 의료계는 사회적 지위와 경제적 이익의 손실을 막고 최대한의 이익을 찾아내기 위한 수단으로 파업이라는 극단적인 대응을 전개했던 것이다. 이익집단의 이해가 첨예하게 대립되다 보니 이들 집단이 경우에 따라서 집단행동까지도 불사하는 것이다. 이해가 안 되는 것은 아니다. 이러한 의료계의 파업은 외국에도 사례가 없는 것이 아니다. 캐나다 새스캐치원 주의 의사들은 1962년 주정부의 의료보험 도입에 반대하여 23일 동안 파업을 벌였었다. 당시 의사들은 사회주의적인 의료체계를 반대한다며, 제도가 시행되면 주를 떠나겠다고 위협했다. 정부는 영국에서 의사를 불러오는 등의 조치로 맞대응했다.

의약분업 시행방안이 제시된 1997년부터 의약분업의 최종안이 타결된 2000년 11월까지 3년여 동안 의약분업을 둘러싼 정책갈등의 과정에서 국민들은 파업으로 인한 의료서비스의 공백을 경험하고 불편을 감수하였다. 파업에 의한 집단행동으로 상당한 폭의 건강보험 수가가 인상되었고, 건강보험 재정이 다년 간 적자 상황을 맞기도 했다. 결과는 건강보험료가 더 인상되어야만 했고, 그 부담은 국민들의 몫이 되었다.

인구정책의 때 늦은 전환, 저출산고령사회대책의 추진

"오래 살려면 무엇을 먹어야 하나?"

이는 인구문제에 관한 난센스 퀴즈다. 정답은 산삼이나 보약이 아니다. 정답은 나이이다. 나이를 먹어야 오래 살게 되는 것이니 틀린 말은 아니다. 이는 필자가 스위스 제네바에 있는 세계보건기구WHO에서 업무를 마치고 귀국하여 노인복지정책과장으로 부임했던 2004년 2월 어느 기자가 찾아와 이야기하는 가운데 던진 우스갯소리였다. 이는 단순히 우스갯소리가 아닌 뼈 있는 문제제기였다.

우리 대부분이 알고 있는 바와 같이 인구문제로 유명한 이는 토머스 맬서스다. 1700년대 후반 영국에서 산업혁명을 겪으면서 많은 인구가 도시로 몰려들었다. 갑자기 늘어난 도시 인구는 도시 빈민의 문제를 낳았다. 이들은 삼시 세끼 먹는 것을 염려해야만 하는 상황이 되었다. 이런 상황에서 맬서스는 그 유명한 인구론을 내놓았다.

"식량은 산술급수적으로 증가하지만, 인구는 기하급수적으로 늘어난다."

인구의 폭발적인 증가와 이들을 먹여 살릴 식량 부족의 문제를 무섭게 경고한 것이었다. 그러나 유럽에서 인구는 기하급수적으로 늘지 않았다. 반면에 산업화와 농업기술의 발전으로 식량의 생산은 비약적으로 증가했다. 결국 그의 유명한 인구론은 옳지 않다는 것이 입증되었다. 인구 문제에 관한 한 맬서스는 지나친 비관론자였던 듯하다.

그러나 맬서스의 인구론은 우리나라에서 얼마 전까지만 해도 금과옥조였다. 밀레니엄 세기인 21세기에 이르기까지 우리나라 인구정책의 이론적 기조는 그의 인구론이 바탕이 되어 왔기 때문이다. 그의 이론은 우리나라 인구 증가에 대한 국민적 경각심을 일깨우기에 충분했다. 6.25 전쟁을 겪은 이후 1960년에 우리나라 출산율은 무려 6.0명에 달했다. 정부는 가족계획 사업을 다부지게 시작했다. 애를 덜 낳는 계몽운동부터 시작했다. 60년대 가족계획 표어는 '덮어놓고 낳다 보면 거지꼴을 못 면한다.'였다. 1970년대에는 '딸 아들 구별 말고 둘만 낳아 잘 기르자'였다. 1980년대 들어서는 '둘도 많다'며 한 자녀 하나 갖기 운동이 점화됐다.

한번 시작된 정책과 제도는 경로종속성path dependency이 있다는 것이 정설이다. 이는 정책이나 제도가 한번 일정한 형태로 경로를 잡아 뿌리를 내리면 나중에 그 경로가 비효율적이거나 올바르지 않다는 것을 알고도 여전히 현행의 상황status quo에서 벗어나지 못하거나 벗어나기 어려운 경향을 말한다. 필자는 이러한 경로종속성을 보여 온 대표적인 정책 사례의 하나가 우리나라 인구정책이라고 생각한다. 산아제한의 인구정책은 세기가 바뀔 때까지 계속되었다. 너무 뒤늦게 이러한 정책의 문제점을 인식하게 됐다. 맬서스의 인구론이 이제는 더이상 올바르지 않다는 사실을 너무 늦게 인지한 것이다. 출산율이 2.1명 미만으로 떨어진 1980년대에는 정책 전환이 이루어져야만 했다. 밀레니엄의 세기가 바뀌는 2000년에 출산율은 이미 1.47명 수준으로 떨어져 있었다. 이는 밀레니엄 베이비의 출산에 대한 붐으로 일시적인 증가현상이 보태어진 수치임에도 그렇다. 1999년에는 이보다 더 낮은 1.42명이었다.

필자는 노인복지정책과장으로 부임하자마자 "저출산고령사회기본법"을 만들고, "고령친화산업진흥법"의 제정을 추진했다. 노인 치매와 중풍환자를 사회적으로 돌보기 위한 "장기노인요양보험법제도"를 기획하고 이를 법으로 성안하는 작업도 동시에 추진되었다. 새로운 법을 만들고 법에 근거하여 새로운 제도가 시행되었다. 평생 잊을 수 없는 큰 보람의 하나였다. 이미 늦을 대로 늦었지만 정책의 방향을 180도 바꾸는 대전환의 의미를 갖는 것이었다. 저출산의 문제를 극복하고 고령사회에 적극 대응하는 정책 전환의 이정표였다.

이러한 제도의 정비를 바탕으로 출산을 적극 장려하고, 노인문제에 종합적으로 대처하는 '저출산고령사회 기본계획'을 만들어 시행한지 이제 10년이 지났다. 그러나 이미 때 늦은 정책의 전환은 순응비용conformity cost과 기회비용을 너무 크게 하는 상황이 지속되고 있다. 한 번 떨어진 출산율의 극복은 백약이 무효인 듯 해 보인다. 출산율은 1.2명 수준에 머물고 있다. 저출산의 경향과 맞물려 진행되는 고령화는 그 가속도를 더해 가고만 있다. 이는 이웃 일본이 경험했던 것보다도 더 빠른 속도로 우리사회의 인구구조가 역逆피라미드형으로 바뀌고 있다. 우리 사회가 아주 짧은 기간에 압축compressed적인 고도의 성장을 이루어 왔듯이 이제는 압축적인 고령화高齡化의 길을 가고 있다. 세계보건기구WHO는 고령화를 "조용하게, 그러나 가속도가 붙어 진행되는 사회혁명"이라고 보고 있다. 전문가들은 이러한 초고속의 고령화에 대해 "인구 지진사태"가 우리 사회를 엄습해 오고 있다고 경고하며, 그 의미와 심각성에 제대로 대처하지 못하면 우리 경제가 "고령화의 덫trap"이라는 저성장의 늪에 빠질 것을 우려한다.

이쯤 되면 평균수명이 늘어나는 고령화는 개인적 차원에서는 행복일 수 있으나 경제 · 사회적 측면에서는 재앙이라고도 말할 수 있을 것이다. 다시 말해서 그간의 고도의 경제발전이 전후 baby-boom 세대의 젊은 인구에 의한 디딤돌이 되는 "인구의 보너스bonus"이었다면, 이제는 발전의 걸림돌이 되는 "인구의 오너스onus, 부담"가 될 것이기 때문이다. 일할 수 있는 청장년층은 줄어드는 반면 경제활동에서 은퇴한 고령자는 급격히 증가하기 때문이다. 최근 공무원 연금과 국민연금의 개혁을 둘러싼 뜨거운 논쟁이 이러한 상황을 이미 반증하고 있다.

저출산의 극복과 고령화에 대응하는 정책의 효과가 짧게 잡아도 십수 년이 걸리는 것을 감안할 때 효율적이고 체계적으로 대응하는 정책적 노력의 중요성은 아무리 강조해도 지나침이 없다는 생각이다.

세계보건기구(WHO) 집행이사회 부의장으로

필자는 2013년 5월부터 세계보건기구WHO 집행이사Executive Board Member로 일하고 있다. 그리고 그 활동 3년차인 2015년 5월 집행이사회에서 이사회 부의장으로 선출되었다. WHO의 집행이사, 그리고 그 의장단의 부의장이 되었다는 것은 개인적으로는 큰 영광이다. 개인적인 영광에 앞서 책임감과 의무감을 느끼기도 한다.

고등학교 역사에서도 배웠듯이 WHO는 UN 산하의 가장 큰 국제기구의 하나이면서도 세계 인류의 보편적인 건강증진과 질병의 예방을 위한 보건의료정책 방향을 제시하여 이를 각 회원국에 권고하고 집행을 독려하는 것이 기본적인 역할이고 사명이다. WHO의 기능과 역할은 그 헌장에서 잘 설명되고 있다. 한마디로 세계의 모든 인류가 가능한 한 최고의 건강수준에 이르도록 하는 것을 목표로 하고 있다. 세계적으로 194개국을 회원국으로 하고 있다. 정치적인 색채를 최대한 배제하면서 인간의 가장 기본적인 삶과 질병의 예방 등 인간의 건강에 관한 문제를 다루기 때문에 UN의 어떤 다른 기구보다도 회원 수가 가장 많다. UN 자체의 회원국보다도 많다.

WHO의 집행이사회는 194개 회원국 중 34개 국가 34명의 이사로 구성된다. 임기는 3년이다. 집행이사는 그야말로 WHO를 움직이는 최고의 의사결정 및 집행기구governing bodies이다. 집행이사회는 WHO 사무총장Director General과 6개 지역사무소Regional Office의 지역처장Regional Director을 선출한다. 집행이사회는 WHO의 모든 정책과 예산의 수립과 집행을 다룬다. 더 나아가 보건이나 의료와 관련된 모든 의제를 다룬다. 우리의 관점에서는 다소 극단적인 것이라고 생각할 수도 있는 대표적인 한 예를 들어보자. LGBT 문제가 2013년 및 2015년 5월 이사회에서 집중적으로 논의되었다. 정식 의제agenda로 채택할 것인가 말 것인가를 두고 찬성과 반대가 극명하게 대립되었다. 이 LGBT는 레즈비언lesbian과 게이gay, 동성연애자bisexual 및 성전환자transformer 등 성적 소수자들을 지칭하는 것으로 이들에 대한 건강과 인권문제를 WHO차원에서 공식적으로 검토할 것인지에 대한 찬성과 반대의 논의였다.

또한 2015년 1월 집행이사회 기간 중에는 기니, 라이베리아, 시에라리온 등 서아프리카를 중심으로 창궐하고 있는 에볼라ebola의 범세계적인 대응을 위한 특별회의Special Session가 이사회와는 별도로 개최되었다. 특별회의는 WHO가 창설된 이후 이번이 3번째라 하니 에볼라 위기상황에 대한 세계인의 우려와 경각심이 얼마나 큰 것이었는지를 잘 보여준다. 이 특별회의에서 향후 에볼라 같은 감염성 질병이 창궐하는 비상사태에 대비하기 위해 기금을 마련하는 등 매우 포괄적인 결의안Resolution을 만장일치로 채택했다. 이 결의안에는 안전하고 효과적인 백신·치료제의 조속한 개발은 물론 비상 상황 시 최전선에서 일할 의료진을 빠르게 모집해 현장에 파견하도록 관련 절차를 효율화하는 방안도 포함하고 있다.

에볼라가 집중적으로 발생하였던 서아프리카 3국의 위기상황은 이들 국가의 보건의료시스템의 열악함을 여실히 보여주었다. 국제사회의 전폭적인 지원을 받은 이들 국가는 소중한 배움의 교훈이 되었을 것이다. 한편으로 우리나라를 포함해 에볼라가 발생하지 않은 국가들은 에볼라와 같은 또 다른 감염성 질환의 출현과 유행에 대비하여 사전적으로 효율적인 응급 및 대응체계Emergency & Preparedness를 갖추고 있어야 한다는 교훈을 주고 있다. 최근 우리나라가 겪은 메르스MERS는 이러한 중요성을 실질적으로 잘 말해주고 있다.

필자는 2002년부터 2004년까지 스위스 제네바의 WHO 본부에서 직접 근무한 경험이 있다. WHO 내 인도지원국EHA; Emergency & Humanitarian Action에서 아태지역WPRO 및 유럽지역EURO 책임관Desk Officer 역할이었다. 지진과 태풍 등 자연재해natural disaster뿐만이 아니라 이라크전쟁과 같은 인위적인 재해man-made disaster가 발생한 경우 응급적인 의료장비와 의약품 등을 긴급히 지원하여 생명의 피해가 최소화되도록 돕는 역할이었다. 또한 아프리카의 최빈국과 북한과 같은 경우에는 그 국민들이 최소한 인간다운 생활을 할 수 있도록 UN의 모든 기구가 공동으로 분야별로 매년 지원하는 프로그램도 운영했다. 예컨대 WHO는 필요한 의약품과 건강진단 세트kits를 지원하고, UNICEF유엔아동기금는 아동 문제를 지원하며, WFP유엔세계식량계획는 필요한 최소한의 식량을 지원하는 방식이다.

필자가 WHO 집행이사가 되게 된 것은 WHO에서 근무한 경험도 중요했지만 국제사회에서 우리나라의 위상이 높아지고 아울러 국제

사회에 대한 기여를 꾸준히 확대해 온 결과일 것이다. 현재 WHO는 회원국들의 보편적인 의료보장UHC: Universal Health Coverage체계의 구축을 적극 지원하고 있다. 이 보편적인 의료보장은 쉽게 말하면 모든 국민이 접근 가능한 의료체계를 말한다. 우리나라의 건강보험제도와 의료급여제도가 그 대표적인 모범 사례이다. WHO를 통해 우리나라 보건의료정책에 대한 보다 바람직한 시사점을 얻을 수 있고, 또한 우리나라 보건의료정책제도와 그 경험을 다른 국가에 전달할 수 있는 계기도 찾을 수 있는 것이다.

청와대 비서의 의도되지 않은 일탈, 한지(韓誌)사건

필자는 2005년 2월 청와대 대통령 정책실 사회정책을 담당하는 행정관으로 자리를 옮겼다. 참여정부시절이었다. 참여정부는 정부정책에 대한 홍보와 부동산정책 등 2가지에 특별히 집중적으로 치중했다고 보는 것이 필자의 생각이다. 정책의 홍보를 위해 국정홍보처를 신설했었다. 부동산 정책은 참여정부의 운명을 걸었다고 할 정도로 정부 출범 초기부터 강력한 드라이브를 걸어갔다. 부동산 정책이라지만 간단히 말해서 부동산 투기억제 정책이었다고 해도 크게 틀린 말은 아닐 것이란 생각을 한다. 부동산 투기는 망국병으로 등식화하면서 그 망국병을 잡겠다는 일념으로 모든 가능한 정책을 추진했다. 그래도 부동산 가격은 계속 올랐다. 아파트 값은 천정부지로 뛰었다. 시시각각으로 청와대와 정부는 전가의 보도인양 온갖 정책을 만들어 냈다. 공급보다 수요억제에 정책의 중점이 두어졌다고 생각한다. 종합부동산세의 도입이 대표적인 것이었다. 또한 어려운 용어이기는 하지만 주택담보인정비율제도LOT와 총부채상환비율제도DTI와 같은 부동산 금융규제 수단의 도입도 같은 맥락이다. 당시 대통령의 의중을 읽어내며 부동산 투기 억제책을 총 지휘하다시피 한 당시 청와대 실장은 '헌법을 개정하는 것처럼 바꾸기 어려운 정책을 만들겠다.'고도 했다.

당시 사회정책을 총괄하는 사회정책수석 밑에서 보건의료분야와 복지를 총괄했던 필자는 그해 6월말 어느 날 모 경제신문의 기자와 저녁을 먹으며 세상 돌아가는 이야기를 할 기회가 있었다. 직전 노인복지정책과장으로 일하면서 알고 지내던 기자였다. 부처의 기자실은 폐쇄를 하면서도 관료들은 기자를 만나 밥을 먹고 술을 먹으면서라도 정부의 정책을 설명하고 홍보하라는 것이 적극 권장되던 시점이었다. 이야기는 당연히 가장 뜨거운 정책이슈이고 국민들의 관심사이기도 했던 복지와 부동산 정책에 대한 이야기가 주류였다.

필자의 논지는 대충 이러했다. 40대 중장년층은 80년대 중반에 경제활동에 참여하여 이제 20년 안팎의 경제활동을 하고 있는 계층이다. 이들은 급속한 고령화속에서 60세에 퇴직을 해도 평균 25년 이상을 노후로 살아야 한다. '사오정'이나 '오륙도'라는 신조어가 회자되는 요즘의 상황에서는 30년이나 40년을 노후 대책 없이 살아야 할

지도 모른다. 국민들은 긴긴 노후를 불안해하고 걱정하면서도 건강하고 멋지게 살아야 한다는 생각을 한다. 노후 소득보장 수단인 국민연금은 아직 뿌리를 깊이 내리고 있지 못하니 노후의 적절한 보장 수단이 되지 못할 것이라고 우려한다. 더욱이 재정 안정 문제가 지속적으로 제기되다 보니 그 불안은 더해진다. 이제 남은 방법은 스스로 노후를 준비하지 않으면 안 되겠다는 인식이 절박하다. 긴긴 노후를 위해 스스로 노후대책을 준비해야 한다고 생각하면서 돈을 버는 최고의 수단이 부동산이라고 생각한다. 노후를 위한 준비와 대책도 단연 부동산이 최고라고 생각한다. 이러한 상황과 생각이 국민들을 부동산 열풍으로 몰아가고 있다. 부동산 정책을 경제적인 시각으로만 접근할 것이 아니라 복지정책의 관점에서 접근할 필요가 있다.

몇 일후 그 기자가 일하고 있는 신문의 "한경플라자"라는 코너에 나름 꽤나 설득력이 있어 보이는 글이 실렸다. 제목은 "거꾸로 뜯어보는 부동산 열풍"이었다. 필자는 전만복〈청와대 정책실 사회정책 행정관〉이었다.

"정부의 부동산 정책을 보노라면 경제의 관점에서 경제의 틀로만 풀려고 하는 모습이 조금 답답한 감이 있다. 국민들이 부동산에 그토록 목을 매는 이유를 다른 관점에서 생각해볼 필요가 있지 않을까? 사회보장 또는 복지정책의 관점에서 바라보는 시각이 필요하다. 부동산 가격이 오르고 국민들이 부동산 투자에 열중하는 요인

중 중요한 것은 국민들이 노후를 열심히 준비하고 있고 그 수단이 부동산 투자라는 점이다. 이는 투기가 아닌 '노老테크'라고 보는 것이 더 정확한 이해일 것이다."(중략).

난리가 났다. 홍보수석실에서 매일 아침 언론의 중요사항을 분석하고 스크랩하는데 정부의 핵심정책에 정면으로 반기를 드는 기사가 난 것이다. 대통령은 어떻게든 부동산 열풍은 막아야 한다며 강력한 투기억제정책을 추진하고 있는데 국민들의 부동산 열풍을 투기가 아니라고 하다니!!!! 그것도 그 글을 쓴 사람은 전문가나 학자가 아니라 공무원이었다. 공무원도 '귀가 있어도 듣지를 말고, 입이 있어도 말하지 말아야 한다.'는 대통령의 일개 비서인 행정관이 대통령의 가장 역점적인 정책 중의 하나인 부동산 정책에 반기를 든 것이나 다름이 없었기 때문이었다.

당시 그야말로 천정부지로 치솟는 집값 때문에 서민들의 허탈감은 적지 않았다. 국민들의 부동산 열풍이 투자이든 투기이든 간에 그 열풍을 잠재울 정책은 꼭 필요했다. 그러나 복지정책을 담당했던 필자는 당장의 근시안적 해결책보다는 장기적인 관점에서 다원적으로 접근할 필요성을 복지정책 또는 사회보장의 관점에서 이야기 했던 것이었다. 당시 일본의 상황도 이야기 했다. 일본 경제는 1990년대 초반 이후 벌써 15년 넘게 불황의 터널에서 빠져나오지 못하고 있지 않은가. 이러한 이면에는 90년대 초에 이미 고령사회에 다다른 일본인들의 노老테크 열풍이 자리 잡고 있다. 당시 도쿄의 부동산 값이면 미국 본토 전체를 사고도 남는다고 할 만큼 일본의 부동산 열풍은 대단했다. 인생의 3분의 1을 노후로 살아야 한다고 생각했던 일본인들은 돈이 있어도 쓰지 않고, 부족한 돈은 빌려서 부동산 투자에 나섰던 것이다. 우리보다 훨씬 더 튼튼한 노후 보장 수단을 마련하고 있는 일본인들이 그러했는데, 하물며 안정적인 사회보장제도의 기틀을 잡기도 전에 고령사회에 맞닥뜨린 우리 국민들의 행태는 당연한 것일 것이다. 기사는 다음과 같이 이어지고 있었다.

> "일본에는 '오팔OPAL족'이라는 말이 있다. 이는 고령사회에서 소비의 한 주체로서 건강하고 적극적으로 살아가는 노인들Old People with Active Life을 뜻 한다. 연금이든 부동산이든 노후를 착실히 준비해온 일본 노인들은 노년을 활기차게 살고 있다. 한국에는 아직 오팔족이란 말이 없다. 그러나 이제 우리나라에서도 중장년층의 세대는 그야말로 오팔이라는 무지개를 그리며 이를 좇아가고 있다. 이러한 현상이 노테크를 위한 부동산 투자 열풍으로 나타나고 있는 것이다."(중략)

이야기 끝으로 노후를 스스로 준비하겠다고 야단인 국민들을 투기로 몰 것이 아니라 오히려 칭찬하며 격려를 해 줄 필요가 있다고 했다. 당연히 연금제도를 하루 빨리 개혁해서 든든한 노후보장 수단을 만들어야 한다는 이야기도 덧붙여졌다. 정부는 국민연금 2차 개혁을 추진하고 있는 시점이기도 했기 때문이었다. 기사는 다음과 같이 끝을 맺고 있었다.

> "그러면 해법은 무엇이겠는가? 패러독스로 이야기하자면 자신의 노후를 정부에 의존하지 않고 스스로 책임지겠다며 노테크에 열중하는 국민들을 탓할 것이 아니라 오히려 격려해주어야 하지 않겠는가? 아니면 하루 빨리 연금제도를 개혁하여 조기에 안정시키고 보다 두터운 노후 소득보장체계를 구축하는 것이야말로 근본적인 부동산정책의 하나일 것이다."

필자는 이 언론 보도사건을 그 옛날의 '말지사건'에 비견하여 기사를 보도한 언론매체의 첫 글자를 따서 "한지韓誌사건"이라고 나름대로 머릿속에 담고 있다. 당시 민정수석실에서는 이 사건을 엄격히 조사했다. 왜, 어떻게 일개 대통령의 비서가 이런 글을 썼는지에 대한 경위와 배경을 조사했다. 글에 대한 논지와 모든 상황은 최대한 긍정적으로 이해한다고 하더라도 소리 없이 대통령을 위해 일해야 할 비서의 올바른 태도가 아니라며 엄한 징계를 해야 한다고 했다. 이 의도되지 않은 일탈적 사건으로 인해 필자는 그해 8월말 청와대 행정관의 자리를 접고 원래의 부처로 복귀하는 선에서 마무리 되었다. 그래서 기자는 불가근不可近 불가원不可遠이라는 말이 한층 더 실감 있게 와 닿는 필화筆禍의 한 경험사례이다.

워싱턴의 외교관, 정보유출의 징계를 받다!

2008년 10월 23일, 한밤중 심야 새벽녘이었다. 미국 워싱턴DC 인근 북부 버지니아 필자의 집 전화벨 소리가 쉬지 않고 울렸다. 눈을 비비며 일어나 전화를 받았다. 서울 보건복지부 정보화담당관실 직원이라며 옆에 있는 누군가를 바꿔 주었다. 우리나라 대표적인 정보기관의 정보관이었다. 그리고는 전화를 하게 된 상황을 이야기 했다. 지금 워싱턴DC 필자의 집 컴퓨터에서 대외비에 해당하는 정책자료들이 줄줄 새고 있다는 것이었다. 머리카락이 쭈뼛쭈뼛해 지는 전율이 스쳐 지나갔다. 영문을 모르는 상황이었지만 작은 일이 아니라는 생각과 함께 무서운 세상이라는 생각까지도 들었다.

밝혀진 상황 개요는 이러했다. 필자는 2006-07년 보건복지부 한·미FTA지원국장 겸 의약품협상 분과장으로 일했다. 협상이 종료된 2007년 여름 워싱턴DC 소재 주 미국 한국대사관 보건복지관으로 부임했다. 그곳에서 필자의 중요 업무 중의 하나가 한미FTA협상과 관련된 후속조치를 마련하고 진행하는 것이었기에 협상관련 상당수의 자료를 노트북에 담아 가져지고 갔다. 그러던 중 2008년 10월 노트북의 메인보드 그래픽 카드가 나가 쉽게 고칠 수 없는 상황이 되었다. 모니터 화면이 보이지 않는 상태에서 둘째 아들이 하드디스크에 저장된 자료를 내려 받는 과정에서 누구나가 접근이 가능한 인터넷상의 파일 공유사이트를 통해 자료들이 유출될 수 있는 상황이 발생된 것이었다. 이 순간 서울에서 대한민국 정보기관이 이 자료의 유출

상황을 잡아 낸 것이었다.

며칠이 지나자 정보기관의 조사관이 직접 서울에서 워싱턴DC까지 날아 왔다. 문제가 일어나게 된 상황에 대한 경위서를 써 주었다. 열심히 적극적으로 일을 하다가 일어난 것이므로 크게 신경 쓰지 않아도 될 것이라고 조사관은 말했다. 그러나 몇 개월 후 보건복지부에 외교통상부 등 관계부처 합동으로 해당 문건들의 대외비성 여부를 따지는 문건 분류팀이 만들어 운영되고 있었다. 500여건은 족히 되는 여러 자료 중에서 대외비 또는 대외비에 준하는 325건에 대한 자료의 성격을 하나하나 가려내는 작업이었다. 어떤 것은 이미 언론에 홍보된 내용이기 때문에 더 이상 대외비가 아니고, 어떤 것은 국회 청문회 과정에서 이미 노출된 것이기 때문에 이 또한 대외비가 아니며, 어떤 것은 보존기간이 이미 지났기 때문에 대외비가 아니라는 등등 문건별로 대외비에 해당되는지 여부를 분류해 냈다. 결과적으로 17건은 아직도 대외비로 보아야 한다며, 비밀문건 유출의 책임을 물어 필자를 중징계할 것을 보건복지부에 요구했다. 비밀문건에 대한 무단 유출과 관리 부주의로 우리나라 통상협상 전략과 방법이 유출되었고, 국익에 막대한 손실을 초래했다는 이유였다. 그러나 당시 필자는 외교통상부 소속의 외교관으로 신분이 바뀌어 있었기 때문에 징계에 필요한 절차는 외교통상부가 담당해야만 했다. 외교통상부는 한미FTA 협상 과정에서 필자의 활동과 기여를 잘 알고 있었기에 적극적으로 업무를 추진하는 과정에서 부주의로 자료가 유출될 수도 있었던 안타까운 사안이기는 하나 모범적인 공직자를 우대하는 '적극행정면책제도'를 적용해 달라며 선처를 요청하는 의견서를 냈다.

사건이 발생하고도 1년이 훨씬 넘은 2010년 2월 어느 날 중앙징계위원회 출석 통지서가 배달되었다. 사무실에는 휴가를 내고 서울행 비행기에 몸을 실었다. 광화문 청사에서 열린 징계위원회에 출두했다. 위원들에게 사건의 상황과 개요를 조리 있게 설명했다. 일에 대한 열정으로 업무상 필요하다고 판단되는 자료를 가져갔을 뿐 자료유출 등의 의도는 전혀 없었다는 점, 자료가 유출되게 된 상황도 필자가 아닌 아들이란 점, 그리고 이들 자료가 외부에 유출될 수 있는 상황이 발생되기는 했으나 정보기관이 적시에 상황을 인지하고 필요한 조치를 취함으로써 실질적으로 자료의 유출이라고 보기 어렵다는 점과 대외적으로 어떤 피해도 발생되지 않았다는 점 등을 강조했다. 위원들의 여러 가지 질의에는 공손하게 답변을 했다. 위원장에게는 선처를 호소했다. 그러나 위원장의 경고는 따끔했다. 사건의 고의성이 없었다는 것도 인정을 하고, 열심히 적극적으로 일하는 과정에서 일어 난 일이라는 것도 충분히 이해를 한다고 했다. 그러나 공무원은 보안의식도 필요한 것인데, 필자는 보안에 대한 인식이 너무 안이하다며 징계를 받아야 한다는 것이었다. 그러면서 징계 주문을 의결했다.

위원장의 경고성 주문 결정에 필자는 더 이상 말을 하지 않았다. 공직에서 열심히 일하다 보면 상을 받기도 하지만, 일이 꼬여 잘못되면 징계도 받아야 하는 상황에 처하게 된다는 것은 익히 터득하고 있던 터였다. 징계 결정을 달게 받겠다며 인사를 하고 위원회를 나섰다. 공무원으로 일하는 것은 기본적으로 의미 있는 일이지만 잘못되는 경우에는 벌을 받는 상황에도 처하게 된다. 남달리 더 적극적으로 열심히 일하는 사람이 납작 엎드려 복지부동하는 사람보다 다칠 개연성이 더 클 수 있다는 것은 어쩔 수 없는 우리 사회의 한 단면인지도 모를 일이다.

5

공무원은 무엇으로 사는가?

공무원과 국가발전

한국의 발전과 국가중심론

공무원들은 오늘의 대한민국을 만들어 온 중요한 기여집단의 한 세력이었다고 평가를 받아 왔다. 실제 70-90년대 산업화과정에서 관료들이 국가 정책의 추진 주체로 중요한 역할을 해 왔다. 엘리트 집단으로서 우리나라 성장과 발전을 견인하는 정책을 만들고 시행하는 적지 않게 기여를 해 왔다. 모든 공무원이 그랬던 것은 아닐지라도 대다수의 공무원들은 국가가 어려울 때 적은 봉급에도 소리 없이 일해 온 이들이라고 보아야 한다. 나라가 어려울 때에는 누구보다도 위기극복을 위한 선도적인 노력을 계획하고 실제 이끌어 왔다. 이미 고인이 되었지만 부총리와 총리를 지낸 이한빈씨는 우리나라가 고도의 경제성장과 발전을 이루어 낸 주역으로서 관료집단의 공헌과 기여는 결코 낮게 평가 될 수 없는 것이라고 했다. 그는 이들 관료집단을 애국심과 함께 전문성을 갖춘 최고 엘리트의 지식그룹으로 평가했었다.

이러한 국가발전에 관료의 역할을 중시하는 정책이론이 있다. 국가중심론이 그것이다. 이 이론은 동아시아 국가의 경제발전을 설명하는 논리로 국가의 제도적 능력에 초점을 맞추고 있다. 특히, 학자들은 전후 일본의 비약적인 경제성장에 주목하여 자본주의 발전국가 capitalistic development state라는 개념을 발전시켰다. 자본주의 발전국가의 중요한 특징은 국가가 경제와 사회문제에 광범위하게 관여하는 것이다. 시장의 원칙을 지켜가면서도 자원의 배분과정에 깊숙이 개입하고, 기업의 투자 결정에 관여한다.

정부가 주도하는 개발연대에 우리 공무원들의 보수는 매우 열악했지만 승진과 명예, 퇴직 후 재취업 등의 인센티브를 주면서 우수인재를 공직분야에 유입시켜 나라 발전의 동력원으로 활용해 왔다. 공무원의 등용문으로써 고시제도도 과거 우리나라의 성장과 발전과정에 의미 있는 역할을 했다고 평가될 수 있다. 정부가 주도적으로 성장과 발전을 추구했던 시기에 공무원들은 그 핵심적인 역할로 짧은 기간 동안에 압축적인 고도성장을 이루어 내는데 견인차 역할을 해 온 것이다.

이러한 정부가 주도해 온 대표적인 정책 사례 하나를 든다면 필자는 사회보험제도로써의 우리나라 건강보험제도를 꼽는다. 1977년 근로자 500인 이상 사업장을 적용대상으로 시작한 건강보험제도는 제도 시작 12년만인 1989년에 모든 국민이 적용되는 건강보험을 완성하였다. 이는 독일의 127년이나 일본의 36년에 비해서도 훨씬 짧은 기간에 이루어 낸 것이다. 100년 이상의 개혁을 추진해 온 미국은 오바마 정부에 들어서야 가까스로 개혁을 이루어 냈으나 아직도 모든 국민이 적용되는 보험제도는 요원하다. 이러한 외국 사례의 비교는 정부와 그 관료의 역할이 얼마나 중요하게 작용하는가에 대한 명백한 반증이라고 필자는 생각한다.

그러나 그러한 평가는 점차 없어져 가고 있는 듯하다. 그간 국가의 성장과 발전에 기여한 중요한 자산asset으로 평가되어 왔던 공무원들이 이제는 오히려 부담덩어리처럼 비추어지고 있다. 그러나 필자는 아직도 지난 과거의 발전연대와 마찬가지로 공직자로서의 강한 소명의식을 바탕으로 맡겨진 업무를 착실히 수행하는 공무원들이 대부분이라는 점을 말하고 싶다. 이들이 비판받을 만한 사회적 상황이 없는 것은 아니지만 이들을 마치 마피아와도 같은 범죄 집단처럼 각인시키고, 연금재정이나 축내는 사람들로 인식되게 하는 것은 올바른 것이 아니라고 필자는 생각한다. 세상의 온갖 유혹에 흔들리지 않고 주어진 역할을 열심히 수행하는 공무원들의 자존심을 밟아버리는 지나친 비판은 사회 전체적으로 바람직스럽지 못하다. 신뢰적자의 상태나 다름이 없는 정부의 신뢰회복을 위해서는 물론이거니와 갈등을 치유하면서 사회의 화합을 이루어 나가기 위해서라도 모든 공무원들을 죄인시하는 것은 이로울 것도 없고 바람직스럽지도 못하다는 생각이다.

국가의 기원과 본질

"국가의 기원은 무엇이며, 그 본질은 무엇인가?"

너무나 거창하고 무거운 질문이다. 이정도 되면 플라톤과 아리스토텔레스, 마르크스와 엥겔스부터 논하고 들어가야 할 것이다. 국가의 성립에 관한 계급지배설과 사회계약설부터 설명을 해야 할 것이다. 그러나 이러한 설명은 흥미가 없다. 흥미가 없는 것은 차치하고, 솔직히 필자는 이러한 철학적인 물음에 답하고 논할 만큼 식견도 없고 능력도 없다. 필자는 이와 관련된 수많은 역사적인 학설과 이론조차를 알지 못한다.

그러나 크게 상식적으로 이해하면 전근대사회에서 국가는 마치 군주의 것처럼 여겨졌으나 시민혁명을 거치면서 이제는 국가가 국민의 것이 되었다는 점은 분명하다. 국가 지도자는 국민들이 선거를 통해 선출하고, 필요한 재원은 국민들의 세금으로 충당하는 기본적인 원칙이 만들어진 것이다. 오늘날 우리 사회에서 국가를 그 목적과 존재 이유라는 측면에 중점을 두고 짚어 본다면 국가는 국민들의 삶을 지키고 행복을 증진시키는 봉사체계로 보아야 할 것이다. 이 경우에도 국가라는 체계system 자체에 중점을 둘 것인지, 아니면 그 구성원이 되는 국민에 중점을 둘 것인지에 따라 달라질 수 있다. 국가를 국민의 공동체라고 생각하여 국가에 대한 국민의 복종 의무를 강조하게 되면 이는 여전히 전체주의처럼 되어 국민의 권리는 과소평가

되고 취약해지게 될 것이다. 반대로 국가를 구성하는 국민 개개인에 그 중점을 두게 되면 국가는 국민 개개인의 권리를 지켜주는 제도적인 체계로 볼 수 있을 것이다.

국가는 어느 한 집단이나 계층을 행복하게 만드는 것이 아니라 모든 국민이 최대한 행복하도록 만드는 것이 본질이고, 목적이라고 생각한다. 국가를 이루는 국민에는 다양한 여러 계층이 있을 수밖에 없다. 모든 사람이 동일한 능력을 가지고 있지도 않고, 똑같이 노력하지도 않기 때문이다. 국가는 이러한 다양한 잠재적인 능력을 지닌 국민들이 그들의 삶의 과정에서 최대한 삶의 의미를 찾고 행복감을 갖도록 하는 것이 그 본질일 것이다. 그러나 국민들의 행복이란 매우 주관적인 것이 아닐 수 없다. 따라서 국가가 국민을 행복하게 하는 것은 여간 어려운 문제가 아니니다. 그러나 국가는 국민들이 주관적으로 느끼는 행복에 대해 그것을 더욱 더 많이 느낄 수 있도록 최대한 객관적이고 공정한 시스템으로 보호하고 지켜주어야 한다.

결국 아주 쉽게 말해서 국가의 본질은 그 구성원인 국민의 삶과 행복을 위한 것이지, 국가의 체계 속에서 권력을 잡은 이들의 이익을 지켜주기 위해서는 절대 아닐 것이다. 국가의 체계를 운영하는 과정에서 정치인들과 공무원들에게 주어진 법적인 권력과 권한이 있다고 한다면, 이는 어떤 경우에도 국민의 삶과 행복을 지켜주는 서비스 제공자로서 봉사를 위한 필요 최소한의 도구일 뿐이다.

정부의 역할은 어디까지!!!

앞에서 제기한 "국가의 기원과 본질"에 이어 또 다른 하나의 기본적인 문제를 제기해 보자.

정부란 무엇이며, 누구를 위해 존재하는가???

이러한 문제는 필자가 제기하는 것이라기보다는 세월호 침몰 참사의 구조과정을 지켜본 국민들이 하나같이 제기해 보았을 질문이었을 것이라고 필자는 생각한다. 지금까지 우리 국민들은 개개인의 삶의 과정에서 최소한의 행복과 안전을 찾도록 국민의 생명과 건강을 지키고 보호해 주는 것이 정부의 가장 기본적인 역할이라고 생각하고 또 그렇게 믿어 왔을 것이다. 그러나 세월호 침몰 참사를 겪으면서, 이는 표면적인 명분에 불과하고 사실은 진실이 아니었다고 자답自答했을 국민들이 많았을 것이라는 점을 생각하게 된다. 500명이 넘는 귀중한 생명이 탄 배가 침몰해 가는 상황에서 그 배에 운명을 맡기고 있는 목숨을 제대로 구해 내지 못한 정부의 무력함을 지켜본 국민들은 분명히 이렇게 느끼고, 이렇게 자답했을 것이다. 이는 학생들을 움직이지 말라며 침몰하는 배에 붙잡아 놓고 자기들만 먼저 탈출해버린 선장이나 선원들의 행동과 다를 것이 없다고 국민들은 느꼈을 것이다.

세월호 침몰 참사의 가장 큰 피해는 감히 수치로는 계산될 수 없는 귀중한 생명들을 잃었다는 점이다. 그리고 필자는 이와 같은 피해에 헤아리기 어려운 피해 하나를 더 감안해야 한다고 생각한다. 다름이 아닌 정부에 대한 신뢰의 상실이다. '정부란 무엇이며, 누구를 위해 존재하는가.'에 대한 물음에 지금까지 우리 국민들은 그들이 믿고 생각해 왔던 것이 사실이 아니었다는 답을 얻게 됨으로써 정부에 대한 국민들의 신뢰가 무참히 무너져 내리게 되었다는 점이다.

일부 공무원들은 세월호 침몰 참사의 직 · 간접적인 원인을 공무원들의 비정상적인 관행이나 민관유착의 결과로 보는 것은 타당하지 않다며 불만을 제기하기도 한다. 그리고 그들에게 가해지는 비판과 그로 인해 공직사회에 불어 닥친 엄동설한과 같은 한파의 영향을 더 크게 염려하는 공무원들도 있을 것이다. 그러나 귀중한 생명을 잃은 것과 정부에 대한 국민들의 신뢰가 무참히도 추락해 버린 것과 비교한다면, 이는 피해의 축에 끼지도 못하는 아주 하찮은 것에 불과한 것이다. 20여 년 전 어느 기업의 회장이 "기업은 이류이고, 행정은 삼류이며, 정치는 사류"라고 지적했던 상황이 아직도 변함없이 그대로라는 생각이다. 국민의 생명과 안전을 지키고, 국민이 행복을 느끼게 하는 것이 정부의 기본적인 역할이고, 그것이 존재의 이유라면 우리 행정은 아직도 여전히 삼류로 보아야 할 것이라는 생각이 든다.

정부가 기본적인 존재의 이유를 찾고, 정부가 그 역할을 제대로 하기 위해서는 정부 만능주의에서 벗어나야 한다. 정부가 의도하고 기획하는 대로 모든 것을 정해서 끌고 나가는 식의 정책, 소위 공정

公定의 정책은 이제 더 이상 통용되기 어렵다. 이제 우리 사회는 더 이상 공정公定의 사회가 아니니다. 정부가 모든 것을 할 수 있는 시대는 지났다. 무엇이든 생각하고 기획하여 힘으로 밀어 붙여 추진할 수 있는 시대는 지났다. 과거 발전연대에는 가능했고 그것이 오늘의 대한민국을 만들어 온 원천으로 평가될지라도 이제는 더 이상 이러한 방식은 바람직하지도 않고 가능하지도 않다.

이제는 국민이 중심이 되어야 한다. 국민들의 의견을 들어 국민이 원하는 정책을 국민과 함께 가야 한다. 고도로 복잡해진 현대 사회에서 정부의 기본적이고 가장 중요한 역할은 국민들이 삶의 과정에서 안전하고 행복을 느낄 수 있도록 하는 것에 두어져야 한다. 이를 위해 중요한 것은 밤거리의 치안이고, 국가적인 안보일 것이다. 모든 국민들이 최소한 인간다운 삶이 가능하도록 저소득계층과 취약계층을 돌 볼 수 있는 사회안전망을 구축하고 이것이 국민들의 안전과 행복을 위해 작동되게 하는 것일 것이다.

아울러 우리 국민들도 정부가 모든 것을 해주어야 한다고 너무 크게 기대하거나 요구하는 경향이 있다면 이러한 생각도 바뀌어야 한다. 국민들은 어떤 사건이 터지고, 문제가 되는 상황이 발생되면 그 원인과 원칙을 따지지 않고 정부가 해결해 줘야 한다고 생각하는 경향이 강하다. 국민들은 정부에 대고 대책을 요구한다. 여기서 나오는 대책은 결국 규제 위에 더 큰 규제를 만드는 것이 된다. 정부가 항상 규제를 풀고 줄인다고 하면서도 규제가 줄지 않고, 더 강도 높은 규제가 계속 늘어나는 원인인 것이다. 결국 정부는 국민들의 책임성과 창의성을 약화시키고, 기업의 자율과 책임을 점점 더 간섭하는 상황이 만들어지게 되는 것이다.

공직사회 관료의 특성과 국민들의 생각

원래 관료제는 긍정적인 의미를 갖는다. 엄격히 위임된 권한과 잘 배분된 업무 수행체계로 조직의 목표를 능률적으로 이루고자 하는 것이 관료제이다. 정부든, 민간 기업이든 큰 조직을 운영하기 위해서 관료체계는 필요하다. 어떤 민간 조직보다도 크고 복잡한 정부 조직이 효율적으로 돌아가고, 정부의 기본적인 역할을 제대로 할 수 있도록 하기 위해 관료제는 불가피하다.

그러나 우리 국민들이 생각하는 관료제는 일반적으로 긍정적이라기보다는 상당히 부정적이라고 생각된다. 국민들은 공무원들을 생각할 때 일반적으로 관료주의와 권위주의를 한데 묶어 생각한다. 요즈음은 여기에 더하여 철밥통과 무사안일을 이야기한다. 또한 전관예우나 낙하산과 같은 용어도 마찬가지이다. 그러면서 공무원들의 부패를 떠올리기도 한다. 왜 이렇게 되었을까?

우선 공무원들은 아직도 그들이 국가주도의 성장과 발전을 이루어 낸 주역이라는 의식이 잠재되어 있는 듯하다. 그리고 그들은 일반 국민들보다 우수하거나 뛰어나다고 생각하는 경향도 있다. 물론 강학적講學的으로도 관료는 일반 대중보다 특정 지식과 경험이 많다고 인정되어 국가 의사결정 과정에서 보다 큰 영향력을 가진 사람들로 정의되기는 한다. 그러다보니 국민들이 하는 이야기를 적극적으로 받아들여 바꾸려는 생각이 강하지 않다. 우리 공직사회가 새로운 환경의 변화에 맞추어 나가기보다는 그 변화를 주저하고 조직 내부의 문화와 관행에 안주하려는 성향도 없지 않다.

또한 일부 기업은 아직도 정부를 상대로 한 로비를 통해 비정상적인 이익을 손쉽게 얻으려고 하는 경향이 남아 있다는 생각을 하게 되는 경우도 있다. 이들 기업과 경영자는 공정한 경쟁과 혁신의 노력보다는 정부가 내 놓는 자원의 배분에 그들 기업의 몫이 조금이라도 더 커지도록 하는 것에 몰두한다. 결과는 이들 기업과 공무원들이 만나 서로의 이해를 주고받는 민관유착의 생태계가 만들어지는 환경이 될 수 있는 것이다.

그러나 이제 21세기 민주사회의 관료제 하에서 바람직한 공무원의 모델은 그 옛날 군주시대의 권위적인 가신家臣이어서는 절대 안 된다. 특정 기업의 이익을 만들어주는 사적인 역할을 해서도 안 된다. 헌법에서 규정하고 있는 대로 국민의 공복公僕이고, 국민을 위한 봉사자이어야 한다. 불편부당不偏不黨하고 공명정대公明正大한 공직자이어야 한다.

"경제발전과 민주화를 했더니 가장 좋아진 사람이 공무원과 공기업 근무자란 얘기가 있다."

지난 정부에서 어느 부처의 장관이 했다는 말씀이다. 언중유골言中有骨의 의미가 담겨져 있다고 생각된다. 액면 그대로라면 국민의 몫이 되어야 할 발전의 과실이 특정 집단에게 돌아가고 있다는 이야기가 된다. 일전 청와대 비서실에서 같이 근무했던 당시 행정자치부 모 서기관은 "관료가 바뀌어야 나라가 바로 선다."라는 책을 썼다. 책 제목만으로도 촌철살인寸鐵殺人이다. 세월호 침몰 참사의 비극을 겪은 우리 국민들이 이 언중유골, 촌철살인의 말을 마음속에 담고 있다는 생각을 한다면, 공무원들은 이제 마음과 행동이 완전히 새롭게 환골탈태換骨奪胎해야 한다는 생각을 하게 된다.

공무원의 올바른 길,
정도(正道)

공무원의 정도(正道)는 무엇인가???

필자가 다닌 고등학교의 교훈은 정도正道였다. 정도는 올바른 길이요, 가야할 길이다. 지금도 그 교훈은 변함이 없다. 배움의 장에서 이 정도라는 글귀보다 더 훌륭한 가르침은 없을 것이기에 우리나라 교육 현장에서 더 좋은 것을 찾을 수 없는 최고의 교훈이라는 생각을 한다. 고등학교 친구들 중에 기업체 회장은 고사하고 돈 꽤나 잘 번다는 사장님이 하나 제대로 없다. 눈을 뜨고 있어도 코를 베어간다는 말이 틀린 말이 아닐 정도로 불합리와 비이성이 판치는 이 험난한 사회에 우리 친구들은 학교의 교훈대로 정도를 따라 너무 정직하게만 살아서 그런가 하는 어리석은 생각을 할 때도 있다.

그러면 공무원의 올바른 길이고 가야 할 길은 무엇인가?
즉, 공무원의 정도正道는 무엇인가?

공무원은 국민과 국가를 위해 일하는 봉사자奉仕者이며, 이를 위해서는 높은 도덕성과 냉철한 사명감이 필요하다. 그러기에 '공무원으로서의 도덕성과 사명감을 갖추고 국민과 국가를 위해 봉사하는 것'이 공무원의 정도일 것이라고 필자는 생각한다. 국민에게 행정서비스를 베푸는 봉사자로서 공무원의 도덕성은 가장 기본적인 덕목 중 하나이다. 국민을 위한 정부의 정책을 결정하고, 그 정책을 집행하는 과정에서 실질적인 책임과 권한을 행사하게 되는 공무원들은 일반 국민에 비해 높은 도덕성이 요구되는 것은 너무도 당연하다. 요즈음 언론에 회자되고 있는 관피아와 정피아 등의 온갖 부정적인 용어에서 보듯이 공직자들에 대한 국민들의 평가와 신뢰가 무너져 내리고 있는 상황에서 자기 관리를 철저히 고위 공직자 등 사회지도층에 오를 수 있다는 사회적인 공감대가 만들어져야 한다. 국무총리와 장관 등 고위공직자의 임명 시 엄격한 검증 절차를 거치는 것도 이러한 이유 때문인 것이다.

사명감은 자신에게 부여된 업무에 대한 책임감이다. 다시 책임감은 자신에게 맡겨진 일에 원칙을 지키면서 그 목적을 이루어 내는 일처리 자세일 것이다. 이렇게 보면 사명감과 책임감은 동의어에 가깝다. 특히 공무원들에게 있어 책임감과 사명감은 동일어로 보아도 무방하다는 생각이다. 누누이 이야기한 것이지만 공직은 국민을 돕는 봉사의 자리이다. 공무원은 국민의 행복과 안전을 위해 봉사하겠다는 열정이 있어야 한다. 이것이 공무원으로서의 사명감일 것이다. 권력자나 자신의 상사에게 영혼을 팔지 않는 공무원이 되기 위해서도 사명감이 없지 않으면 안 된다. 공무원으로서 사명감이 강한 사람은 시류와 상황에 부하뇌동하지 않기 때문이다.

공무원의 고용주는 국민이다!!!

공무원의 임용주체는 누구일까?

즉, 공무원의 고용주employer는 누구인가?

필자는 1983년도에 행정고시에 합격하여 그 이듬해인 1984년 졸업과 동시에 공무원으로 임용되었다. 그리고 지난 해 7월까지 30년이 넘는 기간 동안 공직생활을 해 왔다. 필자는 임용 당시 대한민국 대통령 이름으로 임명장을 받았다. 그러면 필자의 고용주는 임명장을 수여한 대통령인가? 답은 '아니다.'이다. 현재의 법 규정으로 풀어보면 필자의 고용주요, 사장님은 대통령이 아닌 국민으로 보아야 할 것이다.

좀 지루하고 딱딱한 이야기가 되겠지만 엄격히 따져보기로 하자.

"주권은 국민에게 있고, 모든 권력은 국민으로부터 나온다."

이는 우리 헌법constitution의 규정이다. 그것도 130조나 되는 장문의 헌법 중에서도 맨 먼저 제1조에서 규정하고 있다. 헌법은 또 무엇인가? 헌법은 그야말로 국가의 본질과 기본적 가치에 대한 국민적 합의를 규정하고 있는 가장 기본이 되는 법이라는 것은 누구나 다 알고 있는 상식에 속한다. 국가의 모든 법 중의 기본법인 헌법 제1조에서 이를 규정하고 있는 것은 이 규정이 무엇보다도 가장 중요한 가치라고 보고 있기 때문일 것이다. '주권이 국민에게 있고, 모든 권력은 국민으로부터 나온다.'는 의미는 아주 이해하기 쉽게 말하면 국민이 이 나라의 주인이라는 것을 선언하고 있는 것이다.

이어서 헌법 제7조는 다시 다음과 같이 규정하고 있다.

> "공무원은 국민 전체에 대한 봉사자이며, 국민에 대하여 책임을 진다."

공무원은 중앙정부나 지방자치단체에서 일하는 사람들이다. 정부나 지방자치단체가 실제 사람처럼 스스로 의사결정을 하고 그것을 실행에 옮길 수 없기 때문에 이 조직체를 대신해 일을 처리하는 사람이 공무원들이다. 한마디로 국민에 의해 직접 선출되거나 임용되어 국민을 위해 국가의 공적 업무를 담당하는 인적 집단이 공무원인 것이다. 국민에 대한 봉사자, 특히 국민 전체에 대한 봉사자로서의 공무원은 대통령과 국회의원도 포함하는 개념이다. 행정부만이 아니라 입법과 사법부의 모든 공무원이 다 포함된다.

한편, 헌법 제78조는 대통령의 공무원 임면권에 대하여 규정하고 있다.

"대통령은 헌법과 법률이 정하는 바에 의하여 공무원을 임면한다."

국민이 선거로 직접 선출한 국가원수로서의 대통령은 헌법이나 법률의 규정에 따라 공무원을 임명하고 해임할 수 있는 법적인 권한을 부여받고 있다. 국가의 주인이며 동시에 국가의 권력자인 국민들이 직접 공무원 개개인을 임명하거나 해임하는 것이 어려우니 헌법이나 법령으로 정하여 대통령에게 공무원의 임면권을 부여해 준 것이다. 다시 말해 국민들이 대통령에게 그 권한을 법적으로 위임해준 것이다. 이렇게 보면 공무원의 실질적인 고용주는 국가의 주인인 국민임이 분명하다.

공무원은 공무원이어야 한다!!!

"공무원은 공무원이어야 한다."

무슨 의미의 말인지 알 듯 하기도 하고, 모를 듯 하기도 하다. 사람들 중에는, 특히 일부 공무원들 중에는 이거 무슨 귀신 씨나락 까먹는 소리냐고 할 사람이 있을 런지도 모르겠다. 이는 도대체 누가 누구에게 하는 말이고, 대체 무슨 의미의 말인가?

필자는 국가의 주인이며, 공무원의 고용주인 국민들의 공무원에 대한 희망의 표현이라고 이해한다. 공무원이 진정으로 공무원답기를 바라는 국민들의 기대이고 소망의 표현일 것이다.

그러면 공무원들, 특히, 요즘의 시대적 상황 하에서 공무원들이 공무원답다는 것은 어떤 의미를 함의含意하는 것일까?

우선, 공무원은 국민을 위한 '봉사자'이다. 즉, 공무원은 국민을 위한 봉사자이기 때문에 봉사자성奉仕者性을 요구받는다. 봉사자성을 요구받는다는 것은 봉사자이어야 한다는 의미를 담고 있다. 공무원의 기본적인 자세이기도 하겠지만 하나의 의무가 되는 것이다. 공무원에 대한 이러한 기본적 요구는 헌법으로 규정하고 있다. 공무원은 국민을 위한 봉사자로서 국민들이 행복과 삶의 기쁨을 누리도록 하는 것이 그 직분이요, 의무인 동시에 가장 공무원다운 자세일 것이다. 한마디로 공무원은 주인인 국민을 위한 봉사자로서 존재하는 것이다. 법에 의하여 살기도 하고, 죽기도 하는 공무원들이 헌법의 규정을 따르고 헌법정신을 존중하는 것은 당연하다할 것이다. 헌법은 국민이 주인이요 권력자이며, 공무원의 고용주임을 규정하고 있다. 따라서 공무원들은 그들의 주인이요, 고용주인 국민을 위해 봉사해야 한다.

둘째로, 공무원은 '국민 전체'에 대한 봉사자이다. 일부 국민이 아니라 헌법의 규정대로 모든 국민을 위한 봉사자로서 존재하는 것이다. 공무원은 어느 누구의 이익만을 위해 일을 해서는 안 되고 모든 국민의 봉사자로서 공정하게 업무를 수행해야 한다. 이러한 헌법의 규정에 따라 국가공무원법 등 공무원의 의무와 윤리를 규정한 법들은 보다 구체적인 기준을 제시하고 있다. 만약 공무원들이 대통령이나 특정 고위 공직자와 정치인을 위해 일을 한다고 가정해 보자. 또한 공무원들이 자신의 친 · 인척이나 관계가 있는 사람들을 위해 일한다고 생각해 보자. 더 나아가 공무원이 부정한 청탁을 받고 특정 기업이나 재력가에게 연줄을 대고 공정하지 않은 방법과 자세로 일을 한다고 생각해 보자. 이는 자신의 고용자인 국민의 뜻을 거스르는 것일 뿐만이 아니라 헌법이나 관련 법령의 규정을 명백히 위반하는 것이다. 공무원들이 직무를 이용해 특정인이나 특정집단에게 부당한 편익을 주고 유착관계에 빠진다면 그 결과는 또 다른 세월호 침몰 참사와 같은 비극을 잉태해 가는 씨앗이 되는 것이다.

셋째로, 공무원은 '국민에 대하여 책임'을 진다. 공무원은 자신의 고용주인 국민을 위해 일을 해야 하는 것은 당연하고, 국민에게 책임져야하는 특별한 위치에 있다. 따라서 공무원은 국민에 대하여 책임 있는 행동을 해야 하며, 실제로 책임을 질 이유가 있을 때에 책임을 지는 것이 공무원다운 것이다. 공무원은 국민을 위한 정책 의견을 수렴하고 결정하는 것과 같이 국민의 실생활과 직결된 중요한 일들을 수행하는 국민을 위한 봉사자이다. 국민들은 공무원들에게 국민들을 위한 일을 제대로 해달라고 세금을 내고, 공무원들은 그 돈으로 소위 녹봉에 해당하는 봉급을 받는 것이다. 공무원은 국민이 불이익을 당하지 않도록 해야 하며, 국민이 법으로 부여해준 권한을 사적으로 써서도 안 된다.

그러나 아직도 일부 공무원들은 자신이 누구를 위해서 일해야 하고, 또 누구를 위해 일을 하고 있는지 모르는 이들이 있는 듯하다. '공무원은 영혼이 없다'고 하는 말은 이를 반증하는 것이 된다. 공무원은 그의 고용주인 국민을 위해 일하고 국민을 위해 존재해야 한다. 그럼에도 불구하고 정치 권력자를 위해 일하고, 자신의 영달을 위해 자신의 영혼을 팔고 바치는 공무원이 있다면 이는 공무원의 정도를 벗어나도 너무나 크게 벗어난 것이 된다. 공무원과 국민, 또는 공무원과 기업 간에 비정상적이거나 부정적인 거래가 있어 국민들에게 피해가 발생하고, 부담으로 이어지게 된다면 이는 국민에게 책임을 다하는 것이 아니다.

"정책실패는 많은 국민을 불행과 참혹에 빠뜨려 괴롭힌다."

대문호 괴테의 일갈이다. 이는 '공무원은 공무원이어야 한다.'는 말을 좀 더 구체적으로 이해하기 쉽게 한 말로 이해된다. 그러고 보면 '공무원은 공무원이어야 한다.'는 말은 괴테의 가르침이라고 해야 할 것이다.

공무원의 신분보장은 왜???

공무원은 헌법과 개별 법령의 규정에 따라 그 신분을 보장받는다.

"공무원의 신분과 정치적 중립성은 법률이 정하는 바에 의하여 보장된다."
"공무원은 형의 선고, 징계처분 또는 이 법에서 정하는 사유에 따르지 아니하고는 본인의 의사에 반하여 휴직·강임 또는 면직을 당하지 아니한다."

헌법 제7조의 규정과 헌법의 규정에 따른 국가공무원법 제68조의 신분보장 규정이다. 공무원이 극히 제한적으로 법에서 정하는 사유가 아니면 의사에 반하여 면직은 물론 휴직과 강임 등 불리한 조치를 받지 않도록 보호하고 있다. 모든 공무원이 이 규정에 의해 신분 보장을 받는 것은 아니다. 이 헌법과 법률 규정에 의해 신분이 보장되는 공무원은 직업공무원을 의미한다. 직업공무원은 신분이 보장되며 평생 공무원으로 근무할 것이 예정되는 공무원을 말한다. 반면에 대통령이나 국회의원과 같은 선출직 공무원은 물론 선출직은 아니지만 장관과 같은 정무직 공무원은 이 법률의 규정을 적용받지 않는다. 다시 말해서 이들은 신분보장을 받지 못한다. 선출직 공무원은 임기동안 국민을 위해 얼마나 봉사하고 활동했는가에 대한 국민의 정치적 평가를 받는다. 국민이 그들을 평가해서 잘 했다고 생각되면 다시 다음 선거를 통해 다시 쓰고, 마음에 들지 않으면 쓰지 않는다. 평가는 다름이 아닌 선거의 과정이다. 장관과 같은 정무직 공무원은 정해진 일정기간의 임기조차도 없이 오로지 업무수행 능력과 정치적 판단에 따라 그 직책이 좌우된다.

그러면 왜 직업 공무원의 신분을 보장하는가? 헌법으로까지 규정해서 가면서 그 신분을 철저히 보장해 주는 이유는 무엇인가?

직업공무원의 신분을 엄격히 보장하는 것은 공무원 개개인의 권리나 이익을 위한 것이 절대 아니다. 이는 오로지 국가의 주인인 국민을 위한 것이다. 그 이유는 크게 두 가지로 이해될 수 있을 것이다. 첫 번째 이유는 앞에서 이미 설명한 바와 같이 공무원이 국가의 주인으로 자신을 고용한 국민을 위해 성실히 일하는 봉사자가 되도록 하기 위한 것이다. "공무원은 국민 전체에 대한 봉사자이며, 국민에 대하여 책임을 진다"는 헌법의 규정이 확실히 이행될 수 있도록 하기 위한 일종의 담보 수단인 것이다. 모든 공무원은 일을 함에 있어 공평무사公平無私하게 그 직무를 수행할 것을 요구받기 때문에 민간 기업체일반 근로자의 고용관계와는 달리 특수한 근무관계에 있다. 또한 공무원은 국가의 중요한 정보는 물론 국민과 기업에 영향을 미칠 수 있는 정책을 다루기 때문이다. 공무원의 신분보장은 결국 국민과 기업을 위해 일관성을 가지고 보다 안정적으로 정책을 만들고 집행할 수 있는 업무환경을 만들어 주고자 하는 것이다.

또 다른 두 번째 이유는 공무원의 정치적 중립성이 지켜질 수 있도록 하기 위한 것이다. 공무원의 정치적 중립은 매우 중요하다. 공무원이 정치적으로 중립이어야 하는 이유도 대략 두 가지로 설명될 수 있을 것이다. 우선, 공무원이 자신의 정치적 성향을 정책이나 제도에 반영하고자 할 경우 그 공무원을 고용한 국민에게 영향을 미칠 수 있고, 특정 기업의 이익에도 영향력을 행사할 우려가 있기 때문이다. 둘째로는 공무원이 임용이나 승진 등의 과정에서 정치적인 영향을 받을 수 있게 된다면 공무원이 외부 환경에 흔들림 없이 공평무사하게 직무를 수행하기 어렵게 되기 때문이다. 정권이 바뀌어도 새로운 권력자나 정치세력의 영향을 받지도 않고, 미치지도 않도록 하고자 하는 취지인 것이다. 따라서 공무원은 선거과정에서 특정 정당이나 어느 특정 후보를 지지하거나 반대할 수도 없다.

결론적으로 공무원의 신분보장을 헌법과 법률로 정할 만큼 공무원의 위치와 자리는 중요하다는 의미를 담고 있다고 보아야 한다. 이러한 의미에서 공무원은 일반 국민에게는 허용되는 여러 가지 권리는 제한하면서 청렴의 의무와 같은 윤리적이고 도덕적인 의무를 부여하고 있는 것이다.

그런데 한 가지 아이러니컬한 것은 헌법과 법령으로까지 규정하여 공무원의 신분을 엄격히 하다 보니 이러한 제도적 장치가 오히려 무사안일과 복지부동과 같은 행태를 불러일으키고, 결국은 정부의 비효율과 비능률을 초래하는 원인으로 작용하고 있다는 점이다. 이 점 때문에 공직사회의 무사안일이나 복지부동이라는 말을 넘어 공직이 '철밥통'이라는 세간의 닉네임을 받고 있다면 이는 대단히 잘 못된 것이 아닐 수 없다. 아직도 극히 일부의 공무원들이 공직을 개인의 권리나 이익을 위한 것으로 생각하거나, 자신의 고용주인 국민 앞에 군림하면서 권위적으로 행동하는 이들이 있다면 이는 헌법과 법률의 규정을 과하게 왜곡하고 있거나 악용하고 있는 것이다.

공무원이라는 직분의 '완장'!!!

공무원이든, 민간기업의 임직원이든 간에 자신의 위치와 자리가 대단한 힘이라도 있는 것처럼 권위와 위세를 부리는 사람을 가리켜 소설 '완장'에 나오는 주인공인 건달 임종술과 같다는 이야기를 한다.

"땅 투기로 돈을 벌어 기업가로 변신한 최 사장은 저수지의 사용권을 얻어 양어장을 만들고 그 관리를 동네 건달인 임종술에게 맡

긴다. 임종술은 감시원이라는 완장을 차고 양어장을 관리하며 위세를 부린다. 완장의 힘에 빠진 그는 낚시를 하는 사람들에게 벌을 주기도 하고, 고기를 잡던 초등학교 동창을 폭행하기도 한다."

임종술이 완장의 힘이라는 허황된 꿈에서 깨어나게 된 것은 술집에서 일하는 부월이의 걱정스런 충고였다.

"눈에 뵈는 완장은 기중 벨 볼일 없는 하빠리들이나 차는 게여! 진짜배기 완장은 눈에 뵈지도 않어! 지서장이나 면장 군수가 완장 차는 꼴 봤어!"

어느 직책, 어느 자리에도 '완장'처럼 보여 질만한 자리가 있다면 그 '완장'은 그야말로 일장춘몽一場春夢에 불과한 것이다. 그럼에도 불구하고 우리 주변에는 대단한 '완장'이라도 찬 것처럼 행동하는 사람들이 적지 않게 있다.

지난 해 모 항공사의 '땅콩회항 사건'이 국민들의 큰 반향을 불러일으켰었다. 국민들이 이 회사 회사원이나 관계인이 아니면서도 분노의 공감대를 분출해 낸 이유는 자신은 물론 자신의 자식들이 그 항공사의 승무원이나 사무장이라는 위치에 있을 수 있다고 생각했기 때문이었을 것이다. 이처럼 그들이 소설 속의 '완장'을 찬 임종술의 가당치도 않은 심술과 행패에 느닷없이 피해자가 될 수 있다고 느끼기 때문이었을 것이다.

프랑스의 격언인 '노블레스 오블리주'는 우리 사회의 소위 힘 있는 사람들에게 해당 직분에 합당한 수준으로 요구되는 도덕적 권위와 의무를 뜻한다. 노블레스가 있으면 있는 만큼 오블리제도 있어야 한다. 노블레스 오블리제까지 거론하지 않더라도 그 비행기에 탑승했던 고객을 고객으로 배려하는 최소한의 마음과 자세만 있었더라도 일이 그렇게 커지지는 않았을 것이고, 국민들이 그토록 분노감을 나타내지도 않았을 것이다. 기업 경영인인 자신은 을乙이고 고객이 갑甲이라는 인식이 있어야 함에도 불구하고, 그러한 인식이 없었던 것이다.

이러한 '완장'의 문제는 비단 민간 기업만이 아니다. 아직도 일부 공무원 중에는 머릿속에 완장이 들어 있고, 목과 어깨에도 마치 완장을 차고 있는 듯이 행동하는 이들이 없지 않다. 국민의 공복公僕으로서 응당 국민에 봉사해야 할 공무원이 완장을 찬 '갑甲'처럼 행세하며, 횡포를 부리는 것이다. 한 중앙정부의 과장은 관련 산하기관으로부터 법인카드를 받아 사적으로 쓰면서 골프 향응도 받았다. 한 자치단체 간부는 해외 선진사례 연구를 이유로 민간 기업에 동남아 관광여행과 함께 술 접대까지 요구했다. 이들 사례는 2013년 국민권익위원회가 '공직자 행동강령 사례집'에서 실제로 설명하고 있는 공무원들의 '갑'의 행태의 한 단면이다. 요즘 세간의 표현대로 소위 공무원의 '갑질'인 것이다.

공무원들을 그들의 봉사자로, 공복公僕으로 임명해 놓은 국민의 입장에서 보면 이러한 '완장'의 문제는 어느 분야보다도 공직분야에서 더 중요하고 심각한 문제가 아닐 수 없다. 공무원들이 아직도 국민들을 위한 봉사자이고, 공복이라는 사실을 잊은 채 고용주인 국민 앞에 '완장'을 차고 군림하려는 이들이 없지 않다면 이는 더 이상 용납되기 어렵다. 앞에서 이야기한 '땅콩회항 사건'보다도 더 심각하게 받아들여져야 한다. 공무원의 이러한 행태는 헌법 정신을 훼손하고, 법 규정을 어기는 것이 되기 때문이다.

공직자의 역할과 자세

"국민은 무엇으로 사는가?"

이는 어쩌면 나라의 주인이면서 공무원의 고용주인 국민의 입장에서 생각해 볼 수 있는 가장 기본적이고 원초적인 질문일 것이다. 동시에 이 질문을 공무원의 입장에서 생각해 보면 다음과 같이 바뀌어져야 할 것이다.

'공무원은 무엇을 위해 어떻게 살아야 하는가?'

그리고 이 질문을 조금 더 쉽게 그리고 실체적으로 제기하면 다음과 같은 질문이 될 것이다.

'국민을 위해 봉사한다는 것은 과연 무엇을 어떻게 해야 하는가?'

공무원이 되고자 하는 우리 공시생들에게 실제 이러한 질문을 내고, 단답식의 기술을 요구하는 시험문제가 출제되었다고 생각해 보자. 어떤 답을 쓸 것인가. 필자가 공시생의 입장에서 시험을 치르며 답안을 쓴다면 다음과 같이 답할 것이다.

'국민이 인간으로서의 가장 기본적인 권리인 존엄과 가치를 가질 수 있도록 하며, 행복과 안전을 찾고 추구할 수 있도록 돕는 것'

국민들은 내가 법 앞에 평등하며, 가족이나 이웃은 물론이거니와 지역사회와 공동체, 국가로부터 필요한 보살핌을 받으며 더불어 살고 있다고 느낀다면 행복할 것이다. 국민이 느끼는 보살핌이라고 하는 것은 국민 개개인의 입장에 따라서는 야심한 시각 귀가길 안전에 대한 염려의 문제일 수도 있고, 전기요금이 3개월째 밀려 단전위기에 처한 기본적인 호구지책糊口之策의 문제일 수도 있다. 더 크게는 안보와 국방의 문제일 수도 있다. 국민들이 국가에 바라는 가장 기본적인 것은 최소한이나마 인간으로서의 존엄과 가치를 찾을 수 있고, 법 앞에 평등하며, 사회는 안전하다고 느낄 수 있도록 하는 것이라고 생각한다.

국민이 국가로부터 필요한 최소한의 보호를 받고 있다고 느끼게 하는 것, 법 앞에 평등하다고 생각될 수 있도록 하는 것, 사회는 안전하다고 믿을 수 있도록 하는 것, 이런 것들이 공무원의 기본적인 역할이며 모든 공직자의 기본적인 자세이고 길이어야 한다. 국민이 진정으로 나의 주인이고 고용주이며, 갑甲이라고 생각해야 한다. 이를 위해 봉사하는 나는 주인을 위한 머슴이라고 생각해야 한다. 공무원은 국민이 고용해 준 피용 근로자로서 을乙이라는 인식이 머리와 마음속에 뿌리박혀 있어야 한다. 국민위에 군림할 때가 아니라 국민과 같이 기뻐하고 고통을 나누는 가운데 국민들이 행복감을 느낄 수 있도록 하는 것이 공무원의 기본적인 자세이고 역할이어야 한다.

공무원은 자신의 고용주인 국민들이 내는 세금으로 봉급을 받는다. 공무원은 국민들을 위한 봉사자로서 서비스를 제공(파는)하는 사람이고, 국민은 그 서비스를 제공 받는(사는) 사람이다. 공무원은 국민들이 필요로 하는 서비스를 제공하는 것이 기본적인 업무이며, 그 대가로 봉급을 받는 것이나 다름이 없다. 이는 일반 소비자들이 시장에서 기업의 제품을 사거나 필요한 서비스를 이용하는 경우 그에 합당한 가격을 지불하는 것과 똑같은 것이다.

그러나 이와 같이 행정 서비스를 제공하고(팔고) 제공받는(사는) 과정에서 국민이나 기업으로부터 향응을 받거나 금품을 받는 것과 같은 부정한 행위가 있다면 이는 불공정하고 불투명한 업무 처리인 것이다. 공무원과 국민, 또는 공무원과 기업 간에 비정상적이거나 부정적인 거래가 있다면 이는 결국 국민들에게 피해가 발생하고, 국민들의 부담으로 이어지게 된다. 이러한 경우 공무원은 고용자인 국민을 위해 필요한 책임을 져야 하는 것이다. 우리가 기억하는 세월호 침몰 참사도 그 대표적인 한 실례라고 볼 수 있을 것이다.

신뢰와 불신의 간격

신뢰는 상호간에 이성적으로 생각하고 합리적으로 행동할 것이라는 믿음이다. 복잡하게 얽히고설킨 현대의 사회가 별 탈 없이 순조롭게 돌아가는 것은 최소한 주어진 법체계와 제도에 대한 서로간의 믿음이 있기 때문이다. 신뢰는 복잡하기만 한 우리사회가 톱니바퀴가 맞물려 돌아가는 것과 같이 돌아가게 하는 기초가 된다. 신뢰는 사회 안정에 필수적인 요소이며, 우리 생활의 핵심가치이다. 돈보다도 더 중요한 것이 있다면 그것은 신뢰일 것이다. 다음은 미국 콜럼비아대학의 스티글리츠Joseph E. Stiglitz 교수가 신뢰상실의 위기와 관련하여 뉴욕타임즈(2013.12.21)에 기고한 글의 한 부분이다.

> "Trust is what makes contracts, plans and everyday transactions possible; it facilitates the democratic process, from voting to law creation, and is necessary for social stability. It is essential for our lives. It is trust, more than money, that makes the world go round."

우리 사회가 별 탈 없이 순조롭게 작동하기 위해서는 사회구성원들의 신뢰가 있어야 한다. 신뢰는 상호적인 것이다. 만일 내가 상대방을 속이고 있다고 생각한다면, 상대방도 다시 나를 속이려고 할 것이다. 우리사회에서 신뢰가 상실되면 평등과 형평의 개념조차도 성립하기 어렵게 된다. 아주 간단한 예를 들어보자. 서로 마주 보고 달리는 자동차가 충돌 없이 고속으로 달릴 수 있는 것은 운전자들이 교통 법규와 그 질서 체계를 지킬 것이라는 믿음이 있기 때문에 가능하다.

우리나라는 유교문화의 영향으로 서양의 어느 나라보다도 사람과 사람간의 신뢰를 중요시해 왔다. 공자의 말씀 중에 우리가 가끔 인용하기를 즐기는 4자성어가 있다. "무신불립無信不立"이다. 신뢰가 없으면 설 수 없다는 말이다. 너무나 지당한 말씀이다. 공자가 그의 제자 자공에게 가르친 말이다.

자공이 스승에게 물었다.
"나라를 유지하려면 어떻게 해야 합니까?"
"식량을 풍족히 하고, 군사를 충분히 갖추어야 하며, 백성들의 믿음을 얻어야 한다."
"부득이 한 가지를 버려야한다면 무엇을 먼저 버려야 합니까?"
"군대를 우선 버려야 하지 않겠는가!!"
"또 하나를 버린다면 무엇을 버려야 합니까?"
"다음 버릴 것은 식량이니라! 자고로 망하지 않은 나라는 없다. 백성들의 믿음이 없으면 나라가 존립할 수가 없느니라自古皆有死 民無信不立."

군사와 식량, 그리고 국민들의 믿음, 이 세 가지 중에 신뢰가 가장 중요하다는 점을 가르친 것이다. 그러나 요즘의 우리 사회는 상황이 다르다. 불신이 도처에 깔려 있다. 사람들은 다른 사람들을 믿지 않는 경향이 더욱 강해지고 있다는 생각이 든다. 사회는 점점 더 불신이 커지면서 불신이 신뢰의 자리를 대체해 가고 있다는 생각이다.

여기서 무엇보다 중요하면서도 심각한 것은 공적인 제도와 체계에 대한 불신이고, 공무원의 역할과 자세에 대한 믿음이 없어지고 있다는 점이다. 사람들은 법과 원칙만 믿고 그대로 잘 되겠지 라고 믿고 있다가는 나만 억울하게 당할지 모른다는 불신에 빠져 있는 것이다. '공무원들로부터 받는 대우가 인맥에 따라 달라진다고 보느냐'는 질문에 '그렇다'는 응답이 무려 83%나 되는 조사 결과가 있다. 이 수치를 그대로 받아들이면 10명 중에 8명 이상이 법이나 제도의 규정과 취지가 제대로 집행되고 있지 않다고 생각하는 것이다. 업무를 집행하는 공무원과의 안면이 있는 관계가 중요하게 작용하는 것으로 보고 있다는 증거이다. 공무원들이 법과 규정에 의해 공평무사하게 일할 것이라는 믿음을 갖고 있지 못하다는 결론이기도 하다. 공무원들의 자의적인 재량에 따라 될 것이 안 될 수 있고, 안될 것도 될 수 있다고 믿는 것이다. 불신의 간격이 너무나 큰 것이다.

우리 주변에서 실제 적지 않게 벌어지고 있는 일들은 우리사회의 불신을 적나라하게 보여 준다. 하나의 예를 다시 들어 보자. 학교의 공교육을 살리고, 사교육을 없애겠다는 정부의 방침을 믿는 국민은 없는 듯해 보인다. 정부의 그 정책방향에 대해서는 모두들 올바른 방향이라 생각하면서도 그 정책의 내용은 믿기 어렵다고 보는 듯하다. 게다가 부모들은 자신의 자녀가 다니는 학교의 선생님들도 신뢰하지 않는다. 그러다 보니 공교육은 점점 더 공공의 기반을 잃어 가고, 사설학원은 점점 더 그 힘을 발휘해 가는 현상이 계속되고 있다. 우리 사회 신뢰와 불신의 간격이 너무 크고, 점점 더 커져가고 있다는 생각이다.

기업의 신뢰와 정부의 신뢰

신뢰는 한 번 잃으면 다시 원상으로 회복하는 것이 너무나 어렵다. 신뢰의 중요성은 개인 간에도 중요하지만 기업과 정부에서는 더욱 중요하다.

신뢰는 자유 시장경제의 질서를 유지하고 발전시키는 기초이다. 이런 이유로 신뢰를 사회적 자본social capital의 중요한 구성요소로 본다. 우리나라도 이제는 경제의 규모가 커지고 복잡해져서 신뢰관계가 무너지면 경제의 순조로운 성장과 발전을 기대하기 어렵게 된다. 그만큼 신뢰는 중요하고, 신뢰의 상실이 경제 · 사회적으로 미치는 영향과 충격은 대단하다.

기본적으로 이윤을 추구하는 민간 기업에서 수요자인 고객들의 신뢰는 사업을 이끌어 가는 기반이 된다. 간단히 가상의 예를 하나 들어 보자. 대다수 우리 국민들이 사용하고, 이제는 전 세계인이 쓴다고 해도 과언이 아닐 정도인 어느 회사의 스마트폰에 중대한 결함이 있다는 사실이 소비자들에게 알려진다고 가정해 보자. 현재와 같이 정보통신이 발달된 상황에서 그 스마트폰의 시장이 무너지는 것은 말 그대로 일순간일 것이다. 지금까지 그 회사와 그 제품을 믿고 애용해 온 소비자들의 신뢰가 순식간에 깨지게 되기 때문이다. 신뢰는 자본주의 사회에서 시장경제의 질서를 유지하고 발전시키는 필수불가결한 요소이다. 신뢰는 사회적 · 경제적 효율성을 높이는 중요한 사회적 자본인 것이다. 신뢰관계가 무너지면 경제활동의 편익은 줄고 비용은 커지게 된다.

이러한 신뢰의 중차대함은 비단 기업만의 문제가 아니다. 정부의 신뢰는 더 막중하다고 보아야 한다. 정부의 신뢰는 한번 무너지게 되면 원상으로 회복시키는 것은 거의 불가능에 가까운 것일지도 모르겠다. 경우에 따라서는 국가의 운명을 좌우하게 되는 상황까지도 초래할 수 있다.

정부에 대한 국민의 신뢰는 정부가 하는 일이 국민의 뜻과 일치하며 공익에 충실하도록 국가 정책을 결정하고 집행한다는 믿음이 기본이 된다. 또한 이를 위해서는 정부가 시행하는 제도와 프로그램들에 대한 국민의 신뢰와 이를 바탕으로 하는 지지supports가 필수적이다. 정부가 추진하고자 하는 어떤 정책도 그것이 원활하게 추진되기 위해서는 정책의 고객이고, 수혜자이며, 동시에 소요 비용을 부담하는 국민들이 일정 수준 이상으로 순응하고 지지를 해야 한다. 국민들이 정부를 믿지 못한다면 정부의 정책에 반대하며 저항을 하게 된다. 그 결과는 제도의 순응 비용conformity cost을 키우게 될 뿐만이 아니라 그 정책은 실패할 가능성이 커지게 된다.

정부의 신뢰적자(Trust Deficit)와 그 막중함

국민들의 정부에 대한 불신이 그 믿음보다 크게 되면 '신뢰적자 trust deficit'의 상태가 된다. 우리 국민들은 정부의 신뢰는 이미 상실된 상황에 놓여 있다고 보는 듯하다. 2014년 5월 경제협력개발기구 OECD가 발표한 '더 나은 삶의 지수better life index'에 의하면 우리나라 국민들 중 정부를 신뢰한다고 한 응답자는 23% 수준이었다. OECD 회원국 34개국에 브라질과 러시아를 포함해 36개국을 대상으로 조사결과 29위를 기록했다. OECD의 '한눈에 보는 사회상 2014'이라는 보고서에서도 우리 국민이 정부를 신뢰한다는 답변은 25% 수준이었다. 이에 반하여 스위스 국민들은 82%가 정부를 신뢰한다고 답하였다. 우리 국민의 정부에 대한 불신이 얼마나 높은지를 가늠해 볼 수 있다.

반기문 UN 사무총장은 2011년 주요 20개국G20 정상회담에서 각국 정부가 시급하게 해결해야 할 문제는 '재정적자'보다도 '신뢰적자'라고 했다. 우리 대통령도 "한국이 넘어야 할 마지막 관문은 사회적 자본을 쌓는 것이고, 사회적 자본은 결국 신뢰"라고 했다. 두 사람 모두 공히 신뢰의 중요성과 막중함을 강조한 것이다.

이와 같이 국가운영에 있어서 신뢰적자는 재정적자보다도 더 중요하다. 우리 정부에 문제가 있다고 한다면 이는 재정적자나 무역적자의 문제가 아니다. 신뢰적자가 더 큰 문제이다. 이 대목에서 세월호 침몰 참사 이야기를 다시 한 번 하지 않을 수 없다. 세월호 침몰 참사는 국민들로 하여금 정부에 대한 신뢰를 무너져 내리게 하고, 정부에 대한 국민들의 믿음이 어리석을 수 있다는 생각을 갖게 하는 계기가 되었다. 신뢰하지 못할 정부를 나만이 믿고 있다가는 갑자기 내 생명이 위태로운 지경에 빠질 수도 있다는 것을 알려주게 되었다.

이와 같이 정부의 신뢰적자는 정책의 수용성을 떨어뜨리고, 불필요한 거래비용transaction cost을 증가시킨다. 정부에 대한 불신이 커지면 이는 정부 내부의 문제로 그치지 않는다. 정부의 신뢰적자는 국민의 의지도 기업의 열정도 다 떨어뜨린다. 사회 전반의 비효율성은 커지고 생산성은 낮아지게 된다. 정부에 대한 신뢰가 없어지면 기업은 투자를 주저하게 되고, 결과는 국가 경쟁력의 저하로 나타난다. 정부의 신뢰적자가 가져오는 사회경제적인 영향과 결과이다. 정부의 재정적자는 세금을 올리거나 지출을 줄이면 어느 정도 해결될 수 있지만, 한 번 추락한 정부의 신뢰를 다시 원상으로 회복하는 것은 거의 불가능에 가깝다는 점에서 그 중요성은 더욱 막중하다.

공직자와 정부의 자살골, 신뢰적자 행위!!!

정치권에서 국정조사 문제로까지도 논의된 4대강 정책과 자원외교, 방위사업청과 원자력발전의 납품 비리 등 공직자들의 뇌물수수는 정부에 대한 국민들의 불신을 키울 대로 키웠다.

누구보다도 법질서의 모범이 되어야 할 권력기관의 공직자들이 정부의 신뢰를 송두리째 추락시키는 사건들을 연이어 만들어 냈다. 연예인의 성형 수술을 맡았던 의사를 협박해 돈을 받아준 해결사 검사, 자신의 사무실에서 여성 피의자와 부적절한 관계를 맺은 막가파식의 검사, 대로변에서 음란행위를 서슴없이 한 성도착증의 어느 지검장, 민간 업자의 별장에서 성 접대 의혹을 받은 법무부 차관, 내연녀의 혼외 아들 의혹을 부정하며 한 점의 부끄러움도 없다고 말했던 검찰총수, 골프장 캐디를 성추행한 혐의로 고발된 전 검찰총수 출신의 골프장 회장님과 법무부장관 출신의 전 국회의장 등은 실제 최근에 있었던 사건들의 일부분이다. 이들 권력기관의 고위 공직자들은 공직과 정부에 대한 신뢰의 추락을 가속화시키는 일등 공신이 되어 버렸다.

어디 이뿐인가? 정부나 정치권이 어떤 정책을 만들고 집행하는 과정에서 정부의 불신을 키우는 경우도 문제이다.

정부와 정치권이 중요한 정책과제로 추진하고 있는 공무원연금제도의 개혁을 예로 들어보자. 필자도 공무원연금 개혁의 필요성은 부인하지 않는다. 정부의 재정적자 문제도 중요하니 그것이 개선이든 개혁이든 필요하다면 당연히 고쳐야 한다는 것이 필자의 기본적인 생각이다. 다만, 이야기하고자 하는 것은 추진의 방법이다. 공무원

연금 개혁을 위한 논의와 추진과정이 정부와 공직에 대한 불신을 가중시키는 상황이 연출되었다면 다시 한 번 생각해 볼 필요가 있다. 개혁이라는 이름으로 추진되는 어떤 정책이 사회갈등을 부추기거나 정부의 신뢰상실의 원인으로 작용해서는 안 되기 때문이다.

공무원연금개혁이 국회를 중심으로 추진되고 있던 2014년 겨울, 서울 시내 교차로에 공무원연금 개혁의 당위성을 알리는 커다란 현수막이 걸려 있다.

"공무원연금 적자, 향후 10년간 53조원, 국민 세금으로 부담해야 합니다."

이 현수막의 의미를 되새겨 보았는가? 공무원들은 국민 세금이나 축 내면서 국가 재정을 어렵게 하는 주범으로 몰고 있는 것이나 다름이 없다. 공무원 연금 개혁이 필요한 상황을 강조하기 위한 것이었다는 점을 이해하지 못하는 것은 아니지만 공무원을 몹쓸 집단으로 몰고, 그렇게 인상 지워지도록 하는 방식의 개혁추진은 정부와 공직에 대한 불신을 키워 그 신뢰만을 더욱 잃게 하는 처사이다. 정부의 재정 적자문제도 중요하지만 이에 못지않게 중요한 것은 신뢰적자 문제이다. 정부의 재정적자를 염려하여 고치는 연금개혁이 정부의 신뢰적자를 키우는 식으로 접근되어서는 안 된다는 것이 필자의 생각이었다.

장관과 국무총리와 같은 고위공직자에 대한 청문회도 하나의 예라고 생각된다. 고위 공직자는 그 사람의 능력도 중요하지만 도덕성이나 정직성도 매우 중요하다는 점에서 인사청문회를 통해 공직 후보자의 자질과 도덕성을 따져 보자는 제도는 절대적으로 필요하고 그 취지에 전적으로 찬성한다. 그러나 적어도 최근 몇 년간 정치권에서 진행된 고위 공직자들에 대한 청문회는 국민들에게 공직자에 대한 불신과 함께 정부에 대한 신뢰 상실의 결과만 남겨 주었다는 생각이 든다. 상대방을 죽여야 내가 사는 사회의 혹독함과 정치권의 비정한 속성을 십분 이해한다고 할지라도 현재와 같이 인신공격을 통해 흠집내기 일변도로 진행되는 청문회는 제도의 취지와 긍정의 효과보다는 국민들에게 불신의 간극만을 키워주는 부정적인 효과가 더 크다고도 생각된다. 보다 큰 틀에서 제도의 취지가 살려질 수 있는 청문회가 되어야 한다는 것은 필자만의 생각이 아닐 것이다.

정부 신뢰회복의 길은???

앞에서 살펴본 바와 같이 정부에 대한 신뢰, 공직자들에 대한 신뢰는 그야말로 바닥까지 추락했다. 더 이상 추락하고 싶어도 더 추락할 데가 없는 그야말로 신뢰적자의 바닥상태라는 생각이 든다.

추락할 대로 추락한 정부의 신뢰를 회복하는 길은 요원하다. 그럼에도 불구하고 신뢰회복을 위한 노력은 불가피하다. 미국 콜럼비아 대학 스티글리츠Joseph E. Stiglitz 교수의 말을 다시 소개한다. 그는 신뢰가 없으면, 사회의 조화가 있을 수 없고, 강한 경제가 있을 수 없다고 강조한다. 그리고 이제부터라도 우리들과 미래 세대를 위해서, 신뢰를 회복하는 작업을 시작할 때임을 강조하고 있다.

"Trusts enable us to live in harmony with one another. Without trust, there can be no harmony, nor can there be a strong economy…(omit)…For our own sake, and for the sake of future generations, it's time to start rebuilding it."

그러면 과연 신뢰 회복의 길이 있기는 한 것인가?

우선적으로 무엇보다도 정책과 프로그램의 문제이다. 정부는 정책과 프로그램을 만들고 집행하는 주체이다. 정책이나 프로그램은 국민이 원하고 기대에 부합하는 합리적인 것이어야 한다는 점이다. 국민의 신뢰는 정부에 대한 국민들의 믿음이다. 이는 곧 정부의 정책이 국민들 공공의 이익에 부합하도록 만들어지고 집행될 것이라는 믿음이다. 정부의 정책과 프로그램이 성공하기 위해서는 국민의 지지가 필수적이다. 모든 권력이 국민으로부터 나오듯이 모든 정책의 출발점은 나라의 주인인 국민이다. 어떤 정책이나 프로그램도 정치 권력자를 위한 것이 되어서는 안 된다. 특히 선거를 앞둔 시기에 유권자인 국민들의 표를 얻기 위한 정책policies for vote seeking이어서는 안 된다. 또한 어떤 정책도 정부 부처의 조직을 확대하고 그 구성원들의 이익과 특권을 위한 것이어서는 더욱 안 된다. 앞에서 몇 차례 강조했듯이 이는 헌법의 정신을 무시하는 것이며, 법령의 규정을 위반하는 것이다.

두 번째는 투명성과 공정성이다. 정부가 정책이나 프로그램을 만들고 집행하는 과정을 국민들이 명확히 이해하고, 알 수 있도록 투명성과 공정성이 확보되어야 한다. 정책의 결정 과정과 집행 과정이 투명하게 공개되지 않으면 공정성 시비가 일게 된다. 결국은 정책에 대한 국민의 지지 확보에 실패하게 되고, 신뢰의 상실로 이어지게 된다는 점에서 투명성과 공정성의 확보는 신뢰 회복의 밑거름이 된다. 이는 21세기 어느 사회와 어느 국가를 막론하고 지향해야 하는 원칙과 방향이다. 우리 사회의 이슈가 되어버린 '관피아' 문제의 본질도 투명성과 공정성의 확보 여부가 그 핵심이라고 볼 수 있다.

세 번째는 공직자들의 올바른 생각과 행동이다. 공직자들의 생각과 행동에 엄격한 도덕성과 진정성이 수반되어야 한다. 공직자들, 특히 고위공직자나 권력기관의 윤리적이지 못한 행동이 더 이상 지속되어서는 안 된다. 국민들은 공무원들의 말과 행동에 매우 민감하다. 이제 공무원들은 국민을 무서워해야 한다. 국민이 진정한 주인임을 마음에 새겨야 한다. 국민에 대한 봉사자로서의 올바른 자세이다. 주객이 전도되어 국민 앞에 군림하는 듯한 권위적인 자세와 완장을 찬 듯한 행태와 행동은 더 이상 있어서는 안 된다. 대통령을 포함한 모든 공직자들이 진정성 있는 마음으로 국민을 섬기는 모습을 보일 때 정부의 신뢰와 공무원들에 대한 믿음은 회복의 길을 가게 될 것이다.

공무원의 윤리와 부패

공직윤리란 무엇인가??

국민 10명 가운데 8명 이상이 '우리나라는 정직하지 않아도 부자가 되고 출세만 하면 사회지도층으로 용인 된다.'고 생각한다는 조사 결과가 있다. 부자가 되고 출세하는 삶을 위해서는 물불을 가리지 않는 풍토가 되어버린 결과를 뒷받침하는 것이다. 도덕적으로 의미 있게 살고, 이웃과 더불어 사랑하며 살아가는 것이 잘 사는 것이 아니다. 부자가 되고 출세하는 것이 잘사는 것이다. 탈법을 해서라도 부자가 되면 성공한 인생이 되고, 비도덕적인 방법으로라도 출세를 하면 그 사람의 윤리와 책임성을 따지지 않고 사회의 지도층이라고 생각하는 것이다.

돈 많은 부자를 보고, 또는 소위 출세한 사람에 대해 인생을 잘 못살았다고 말하지 않는다. 그와는 반대로 나도 저런 인생이었으면 하는 부러움과 함께 그렇게 될 수 있는 방법에 골몰한다. 우리 모두의 마음과 행동의 기준은 돈을 많이 버는 것이고, 높이 출세하는 것이 되어 버린 것이다.

공무원들도 다 같은 사람이고 일개의 국민이기 때문에 그들의 마음과 행동도 별반 다르지 않다. 공무원들이 갖고 있는 욕구와 욕망도 우리 국민들 누구나가 갖고 있는 그것과 똑같은 것이다. 출세도 하고 돈도 많이 벌고 싶은 것은 누구나 똑같은 것이다. 이렇게 보면 공무원들은 국민들이 생각하는 만큼 생각하고, 국민들이 부패할 수 있는 만큼 부패할 수 있다는 결론이 가능하다.

그러나 공무원들의 마음과 행동이 일반 국민들과 똑같아서는 안 된다. 공무원은 전체 국민을 대상으로 공적인 서비스를 전달하고 집행하는 봉사자이기 때문이다. 봉사자로서의 역할을 제대로 수행할 수 있도록 공무원들에게는 법 규정에 의한 권한이 부여될 뿐만이 아니라 정책을 만들고 집행하는 과정에서 불가피하게 상당한 재량의 여지도 수반된다. 결과적으로 공무원들의 행위는 국가와 국민에게 미치는 영향력이 적지 않기 때문이다.

따라서 공무원은 국민에 대한 봉사자로서 특별히, 그리고 마땅히 지켜야 할 직업윤리가 있다. 그것이 공직윤리公職倫理이고, 공무원이 지켜야 하는 윤리이다. 이는 정책을 만들고 집행하는 과정에서 공무원들이 마땅히 행하거나 지켜야 할 도덕 또는 규범적 행동기준인 것이다. 공직윤리는 어느 사회에서나 공통적으로 적용될 수 있는 최소한의 표준적 기준을 지닌 것이기도 하지만, 동시에 그 사회의 경제

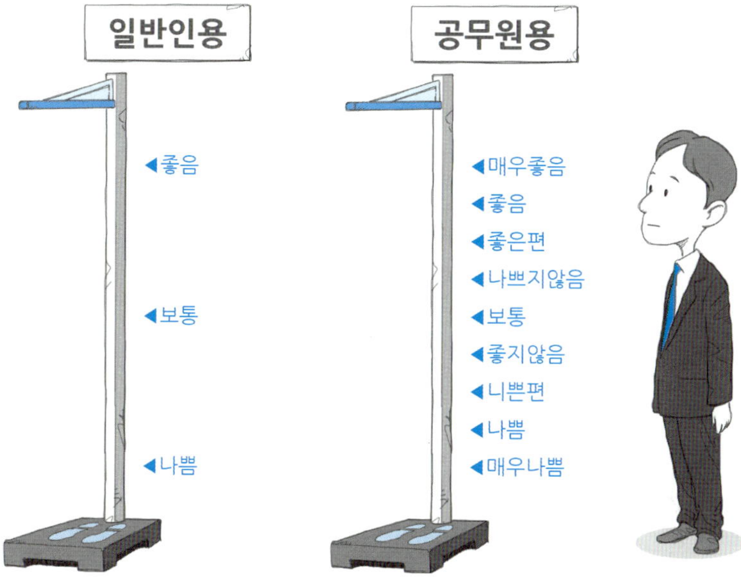

적, 문화적 특성을 반영하는 것이기도 하다. 따라서 공직윤리는 공무원들에 대한 그 사회의 구체적인 기대 값이기도 한 것이다.

공무원들에게는 일반 국민이나 기업의 근로자보다 한층 더 높은 윤리 기준이 요구되며, 또한 이에 상응하는 여러 가지 제한을 받게 됨은 물론이고, 필요한 의무를 부담하게 된다. 그리고 공무원은 그 누구보다도 올바른 도덕적 윤리관의 확립을 요구받는다. 공직윤리는 국민을 위한 봉사자로서 필요한 자세는 기본적인 것이고, 부정과 부패를 멀리하는 청렴성이 요구된다. 청렴의 사전적 의미는 성품과 행실이 맑고 깨끗하며 재물을 탐하는 마음이 없는 것으로 정의되겠지만 공직자들의 청렴은 올바른 언행과 절제된 생활도 포함하는 개념으로 보아야 할 것이다.

공직윤리는 공무원들의 가치기준에 따라 행동으로 나타나고 실천되어야 하는 것이기 때문에 공무원 스스로가 책임감 있게 실천해 나갈 수 있도록 하는 것이 중요하다. 이를 위해 필요한 것들을 행동규범으로 규정화하는 것이 필요하기도 하지만 자율적인 윤리관을 정립하도록 하는 정책적 노력도 또한 중요하다. 공무원을 처음 임용할 때부터 공무원으로서 올바른 가치관을 가진 인물을 선발하도록 해야 한다. 임용 후에는 요구되는 윤리규범을 스스로 유지하고 높여갈 수 있도록 지속적인 교육을 실시해야 함은 불문가지不問可知이다.

공직윤리의 규범 체계는 있는가?

공무원들의 필요한 공직윤리를 확보하기 위해 헌법의 규정을 두고 있을 뿐만이 아니라 여러 관련법으로 규정하고 있다. 공무원의 행동규범과 근무규율을 법적 의무로 강제하거나 행동지침으로서 준수하도록 하는 것이다. 이러한 규범을 정하고 있는 법령으로는 국가공무원법, 공직자윤리법, 공무원 윤리헌장, 국가공무원 복무규정 등이 있다. 또한 형법과 특별법으로서의 '공무원 범죄에 관한 몰수특례법'에 이르기까지 사안에 따라 개별 공무원들에게 적용될 수 있는 법령의 체계는 다양하다.

우선 가장 기본이 되는 것은 헌법이다. 앞에서도 살펴 본 바와 같이 헌법에서는 공무원을 국민전체에 대한 봉사자로 규정하고 국민에 대하여 책임을 질 것을 규정하고 있다. 그리고 공무원이 국민에 대한 봉사자로서 불편부당不偏不黨함이 없이 공명정대公明正大하게 일 할 수 있도록 신분과 정치적 중립성을 보장하고 있다.

다음으로는 국가공무원법이다. 공무원에게 적용할 인사행정의 기준이 되는 법률이다. 이 하위 법령으로 공무원 복무규정을 두어 성실의 의무, 친절과 공정의무, 청렴의 의무 등 공무원이 지켜야 할 각종의 의무사항과 공무원 선서에 관한 내용을 담고 있다. 또한 공직사회의 부정부패를 방지하기 위하여 1981년 제정된 공직자윤리법도 있다. 공무원은 재산을 등록하고, 받은 선물은 신고를 해야 하고, 퇴직 공직자는 취업제한을 받도록 되어 있다. 공직자 윤리법에 대해서는 추가적으로 설명한다.

부패방지 및 국민권익위원회의 설치와 운영에 관한 법률은 공직자 및 공공기관과 관련된 부패 행위를 근절하고 내부 고발 자를 보호하는 것이 주된 목적이다. 또한 국민권익위원회를 설치하여 공직자 및 공공기관과 관련된 부패 행위에 대한 신고와 조사를 할 수 있도록 하고 있다.

공무원의 윤리적 행동규범으로써 공무원윤리헌장이 있다. 이 헌장은 이전에 있었던 '공무원의 신조'를 근간으로 1982년 제정되었다. 국가에 대한 헌신과 충성, 국민에 대한 정직과 봉사, 직무에 대한 창의와 책임, 직장에서의 경애와 신의, 생활에서의 청렴과 질서 등을 주요 내용으로 하고 있다.

또한 공직자 윤리요강이라는 것이 있다. 법령을 준수하며 성실히 직무를 수행해야 하며, 직무 수행에 있어 소속 상관의 직무상 명령에 복종해야 하고, 상관의 허가나 정당한 이유 없이 직장을 이탈하지 못하도록 하는 것이 그 내용이다. 특히 국민의 봉사자로서 친절하고 공정하게 직무에 임해야 한다는 규정을 두고 있다.

이러한 다양한 법령의 규정만으로 공무원의 공직윤리가 지켜지고, 부정과 부패행위가 방지될 수 있는 것은 아니다. 공무원들이 공직자로서의 윤리와 책임의식을 가지고 행동규범을 자발적으로 지키는 의식과 행동이 무엇보다 중요하다. 공무원이 법령의 규정과 공직자로서의 양심에 따라 공정하게 업무를 처리하고, 청렴성을 지켜야 한다는 의식이 무엇보다 중요하며, 실제로는 그러한 의식에 따른 행동이 중요한 것이다.

공직사회의 부정과 부패, 그 위험성

부패의 역사는 인간의 역사만큼이나 길다고 말한다. 부패는 인류의 역사에서 조직이 생겨나면서부터 시작됐다고 일컬어진다. 부패는 2000년 전 성경에도 나오는 문제이다. 우리의 경우에도 부패문제는 역사적으로 그 뿌리가 매우 길다는 생각을 하게 하는 기록이 있다. 200년여 전에 정약용이 쓴 '목민심서'는 당시 조선사회에 만연한 부패의 상황과 그 심각성을 기록하고 있으며, 또한 청렴의 중요성도 설명하고 있다.

"나라에 털끝 하나 병들지 않은 것이 없다一毛一髮無非病耳. 지금 당장 고치고 바꾸지 않으면, 반드시 나라가 망할 것이다及今不改 必亡國而後已. 청렴이라고 하는 것은 공직자의 본질이고, 모든 착함의 근원이요 모든 덕의 뿌리이다廉者 牧之本務 萬善之源 諸德之根."

이렇게 보면 부패는 정도의 문제일 뿐 어느 사회에나 존재해 왔고, 지금도 존재한다. 이정도면 동서고금을 막론한 하나의 사회현상으로 보는 것이 타당하다는 생각을 한다. 모든 사회와 국가가 부패를 없애기 위해 노력하고 있을 터이지만 그 뿌리를 뽑지 못하고 있다.

부패의 현상과 그로 인한 문제는 공직사회에만 있는 것이 아니다. 상대적인 것이겠지만 기업의 부패는 상대적으로 더 노골적이고 교묘하다는 이야기도 한다.

UN 산하의 유엔개발계획UNDP에서는 국가별 인간개발지수HDI 순위를 발표한다. 국가의 교육수준과 1인당 소득, 평균수명 등 삶의 질 전반을 반영하여 평가한 것이다. 이 순위가 나라의 선진국 대열 진입 여부를 가늠해 볼 수 있는 척도로 인식되는 이유이다. 우리나라는 이 순위가 지난 몇 년간 26위에 머물러 있었다. 그러다가 유럽 경제위기의 영향으로 2011년에는 14단계를 뛰어올라 12위로 올라왔다. 2012년에는 다시 15위로 떨어졌다가 2013년에는 12위로 제자리를 찾았다. 우리나라의 이 지수 순위는 상당히 높은 것으로 보아야 할 것이다. 우리나라는 이러한 인간개발지수 외에도 학생들의 대학 진학률, 국민의 교육수준과 문맹률, 정보통신 등의 측면에서 다른 선진국들에 비해 우수한 지표를 가지고 있다. 인간개발지수를 포함한 이러한 지표들로 비교해 보면 우리나라는 이제 선진국 문턱에 들어섰다고 자부해도 될 수 있을 것처럼 생각되기도 한다.

그럼에도 불구하고 국민들 중의 상당수는 우리나라가 법으로 움직여지는 법치국가가 아니라고 생각한다. 돈과 부정, 비리로 더 잘 움직여진다고 생각하는 이들이 적지 않은 것이다. 후진국에서 나타나는 투명하지 않고 공정하지도 않은 사회라고 생각하는 것이다. 이는 필자의 주관적인 생각이 아니다. 독일에 소재하고 있는 국제투명성기구TI는 부패인식지수CPI라 불리는 국가청렴도 순위를 매년 발표한다. 우리나라의 경우 1998년부터 2012년까지는 그 순위가 39위에서 50위 사이에 있었다. 이 순위가 점차 개선되고 있는 것이 아니라 반대로 하락하고 있다. 2009년 39위에서 2011년에는 43위로 떨어졌고, 2012년에는 45위로 더 하락했다. 세계 12위권의 경제대국에 12위권의 인간개발지수로 보여 지는 선진국다운 이미지에 이 부패인식지수가 결정적인 타격을 주고 있는 것이다.

이제는 부정과 부패가 없는 청렴도가 그 사회의 건강성과 국가의 경쟁력을 가늠하는 기준이 되었다. 특히, 공직자의 윤리와 청렴은 사회의 청렴을 측정하는 거울이나 마찬가지이다. 필자가 모셨던 모 장관은 대학 특강에서 '공직자는 국민의 모습을 보여주는 거울'이라고 이야기 했다. 공직자들이 청렴에 대한 인식과 행동을 새롭게 해야 할 때이다. 국제투명성기구의 국가청렴도 순위를 보아도 그렇고, 세월호 침몰 참사의 교훈으로 보아도 그렇다.

부패야말로 공공의 적이다

공무원들의 도덕성과 책임성은 한 나라의 청렴도와 윤리성을 측정하는 바로미터라고 할 수 있다. 그만큼 공무원들의 책임과 의무는 정직하고 깨끗한 사회를 만드는데 매우 중요한 요소 중의 하나이다.

공직사회의 부정과 부패가 모든 공무원들에게 해당되는 것은 아니다. 사실 대다수의 공직자들은 성실함과 사명감으로 자신의 직무를 수행하고 있다. 가끔 언론에 보도되는 극히 일부 공무원들의 행태와 부패를 이야기하는 것이다. 그러나 일부 공직자들의 일탈된 행동과 부패 때문에 절대 다수의 제 갈 길을 묵묵히 가고 있는 정직한 공무원들을 욕되게 한다. 공무원들의 부정과 부패는 단지 그들만의 양심의 문제로 끝나는 것이 아니다. 공무원의 비윤리적인 부패는 자기 가족이나 이웃만이 아닌 국민 전체에 영향을 주고 국가의 이미지와 경쟁력에도 영향을 미치기 때문이다. 값 싼 불량 부품을 쓰고 뇌물로 이를 눈감아줌으로써 발전소가 제대로 가동되지 못한 원전비리는 무더운 여름날에 실내 에어컨도 마음대로 틀지 못할 지경으로 국민들을 짜증나게 만들었었다.

어디 이뿐인가. 공무원들의 부정과 부패는 국민들의 정부에 대한 불신으로 직결된다. 공무원들의 공명정대하지 못한 일처리와 부패는 정부의 신뢰를 아예 무너져 내리게 한다. 공무원들의 공직윤리가 너무나 중요하고, 그것이 엄격히 지켜져야 하는 이유가 된다. 반부패포럼 참석을 위해 우리나라에 왔던 적이 있던 도날드 존스턴 전 OECD 사무총장의 말은 공직사회 부패가 얼마나 중요한 문제인지를 일깨워준다.

"공공분야의 부패는 컴퓨터의 바이러스와 같습니다.
모든 체계를 마비시킬 수 있기 때문이죠."

부패가 심해지면 정부의 신뢰와 법질서가 무너지게 됨은 물론 국가 간의 무역을 포함하여 경제 전반에도 직접적으로 영향을 미친다. 이와 관련된 연구결과가 그 영향의 정도를 잘 말해준다. 서울시립대 반부패 행정시스템연구소는 국가 청렴도가 1점 상승하면 외국인 투자관심도가 26% 상승하고, 1인당 교역은 31% 상승하며, 1인당 GNP는 25% 상승하는 것으로 분석했다. 또한 청렴도가 1점 올라가면 1인당 국민소득이 4천 713불정도 늘어난다는 한국행정연구원의 아주 구체적인 분석도 있다.

부패가 100% 나쁜 것만은 아니라고 보는 관점도 있기는 하다. 정치학자인 사무엘 헌팅턴S. Huntington의 논리이다. 개발도상국의 경우

근대화 추진 과정에서 발생하는 부패가 반드시 나쁜 것만은 아니라고 그는 보는 것이다. 그의 주장에 의하면 급격한 사회적 변화를 따라가지 못하는 경직된 제도를 부패가 보완하면서 자원의 원활한 분배가 되도록 하여 경제발전을 촉진하는 요인으로 작용한다는 것이다. 이해가 가는 측면이 없지도 않다. 그러나 어떻게 보아도 부패는 부정이고 비정상이다. 부정과 부패는 어떤 사회에서도 어떤 이유로도 정당화될 수 없다. 공직사회의 부정과 부패가 없어져야 한다는 점에는 그 어느 누구도 이론이 있을 수 없다. 부정과 부패를 없애기 위해 정부와 사회가 노력하고 있지만 그 뿌리를 뽑지 못하고 있다. 법과 제도만으로는 그 뿌리를 뽑을 수 없다. 원래 부정과 부패는 언제나 그것을 뿌리 뽑겠다고 하는 법망을 피해 다니는 것이 본질적인 생태이기 때문이다. 따라서 사회 구성원의 신뢰와 믿음이라는 관점에서 어떻게 대응할 것인가가 중요하다. 부패는 결국 무엇이 옳고 그른가에 대한 인식과 판단의 문제이며, 이는 사람들 간의 신뢰의 문제이기 때문이다.

'관피아방지법'과 '김영란법'은 왜!!??

"관피아방지법이라니, 세상에 이런 이름의 법도 있나요!"

"또 김영란법이란 것은 뭐하는 법이예요?"

'관피아방지법'은 공직자윤리법에 붙여진 별칭이다. 우리나라 국회는 2014년 말에 고위 공무원들이 퇴직 후에 민간 기업이나 유관기관에 다시 취업하는 것을 더욱 광범위하게 제한하는 공직자윤리법을 개정해서 2015년 3월말부터 시행되고 있다.

원래 기존의 공직자윤리법은 국민에 대한 봉사자로서 필요한 공직자 윤리를 규정하여 공무원들이 업무를 수행하는 과정에서 공정하고 투명하게 일을 하도록 하기 위한 것이다. 퇴직한 고위 공무원에 대해 공무원으로 재직하고 있을 당시에 업무적으로 관련성이 있는 민간 사기업체에 취업을 제한하는 것은 물론 4급 이상 공무원과 그 배우자 및 직계존비속의 재산은 등록하도록 하고, 1급 이상 고위 공무원과 공직선거 후보자 등에 대해서는 정부의 신문인 관보를 통해 그 재산을 전부 공개하도록 하는 내용을 포함하고 있다. 이뿐만이 아니라 직무상 알게 된 기밀을 누설하지 못하도록 하고, 이러한 기밀을 이용하여 이득이 될 만한 재산을 취득하여 부를 축적하지 못하도록 하는 내용도 포함하고 있다.

세월호 침몰 참사 이후 공무원들의 민간유착과 그로 인한 부정과 부패가 사회적인 이슈로 부각되면서 이 공직자윤리법을 더욱 엄격히 하는 방향으로 개정한 것이다. 국장급 이상 정부의 고위 공무원들이 민간 기업이나 관련된 기관과 바람직하지 못한 유착관계를 만들어 일어나는 부정과 부패를 방지하고 공무수행의 공정성을 한 층 더 강화해야 한다는 이유였다.

지금까지는 취업제한 대상기관이 영리를 추구하는 민간 사기업체 중심으로 제한돼 왔지만 그 취업제한 범위가 대폭 확대되었다. 취업이 제한되는 민간 기업은 자본금이 10억 원 이상이면서 연간 거래액이 100억 원 이상 되는 모든 기업으로 확대 되었다. 공기업과 비영리 분야의 안전과 감독, 인허가, 규제와 조달 등과 관계되는 단체는 물론 대학과 학교법인, 종합병원, 사회복지법인으로까지 그 적용 범위를 크게 확대한 것이다. 변호사와 공인회계사, 세무사 자격증 소지자에 대해서도 재산공개대상에 해당되는 사람은 취업제한 심사를 받아야만 취업이 가능해 졌다. 따라서 법원의 부장판사 이상에 해당하는 법관이나, 검찰의 검사장급 이상 고위 검사들이 퇴직할 경우 로펌 등에 취업하는 것이 제한된다. 또한 그 취업 제한 기간도 현재까지는 퇴직일부터 2년이었지만 앞으로는 3년으로 늘어난다. 고위공무원이 퇴직한 시점에서 취업제한 여부를 따지는 업무관련성 여부의 판단 기준도 퇴직 전 5년간 소속했던 '일정 범위의 부서'로 한정됐었지만 앞으로는 '해당 기관' 전체로 확대됐다. 고위공무원이었던 사람이 10년 동안 취업제한 기관에 취업한 현황을 매년 조사하여 공개하는 고위공직자 취업이력공시제도도 도입되었다.

그러면 또 김영란법은 어떤 목적이고 어떤 내용의 법인가!

공식 명칭은 "부정청탁 금지 및 공직자의 이해충돌 방지법"이다. 이를 줄여서 '부정청탁금지법'이라고도 부른다. 그런데 이 법안은 첫 여성 대법관 출신인 김영란 변호사가 2012년 국민권익위원장으로

재직하면서 공직자들의 부패와 비리를 근절하기 위한 목적으로 법을 만들면서 사회적으로 이슈가 되기 시작했다. 민간 건설업자로부터 향응을 받고 금품을 수수한 '스폰서 검사', 내연의 관계에 있는 변호사에게서 고급 승용차 리스 비용과 명품 선물을 받고 동료 검사에게 사건을 청탁한 소위 '벤츠 검사'와 같은 부정 사건이 이 법을 만들도록 하는 계기가 되었다. 이들 사건의 해당 검사들은 뇌물공여죄 등으로 기소됐으나 전부 무죄로 처리되었다. 향응과 뇌물을 받은 것이 분명하기는 하지만 이들이 청탁을 들어줄 위치에 있지 않았다거나 직접적인 연관성이 없다는 이유에서였다. 형법으로 직무 관련성과 대가성이 있어야 뇌물공여죄로 처벌이 가능하기 때문이다. 정치인들이 뇌물을 받아도 결국에는 그 대가성이 입증되지 않아 결국에는 무죄로 처리되거나 가끔은 처벌을 받아도 그 수준은 아주 미약했다.

이 법안은 정부 내에서 많은 논란과 토론을 거쳐 법안으로 만들어져 제출되었지만 국회에서 방치되고 있었다. 그러나 세월호 침몰 참사 이후 사회적인 이슈로 떠오른 관피아 문제를 해결해야 한다는 국민들의 눈초리에 서둘러 입법이 되었다.

이 법의 적용대상자는 공직자와 언론사 임직원, 사립학교와 유치원의 임직원, 사학재단 이사장과 이사 등이다. 이 법이 시행되면 적용대상이 되는 사람들과 그 배우자가 업무적인 관련성이나 대가성을 따지지 않고 100만원을 넘는 금품을 받거나 접대를 받으면 처벌을 받는다. 금품을 수수한 그 사실만으로도 범죄 혐의로 인정돼 처벌을 받게 된다.

국회에서 통과된 김영란법은 이해충돌 방지에 관한 내용은 빠진 채로 통과되었다. 원래 김영란 위원장이 마련한 법안에는 '부정청탁 및 금품수수 금지' 부분과 '이해충돌 방지' 부분을 함께 포함하고 있었다. 국회는 심의 과정에서 위헌의 우려가 있다는 이유로 이해충돌 방지 부분은 제외해 버렸다. 그러나 공무원의 부정과 부패를 예방적으로 차단하기 위해서는 이해충돌 방지에 대한 부분이 추가되어야 한다는 의견이 적지 않다. 필자도 이점에 전적으로 동의한다. 이해충돌 방지는 공무원이 자신의 자녀가 특채되도록 한다거나 친인척 관계에 있는 기업에 정부 발주 공사가 되도록 하는 것 등이 알기 쉬운 예시적 사례일 것이다. 몇 년 전에 모 부처의 장관이 자신의 딸을 자신이 장관으로 있는 부처에 특별채용을 해서 사회적인 논란이 되고 결국은 장관직을 내 놓는 상황까지 벌어진 적이 있었다. 이는 대표적인 실례에 해당한다.

한편, 이 법은 부정과 부패를 저지른 공직자를 처벌하는 것에 목적이 없는 것은 아니지만 사전에 이러한 처벌의 상황이 만들어지지 않도록 예방하는 것에 더 큰 의미가 있다고 생각된다. 이러한 취지는 법 이름에도 그대로 담겨 있다. 원래의 정확한 법 명칭이 “부정청탁 금지 및 이해충돌방지법”이 아닌가! 원래 이 법의 입안자인 김영란 위원장이 이 법안을 만들어 추진한 취지이기도 하고 목적이기도 했던 것이다. 공무원들이 물질적인 유혹을 물리치기 쉽지 않은 상황에서 유혹을 받은 당사자는 이 법으로 인해 그 유혹을 물리칠 수 있는 충분한 이유와 상황이 될 수 있다고 생각된다.

어찌되었든 이 법이 시행되면 공직자들의 부정과 부패를 해소하는 데 도움이 될 것은 분명하다. 공무원들의 부정과 부패는 연고緣故에서 시작되는 비정상적이고, 비이성적인 관계의 문화에 깊이 기인한다고 하면 이 법은 이러한 관계의 문화, 청탁의 문화를 줄이고 개선하는데 효과적인 수단이 될 것이라고 필자는 생각한다.

그럼에도 불구하고 개정된 ‘관피아방지법’과 새로이 제정 되어 시행되게 ‘김영란법’이 공무원들의 부정과 부패를 아예 차단할 수 있는 근본적인 수단은 되지 못할 것이다. 법과 제도라는 것이 모든 것을 해결해 주지는 않는다. 법을 만들고 제도를 만들어 놓아도 정작 중요한 것은 법과 제도가 제대로 지켜지고 시행되어야 하는 것이다. 아무리 법의 취지와 목적이 좋고, 그 법이 아무리 잘 만들어져도 지켜지지 않으면 소용없는 일이기 때문이다. 결국 이들 두 개의 법이 제대로 지켜지는가의 여부는 공무원들과 그 관계를 일구어 가는 국민들의 의식이 함께 우리 사회의 관행과 문화가 동시에 바뀌어야 한다. 공무원들의 부정과 비리, 부패의 근본적인 원인은 그들 개개인의 의식과 행동의 문제이기도 하지만 많은 경우에는 그들과 관계를 만들어 가는 사회의 비정상적인 관행과 문화에 기인하는 요인도 적지 않기 때문이다.

청솔은 곧게 크려 하는데 바람은 꺾어 버리고…

푸른 솔이 곧게 크기 위해서는 그 뿌리가 튼튼해야 한다. 높은 기개로 치솟는 대나무가 곧게 자라기 위해서는 거친 풍파를 이겨내야 한다. 태풍과 같은 강한 바람이 불어와도 꺾이지 않아야 한다.

푸른 소나무나 대나무와 같이 공무원들은 강한 책임성과 봉사자성을 가지고 외부의 온갖 유혹에 흔들리지 말아야 한다. 부정과 부패로 연결될 수 있는 상황에도 말려들지 않아야 한다. 요즘 민간에 향응과 금품을 먼저 요구하는 공무원들은 아마도 없을 것이다. 또한 이같이 오해될 행동을 하는 공무원들도 거의 없을 것이라고 필자는 생각한다. 대다수의 모든 공무원들은 국가와 국민에 대한 봉사자로서 근면, 성실하게 자신의 맡은 직분을 다하려고 노력한다. 공무원으로 취임하거나 임명을 받을 때에 올곧게 자라는 대나무와 같이 되겠다는 청렴서약을 했고, 재임 중 일을 하는 과정에서도 사시사철 푸름을 자랑하는 청솔이 되겠다며 수 없이 마음을 다 잡는 노력도 할 것이다.

그러나 공무원도 우리 모든 국민과 똑같은 사람이다. 다만, 법과 제도로 일반 국민과는 다르게 생각하고 행동하도록 각종의 의무를 규정해 놓고, 다르게 행동하기를 기대하고 있는 것이다. 그러나 공무원들이 외부로부터 물질적인 유혹을 받게 되면 그 유혹을 물리치기가 쉽지 않다. 금전과 향응의 요구라도 받게 되면 순간적으로 마음이 흔들리기 마련일 것이다. 바람이 거세게 불면 어떤 나무도 그 바람에 흔들리지 않을 수 없는 것과 마찬가지이다. 바람에 어떤 나무는 가지가 꺾이기도 하고, 어떤 나무는 뿌리 채 뽑히기도 하는 것이다.

인간의 부정과 부패행위를 행동심리학적으로 설명하는 이론이 있다. 퍼지이론fuzzy theory이 그것이다. 사람들은 어떤 비도덕적이거나 비정상적인 행동을 할 때에는 자기 행동을 합리화할 수 있는 방식과 태도를 만들어 놓고 행동한다는 것이다. 어떤 행동을 할 때에 상반되는 두 가지 동기를 부여 받게 되는데, 그 첫 번째는 자신의 행동이 정직하고 존경받을 인격체로 보여 지기를 희망하는 욕구이고 태도이다. 이를 자아 동기부여ego motivation라 한다. 또 다른 동기는 이와는 상반되는 것으로 남을 속여가면서라도 이득을 얻고자 하며, 가급적이면 그 이득이 많기를 바라는 욕구이다. 이는 재정적 동기부여 financial motivation라 한다. 다시 간략히 설명하면 전자는 자기의 이성적 정체성에 따라 행동하고자 하는 심리와 태도이고, 후자는 경제적 이득을 극대화하고자 하는 생각과 행동이다. 퍼지이론은 이러한 두 가지 동기부여 사이에서 심리적인 갈등을 거쳐 사람을 속이고 부정직한 행동이나 비위를 저지르면서도 동시에 스스로를 정직한 사람으로 생각하고 합리화하고자 노력한다는 것이다. 두 가지의 서로 상반된 동기가 균형이 이루어 질 때, 이를 퍼지요인fudge factor라 한다. 사람들이 이러한 균형점을 찾아 행동이 가능해 지는 것은 사람들의 인지적인 유연성cognitive flexibility이 있기 때문에 가능하다는 것이다. 거짓말을 하면서도 착한 사람이 되기를 희망하며, 그렇게 자신을 합리화하는 것이다. 그렇다면 우리 인간은 기본적으로 '거짓말 하는 착한 사람'이라고 해야 할 듯하다.

이러한 퍼지이론으로 보면 공무원도 한 인간으로서 일반 국민과 조금도 다를 것이 없다는 생각이다. 바람이 불면 나무가 흔들리는 것과 같이 공무원도 자기에게 이득이 되는 유혹을 받으면 또 그 유혹에 흔들리게 된다. 그러나 그 유혹을 과감히 물리쳐야 한다.

공무원의 외풍과 유혹

공무원들은 일하는 과정에서 외부로부터 크고 작은 유혹을 받는다. 유혹이 있을 수밖에 없는 것은 앞에서 누누이 설명한 바와 같이 이들에게는 법의 규정에 의해 정당한 권한이 부여될 뿐만이 아니라 정책을 만들고 집행하는 과정에서 상당한 재량성이 있어 그 영향력이 적지 않기 때문이다.

공무원들은 외부의 상대방으로부터 받는 유혹이 단순한 부탁이든 청탁이든 이를 모른 체하기 어렵고, 가급적 안 들어 주기가 매우 곤란한 것이 우리 사회의 환경이다. 그 부탁과 청탁은 지연과 학연 등으로 얽히고설킨 연고緣故에서 시작되기 때문이다. 이러한 연고의 작동 원리는 그것이 지연이든 학연이든 '우리가 남이가!' 라는 식이다. 일단 부탁이나 청탁을 받으면 거절하기 매우 어렵다. 이러한 상황들이 쌓이면서 관행화되다 시피 한 부패의 고리가 되어 온 것이다. 부탁이나 청탁을 안 들어주면 섭섭해 하는 것은 기본이고, 우리 사회에서 그토록 중요하게 여겨지는 그 연고관계가 깨어지는 것까지도 감수를 해야 한다. 지연과 학연을 근저로 하는 연고는 우리사회에서 많은 순기능적인 역할도 하지만, 비정상적이고, 비이성적인 관계로 작용하는 경우가 허다하다. 개인적인 인연을 중시하고 정情에 약한 우리 공무원들이 부탁과 청탁이라는 외부의 바람에 흔들리고 꺾어질 수밖에 없는 이유와 상황이다.

앞에서 설명한 퍼지이론으로 보아도 인간은 자기 합리화의 동물인 것이다. 자기 자신의 생각과 행동은 나름대로 정직하고 도덕적이라고 생각하게 되는 것이다. 어떤 부정이나 비도덕적인 행위를 하는 경우에도 자기가 용인하고 합리화 할 수 있는 범위 내에서 하려는 경향을 보인다. 다시 말해서 어느 정도의 행위가 부정한 것이고, 부패이며 죄가 되는지에 대한 자기 나름대로의 기준을 만들고 그 기준에 따라 행동하는 것이다. 그러나 자신이 정한 기준을 한 번 깨뜨리고 나면 더 이상 자기의 행동 기준을 통제하고자 하지 않는다. 즉, 그 이후부터는 부정이나 비위의 유혹에 훨씬 쉽게 넘어가게 되는 것이다. 일단 한번 도둑질을 하면 상습범으로 발전하기 쉽게 되는 것과 같은 이치이다. '바늘 도둑이 소도둑 된다.'는 우리 옛말이 틀린 말이 아닌 것이다.

그러기에 공무원들은 자신을 합리화하여 행동하는 기준을 어느 누구보다도 강하고 엄하게 해야 한다. 뿌리가 깊은 나무가 바람에 넘어가지 않고, 거친 풍파를 이겨내는 대나무가 곧게 자라는 것처럼 공무원들은 외부로부터의 바람을 이겨낼 수 있는 아주 단단한 마음속의 윤리기준을 설정하고 업무에 임하는 자세가 필요하다. 자신이 설정한 기준으로 외풍과 유혹을 지켜 내려는 자세가 국민에 대한 봉사자라는 헌법의 정신과 법령으로 규정하고 있는 공직자 의무를 토대로 한 것이라면 한 점 흠잡을 데가 없을 정도로 완벽한 것이라 생각된다.

공무원은 공무원으로서 해야 할 일이라면 부탁이나 청탁이 없어도 찾아가며 적극적으로 하는 것이 맞고, 해서는 안 될 일이라면 부탁이나 청탁이 있어도 뿌리치고 넘어가야 하는 것이 기본적인 자세이고, 정도이다.

유혹에 흔들릴 때, 당신의 명예와 연금을 생각하라!!!

공무원들이 공직자로서 올바르지 않은 행동임을 알면서도 유혹에 흔들리고, 경우에 따라서 말려드는 것은 결국 개인의 욕심 때문이다. 앞에서 설명한 퍼지이론대로라면 자아의 동기보다는 재정적 동기가 더 강하게 발동되기 때문이다. 다시 말해서 금전과 물질에 대한 욕구요, 욕심 때문인 것이다.

공무원이 물질과 명예를 다 가질 수는 없다. 공무원이 받는 보수가 적으면 적은대로 그 수준에 맞추어 사는 수밖에는 별다른 도리가 없다. 공무원이 될 때부터 이미 보수가 많지 않다는 사실을 알고 공무원이 되기로 한 것이 아닌가.

필자도 공직에서 일하는 동안 적지 않은 유혹을 받은 상황이 없었던 것이 아니다. 그리고 사실은 크든 작든 간에 퍼지요인에 따라 나 자신을 합리화하며 부정과 비리에 빠진 적도 없지 않았을 것이다. 그때, 그 건은 그러한 상황에서는 나름 괜찮고 용인될 수 있는 것이었다고 필자의 논리로 합리화하며 유혹에 빠졌던 적이 있었을 것이다. 이 지면을 통해 공직자의 정도를 이야기하고, 공직윤리를 이야기 하고 있는 필자도 사람이고, '거짓말 하는 착한 사람'이기를 희망하고 바라는 것은 마찬가지일 것이다.

필자가 외부의 유혹을 받은 사례를 하나 소개해 본다. 어느 제약회사에 다니는 선배 임원이 얼굴 한 번 보자며 만나자고 했다. 점심약속을 하고 나갔는데 그 선배는 회사 사장님과 같이 나왔다. 점심을 먹으며 이야기 하다 보니 자기네 회장님이 훈장을 받도록 해 달라는 내용이었다. 이는 부탁이라기보다는 청탁이었다. 필자가 일 했던 부처에서는 매년 보건의료 발전 유공자에 대한 포상을 실시해 왔다. 그런데 이 회사 회장님이 우리나라 제약산업을 일구고 키워낸 공로로 훈장을 받기를 원하는 것이었다. 그런데 이 회장님은 이미 산업유공 훈장을 두 번이나 받은 분이었는데, 이번에는 최고 등급의 훈장으로 한 번 더 받으려고 하는 것이었다. 욕심이 과하다는 생각을 하며 일어서려 하는데 사장님이 봉투하나를 내밀며 받으라고 했다. 무엇이냐고 물으니 그냥 인사치레라는 것이었다. 식당 안에는 다른 손님들도 있는데 참으로 난감한 상황이었다. 상대방은 웃는 얼굴로 계속 받아두라는 식으로 들이밀었다. 어쩔 수 없어 단도직입적으로 물었다.

"그거 얼마나 됩니까? 100억쯤 됩니까?
나는 100억이 안 되는 돈은 받지 않는데요!!!"

이 말에 선배와 사장님은 더 이상 봉투를 받으라고 강요하지 못했다. 그 봉투에 든 돈이 100억이 될 리가 없었다. 생각해 보면 정말 많아야 몇 백만 원 정도 되지 않았을까 생각된다. 그러면 그 몇 백만 원을 받고 나의 명예를 팔수가 있겠는가. 혹시라도 잘 못 되면 그 몇 백만 원 때문에 공직자로서의 명예는 차치하고서라도 개망신을 당할 이유가 있겠는가. 30여년을 공직자로서 나름 정도를 지켜 정직하게 살아 왔다고 합리화하고 있는 터에 한 순간의 물질적인 욕심으로 여기서 명예를 잃어 버려서는 안 되지 않는가. 더욱이 잘 못 되기라도 하면 개인 저축이나 다름없이 차곡차곡 쌓아 온 공무원연금조차도 받을 수 없게 되지 않는가.

필자가 100억 원을 이야기 한 것은 공직자로서의 명예와 더불어 미래에 연금을 받을 것까지를 감안하면 필자의 가치를 최소한 100억으로 본다는 의미이다. 공직자로 살면서 자신의 가치를 금전적으로 계산해 보는 행위조차가 합리적인 생각이 아니며, 올바른 행동도 아닐 것이다. 또한 그것을 금전적인 가치로 계산을 한다고 해도 그 가치는 개인에 따라 매우 주관적인 것으로 정확하게 계산하는 것조차도 쉬운 일은 아닐 것이다. 그러나 유사시에 공직자로서의 정도와 공직윤리를 지킬 수 있는 나름 하나의 방패막이로, 마음속의 윤리적인 행동기준쯤으로 생각하고, 이를 미리 계산을 하여 머리에 넣고 다니는 것이 과히 나쁜 것만은 아닐 수 있다는 것이 필자의 생각이다. 자신이 자신에 부여하는 공직자로서의 명예적인 가치에 덧붙여 앞으로 공직자로서 일 할 수 있다고 생각되는 기간 동안에 받을 보수와 퇴직하여 받게 될 연금을 현재 시점의 가치로 대략 환산 해 보는 것이다. 필자의 경우 그간 30여 년간 공직자로서의 살아온 명예의 가치 80억

원, 퇴직 예상시점까지 받을 것으로 추산되는 봉급의 현재가치로 10억 원을 더하고, 여기에 퇴직하여 85세 정도에 죽을 것이라고 가정을 하여 죽을 때까지 약 25년간 받을 수 있는 연금의 현재가치를 대략 10억 원으로 보아 이를 합하면 필자의 금전적인 가치는 약 100억 원이 된다고 본 것이다.

이왕에 계산하는 바에는 가급적 그 금액을 크게 계산해 두는 것이 좋다는 생각이다. 그 금액이 클수록 자신의 공직에 대한 명예를 크게 평가하는 것이 되며, 그 평가 금액이 높을수록 유사시에 외부의 유혹을 물리칠 수 있는 보다 더 든든한 방패가 될 수 있다고 생각되기 때문이다.

중국의 반부패 투쟁, 호랑이와 파리를 잡아라!!!

중국은 중화민족의 위대한 부흥을 이루어 가겠다는 꿈을 꾸고 있다. 이름하여 '중국몽(中國夢)'이다. 새로운 비전으로 중국을 이끌고 있는 시진핑(習近平) 정부는 중국몽의 일환으로 공무원들의 부정과 부패를 발본색원하는 작업을 벌이고 있다. '호랑이 사냥'과 '파리 사냥'이 그것이다. '호랑이 사냥'은 고위 거물급 관료들의 부정과 부패를 잡는 작업이고, '파리사냥'은 하위 직급의 부정과 비리에 빠진 공무원들을 잡아 들이는 업이란다. 소위 완장을 찬 것처럼 마구잡이식으로 권력을 행사하면서 갖은 뇌물 고리에 몰두하고 있는 부패한 공무원들을 척결하는 작업을 강력히 추진하고 있는 것이다. 지금까지 '호랑이'로 통하는 장관급 이상 고위 관료도 54명이 처벌되거나 낙마했다. 이들 중에는 정치국 상무위원과 같은 말 그대로의 대형 호랑이도 잡혀 들고 있는 것이다. 중국에서 공무원의 부패는 힘 있는 고위관료에 해당하는 호랑이들만의 세계가 아니다. 하위직의 공무원들도 그들이 가지고 있는 권한을 내세워 뇌물을 받아들이고 있다는 것이다. 이들은 파리로 불리는데, 이미 18만 명의 파리가 잡혔단다.

중국 정부의 반부패 투쟁에는 호랑이 사냥과 파리사냥 외에 하나가 더 추가된다. 여우사냥이 그것이다. 이는 부정한 돈을 싸들고 해외로 도망친 부패한 공무원들을 잡아들이는 것이다. 중국 정부는 해외로 도피한 부패사범이 1만 8천여 명에 이르며, 이들이 해외로 빼돌린 돈은 우리 돈으로 자그마치 약 144조원이 될 것으로 추산하고 있다. 중국의 부패 공직자들은 홍콩이나 말레이시아 등지로 우선 도피한 후에 여권을 위조하여 다시 제3국으로 숨어들어 간다고 한다. 미국과 캐나다, 그리고 호주가 이들 파리들이 숨어 지내는 선호 국가라 한다.

2013년 국제투명성기구의 국가별 부패지수 순위에서 80위 수준인 중국 정부는 공직자의 부패가 도를 넘는 수준으로 경제의 성장과 발전을 가로막는 커다란 걸림돌이 되고 있을 뿐만이 아니라 인민들의 불만을 확산시켜 통치기반을 해칠 수 있는 위협요인이 된다고 보는 것이다.

6

공무원, 이제는 변해야 한다

공무원이 변해야 한다

사회가 변했다. 공무원도 변해야 한다!!!

우리 사회는 하루가 멀다 싶을 정도로 너무나 빠르게 변화하고 있다. 사회가 복잡다단하게 발전하고 변화하는 만큼 공직사회의 역할과 그 기능도 달라져야 한다. 공무원들이 일하는 환경도 달라졌고, 공무원에 대한 세간의 인식과 위상도 예전과는 판이하게 달라졌다. 또한 이러한 변화는 앞으로 더욱 빠르게 진행될 것이다.

사회가 변하는 만큼 직업에 대한 인식도 변했다. 과거의 선입관을 버려야 한다. 따라서 공무원들의 인식도 변해야 할 때이다. 당위적으로 변해야만 한다. 길거리의 쓰레기를 치우고, 철로에 자갈을 채우는 직종에 대졸자가 몰리고, 군 장교 출신이 택시기사를 한다고 해서 놀랄 일도 아니고 이상한 것도 아니다. 자기가 하는 일에 나름대로 가치를 부여하고 의미 있게 생각하는 지혜가 필요할 뿐이다. 일하는 방식과 형태만 간단히 생각해 보아도 과거처럼 아침 9시부터 저녁 6시까지 일하는 일반적 근무형태도 있지만, 재택근무, 원격근무 등 다양한 근무시스템이 도입될 것이다.

해방과 6.25 전쟁이후 아주 짧은 기간 동안 산업화와 경제성장의 과정에서 우리 공무원들이 그 성과의 중요한 견인차 역할을 담당해 왔다는 긍정적인 평가는 자부심으로 간직해도 좋다. 그러나 우리 공무원들이 급속하게 변하는 시간적 흐름과 국민들의 지각과 변화에는 발 빠르게 적절히 대응하지 못해 왔다고 볼 것이다. 공무원으로 재직하는 기간 동안에는 공직이라는 울타리 안에 안주하면서 국민에 대한 갑의 위치에 있는 것처럼 행동하고, 퇴직 후에도 산하기관이나 유관단체로 옮겨 앉아 그들 조직 속에서 상호 공존의 먹이사슬을 만들어 가는 갑을관계甲乙關係의 매개체 역할을 맡고 있다는 비판을 받고 있다. 이런 저런 이유들로 인해서 이제 공무원은 '관피아'란 이름으로 공공의 적처럼 되어 있는 것이다.

우리 공무원들은 이러한 현실을 분명히 인식하면서 시대의 변화에 맞게 자신의 역할을 돌아보고 다시 재정립하는 노력이 필요하다. 무엇보다도 공무원 각자가 자신의 위치에서 국민의 눈높이에 맞추어야 하는 것이 시대적인 상황임을 인식해야 한다. 주권자이며 공적 서비스의 수요자인 국민의 눈높이가 어느 정도인지를 분명히 알아야 한다. 국민은 고객이고 수요자이며, 공무원은 그들이 필요로 하는 공적인 서비스를 배달하는 사람이라는 인식을 분명히 하고 그러한 행동을 실제로 보여주어야 한다. 고객이 만족하는 정책을 펼치는 것이 공무원의 자세이고, 역할이어야 한다. 국민을 민원인이 아니라 고객으로 보아야 한다. 기업이 이익을 창출하기 위해 소비자를 상대로 정성을 다해 불렀던 고객이라는 단어가 공직사회에서도 공무원들의 마음속 상용어가 되어야 한다.

공직, '완장'은 이제 버리세요!!!

완장은 자신의 역할과 임무를 타인에게 식별시키기 위해 팔에 착용하는 표장이다. 우리 사회가 유교전통의 양반문화에서 지배와 피지배, 갑과 을로 구분되어 왔던 터에 사람들은 완장을 차게 되면 자신이 영웅이나 된 듯이 권력을 남용하고 타인을 멸시하려는 습성을 가지는 경향이 있다. 피지배와 을의 입장에 서 있게 마련인 서민층일수록 완장에 약하고, 그 반대로 물질을 소유하거나 권력이 있다고 믿는 위치에 있는 계층일수록 완장에 강하다고 볼 수 있다. 실제 소설 완장에 나오는 한 구절의 짤막한 대사도 이러한 상황을 뒷받침해 준다.

"돈도 완장이고 지체나 명예도 말짱 다 완장이여."

상대방으로부터 부러움을 사는 것, 상대방 앞에서 자신 있게 내보일 수 있는 것이라면 무엇이든지 모두 완장이나 다름이 없었다. 요즘 우리 국민의 명품에 대한 소유욕도 완장의 허황된 의식에서부터 그 뿌리를 내리고 있는 것인지도 모를 일이다.

유교문화의 전통이 숨어있는 우리에게는 공직도 하나의 완장으로 통해왔는지도 모를 일이다. 그러나 이제는 공직의 어느 자리도, 어느 직책도 완장을 차고 위세를 부리는 소설 "완장"의 주인공 임종술처럼 행동할 수 있는 자리나 직책은 없다. 헌법에서 국민에 대한 봉사와 책임을 부여받은 공무원이 위임받은 권한을 가지고 갑의 입장에서 상전 노릇을 한다는 것은 비정상非正常 중의 가장 비정상적인 모습이고, 절대 용납될 수 없는 비정상적인 행동이다. 국민은 절대 갑이며, 국민에게 서비스를 제공하고 봉사해야 하는 공무원은 절대 을이어야 한다. 공무원이 이러한 인식을 갖고 몸으로 행동할 때 국가가 발전하고 국민이 행복해질 수 있다. 공무원이 이러한 의식을 갖고 행동하도록 국민은 무서운 눈초리로 공무원들을 변화시켜야 한다.

공무원들은 진실로 국민을 주인으로 생각해야 한다. 공무원이 친절한 국민의 봉사자가 될 때 국민은 공무원에게 감사하며 존경하게 된다. 공무원은 이제 공급자 중심의 사고, 형식주의, 권위주의와 같은 낡은 사고방식을 떨쳐버려야 한다. 대신에 봉사와 소통의 자세로 일해야 한다. 국민이 수요자이고 동시에 공급자라는 국민 중심의 인식과 자세가 절대적으로 필요하다. 공무원들의 생각과 행동이 이런 방향으로 변해야 한다. 공무원이 변해야 국민이 행복해지며, 나라가 발전한다. 지금도 완장을 찬 공무원이 있다면 당장 그 완장을 벗어 버려야 한다.

권력(power)은 멀리하고, 권위(authority)는 찾아라

권력과 권위는 모두 지배와 복종의 관계에서 상대방에게 영향력을 미친다는 점에서 유사함이 있다. 두 개념 모두 다른 사람을 지배 내지 복종시킬 수 있는 힘이라는 점에서 동일하다. 그러나 권력과 권위는 분명 차이가 있다. 권력은 사회적 지위의 상하관계에서 나타나고, 권위는 가치의 상하관계에서 나타난다. 권력은 그 지배가 타율적이고 외형적이다. 반면에 권위는 그 지배가 자율적이고 내면적이다. 또한 권력은 조직을 전제로 함으로써 인위적으로 만들어질 수 있다. 반면에 권위는 억지로 만들어지는 것이 아니고 인간 본연의 관계

에 내재하는 자발적인 것이다.

권력은 남을 복종시키거나 지배할 수 있는 공인된 권리와 힘이다. 특히, 국가나 정부가 국민에 대하여 가지고 있는 강제력을 의미한다. 이에 반하여 권위는 타인을 지휘하거나 통솔하여 따르게 하는 힘이라고 할 수 있을 것이다. 막스 베버Max Weber는 권력을 "사회적 관계에서 타인의 저항에도 불구하고 자신의 의사를 관철시킬 수 있는 가능성"으로 보았다. 또한 권위는 "일정한 명령에 일정한 사람들이 복종할 가능성"이라고 했다.

사람들은 기본적으로 권력과 함께 권위도 동시에 누리고 싶어 한다. 그러면서도 타인의 권위를 인정하고 받아들이는 것에는 인색하다. 이는 권위를 인정받고 있는 자나 그 권위를 인정해 주어야 하는 입장에 있는 사람 모두가 권력과 권위의 차이를 이해하지 못하고 있기 때문이다. 권위를 권력으로 잘 못 이해하고 있는 것이다.

권위는 신뢰가 그 밑천이다. 신뢰를 바탕으로 마음속으로 상대방의 생각과 행동에 동의하고 우러러 보일 때 권위는 자연스럽게 나타난다. 즉, 권위는 권력과는 달리 쟁취하는 것이 아니라 만들어 지는 것이다. 자신의 권위를 위해서는 먼저 상대방을 인정할 줄 알아야 한다. 타인으로부터 인정받지 못하는 사람은 권위를 가질 수 없다. 권위는 없어져야 할 부정적 의미를 지니는 말이 아니고 오히려 필요한 것으로 긍정적 의미를 지니는 말이다. 이는 비민주적이라는 의미를 갖는 권위주의와도 다르다. 권력도 권위를 바탕으로 해야 한다. 권위를 바탕으로 하지 못하는 권력은 그 구성원의 자발적 동의를 획득할 수 있는 정당성을 획득하지 못한다. 부모를 믿지 못하는 자식은 부모의 권위를 인정하지 않기 때문에 부모에게 반항하거나 순종하지 않게 된다. 아내가 남편을 신뢰하지 못하면 남편의 권위를 인정하지 않게 되고, 남편 또한 아내의 권위를 인정하지 않는 것은 그를 신뢰하지 못하기 때문이다.

공무원들에게는 크고 작은 정도의 차이가 있지만 합법적인 권력이 부여되어 있는 것이 사실이다. 그러나 그 권력의 행사는 부여된 범위 내에서 절차와 방법에 따라 행해져야 한다. 어느 정도의 재량이 있지만 그 한계를 넘어서면 곤란하다. 그리고 권력의 행사가 합리적인 상식으로 이해될 수 있는 수준이어야 함은 불문가지不問可知이다.

정치인의 권력은 권력이 아니다!!!

지난 해 어느 방송사가 창사특집으로 '최후의 권력'을 방영했다. 스스로 권력을 내려놓은 부탄 국왕의 모습을 그렸다. 왕정 국가인 부탄에서 국왕은 국민의 행복을 위해 자신의 모든 권력을 내려놓았다.

"국민이 불행해지는 것은 내 목숨을 잃는 것이다"

부탄의 국왕은 자신의 모든 권력을 내려놓았지만 그 내려놓은 권력은 더욱 강력한 존경과 신망의 권위가 되어 그에게 되돌아오고 있다는 것이다.

국민을 위한 봉사자인 공무원은 물론이거니와 국민의 대의기관인 국회의원들도 권력을 내려놓아야 한다. 왕정국가의 왕이 자신의 권력을 모두 내려놓는 판에 자유민주주의 국가의 국회의원들이 자신들의 권력을 내려놓는 것은 너무나 당연한 것일 것이다.

정치의 권력을 한마디로 설명하는 것은 쉬운 일이 아니다. 권력은 개인 또는 집단이 또 다른 개인이나 집단을 자기의 의사에 따라 행동하게 하는 힘이다. 이러한 힘이 정치적 기능을 할 수 있도록 형성된 경우를 정치권력이라 하고, 법적으로는 공권력公權力이라 부른다. 타인을 강제할 수 있는 제도화된 힘인 것이다. 정치에서의 권력은 남을 복종시키거나 지배할 수 있는 공인된 권리와 힘이다. 때로 권력은 정치적 권력political power과 같은 뜻으로도 쓰인다.

권력은 인간의 역사와 궤를 같이 한다. 인간이 있는 곳에는 언제나 권력이 존재했다. 사회가 복잡해지고 관료 체제가 확립되면서 왕이라는 절대 권력자가 등장했다. 그러나 근대 시민 혁명의 과정을 통해 민주주의가 정착되면서 국민 개개인이 권력의 주체가 되기에 이르렀다. 우리나라도 이제는 국민이 권력자가 되었다. 모든 권력은 국민으로부터 나온다. 헌법 제1조는 이를 분명히 규정하고 있다. "대한민국은 민주공화국이며, 모든 권력은 국민으로부터 나온다." 적어도 이론적으로는 그렇게 되었다.

국회는 헌법기관이다. 또한 국회의원 개개인도 모두 헌법기관이다. 헌법기관인 국회와 국회의원은 국민의 옆에서 국민을 위한 국민의 대의기관이 되어야 한다. 헌법 제1조에서 규정하고 있는 "대한민국은 민주공화국이다."라는 헌법적 이념과 가치를 구현하는 주체가 되어야 한다.

국회의원은 국민들에게 권력을 행사하려 하지 말고, 권위로 인정받고자 하는 인식과 노력이 필요하다. 특히, 정치인들에 대한 비판이 많은 요즈음 국민의 대의기관이라고 하는 국회와 그 국회의 의원님들은 그를 뽑아준 국민들에게 권력보다는 권위로 다가가는 모습과 행동이 절실하다. 국회와 국회의원의 권력은 권력이 아니다. 당연히 아니어야 한다. 권위의 개념이 앞에서 설명한 대로라면 우리 국회의원들에게는 권위조차도 없다고 보아야 할 것이다. 국회나 국회의원이 가지고 있는 것은 그를 뽑아준 유권자와 국민에게 행하는 공적인 서비스가 있을 뿐이다. 국회의원은 자신의 권력을 권력으로 보기에 앞서 책임과 의무라고 보아야 할 것이다. 그들의 권력은 그들을 헌법기관으로 만들어 준 유권자를 위해 봉사하는 책임과 의무로 보아야 하며, 실제 그렇게 행동해야 한다. 국회의원이 진정 국민을 위한 서비스 제공자로서 국민들에게 다가간다면 그들의 법적인 권력은 의미를 갖게 되고, 권위는 자연스럽게 덧붙여지게 될 것이다.

우리나라에 국민을 위한 정당은 없고, 국민을 권력자로 보는 국회의원도 없다고 생각하는 것이 국민들의 정치에 대한 일반적인 인식이고 생각이다. 선거철이 되면 그를 선택해 줄 국민을 위해 일하겠다며 허리를 굽혀가며 친절하게 읍소한다. 그러나 일단 선거를 통해 권력의 문에 들어가고 나면 그들에게 권력을 부여해 준 국민들보다는 자신들의 권익과 정파적인 이해에만 몰두하는 이들이 정치인들이고 국회의원이라고 생각한다면 이는 분명 잘못된 것이다.

공직에 대한 환상은 버려야 한다

공직은 별 것이 아니다. 공직에 환상 같은 것은 존재하지 않는다. 공무원은 어떤 특권과 명예가 뭉치로 주어지는 자리가 아니다. 적어도 이제부터 우리 공무원들은 공직을 이렇게 생각하고 행동해야 한다. 현대사회에서 어떤 특별한 특권이 부여되고, 명예가 덩굴채 주어지는 일자리는 공직에도 없거니와 다른 어떤 분야에도 없다.

이제 공직은 더 이상 옛날과 같이 완장을 찬 특권의 자리가 아니라 수많은 직업 중에 하나의 의미 있는 직업일 뿐이다. 이제 공직은 하나의 좋은 '양질의 일자리'일 뿐이다.

양질의 일자리를 얻어야 한다는 소망과 노력은 비단 우리나라 젊은이들만의 문제가 아니다. 세계 모든 젊은이들의 소망인 듯하다. 갤럽이 6년 동안 세계의 각종 데이터를 분석해서 얻은 결과 사람들이 가장 원하는 것은 양질의 일자리였다고 한다. 그리고 '양질의 일자리'는 "일주일에 30시간 꾸준히 일 할 수 있고, 정기적으로 일정한 보수를 받는 일자리"라고 정의했다.

위의 개념 정의에 따른다면 공직은 어느 직종의 어느 자리보다도 양질의 일자리라 할 수 있을 것이다. 따라서 공무원은 정말로 괜찮은 양질의 일자리에서 일하는 사람이다. 공무원이 된다는 것은 누구나가 부러워 할 수 있는 양질의 일자리를 얻은 취업자가 되는 것이다. 공무원이 된 나는 정말로 좋은 양질의 일자리를 가지고 있어 다른 누구보다도 행복하다는 의미만 부여할 수 있다면 공무원은 행복해 질 것이다. 여기에 한 발 더 나아가 국민을 위해, 그리고 사랑하는 가족의 행복을 위해 봉사한다는 봉사자성奉仕者性의 마음을 가지고 임한다면 공직은 영원한 행복의 일터가 될 것이다.

현재의 위치에서 공무원으로서 자신의 역할에 의미를 부여하고 긍정적으로 평가하는 노력이 필요하다. 자기 자신이 지금 하고 있는 일이 자신이나 어느 특정 기업을 위한 것이 아니라 모든 국민을 위한 일을 한다고 생각해 보자. 국민 중에서도 특별히 도움과 지원을 필요로 하는 취약계층이나 소외계층을 위한 일을 한다고 생각해 보자. 이는 어떤 일보다도, 어떤 직종의 일보다도 의미가 있는 일이 아니겠는가. 그리고 이러한 국민을 위한, 어려운 계층을 위한 일을 한다는 가치 부여와 함께 사랑하는 가족의 행복을 동시에 꿈꾼다면 공무원으로서의 직업, 즉 공직은 앞으로도 충분히 의미가 있고 가치가 있는 것이 될 것이다. 우리 사회의 안전과 복지의 사각지대에 있는 힘든 처지에 있는 사람들을 진정으로 이해하고 배려하면서 그들을 위한 일을 한다고 생각하면 공직은 영원히 가치 있는 직종이 될 것이다.

공무원은 무엇으로 살아야 하는가??

공무원, 이제 무엇으로 살아야 하는가!!!

상당히 오래 전의 일이다. '여자는 무엇으로 사는가?'라는 드라마가 꽤나 인기리에 방영된 적이 있었다. 오래되어 그 핵심적인 내용과 줄거리는 기억이 가물거리지만 그 제목만큼은 아직도 필자의 머릿속에 강하게 각인되어 있다. 이러한 제목을 공무원에 붙여 문제를 제기하고 생각해 보는 것도 의미가 없지 않을 듯하다.

'공무원은 무엇으로 사는가?' 명예인가, 권력인가? 아니면 공무원조차도 돈인가?'

'앞으로 공무원이 될 사람들은 무엇으로 살아야 하는가?'

이러한 질문들은 예전에도 그랬겠지만 지금 그 어느 때보다도 우리 공무원들이 심각하게 생각하고 고민해야할 문제라는 생각이 든다.

요즘 세상이 너무나 급속하게 많이 변했고, 특히 공직에 대한 세간의 인식과 국민들의 기대가 예전과 같지 않은 시점에서 과연 '공무원은 무엇으로 사는가?' '공무원은 무엇으로 살아야 하는가.'라는 드라마를 만든다면 매우 인기 있는 작품이 나올 법하다는 생각도 든다.

기본적으로 인간은 욕망의 동물이다. 생각하여 본인에게 좋고, 이득이 되는 것이라면 무엇이든지 소유하고 싶어 하고 탐하고 싶어 한다. 그 중에서도 가장 갖고 싶어 탐하는 것은 권력과 돈일 것이다. 이에 더 할 것이 있다면 명예일 것이다.

권력이란 것은 앞에서도 설명했듯이 한 마디로 간단히 설명하기는 쉽지 않다. 그럼에도 불구하고 우리 대부분은 주관적으로나마 그 개념을 머릿속에 두고 부지불식간에 권력을 추구하는 경향이 있다. 그러나 권력은 본질적으로 상대적인 것이며 추상적인 것이다. 어떻게 보면 신기루와도 같은 것이며, 인생의 결과로 놓고 본다면 일장춘몽一場春夢에 불과한 것인지도 모른다. 이제 우리 사회에서 권력의 개념은 변해야 하고, 그 권력의 주체도 변해야 한다.

한편으로 돈은 물질만능의 현대 자본주의 사회에서 너나 할 것 없이 모두가 갖고 싶고, 그 돈의 혜택을 누리고 싶어 한다. 돈은 기본적으로 물질적인 것이다.

또 다른 한편으로 명예는 사람의 품성이나 명성, 신용 등의 인격적 가치를 의미하는 것으로 대외적인 평판이나 자긍심이다. 이는 상황에 따라 매우 주관적이고 추상적인 가치이다. 그럼에도 불구하고 명예는 생명이나 신체와 더불어 배타성을 가지는 중요한 권리로 보호된다.

이외에 시간의 의미도 한번 생각해 보기로 하자. 모든 사람들의 인생에서 가장 많으면 많고, 부족하다면 부족한 것이 있다면 아마도 시간일 것이라고 생각한다. 그런데 이와 같이 흔히들 길기도 하고 많기도 하다고 생각하는 시간은 우리 인간이 만들어 사용하는 하나의 편의적인 도구일 뿐이다. 실제로 우리가 살아가는 시간은 오늘이고, 바로 지금이라는 시간밖에 없는 것이다. 그러고 보면 시간이 가장 짧고 가장 귀한 것이라고 보아야 할 일이다. 오늘 하루 중에도 매 순간 순간이라는 현재의 시간을 얼마나 값진 가치를 갖도록 사용하고 활용했는가에 따라 이미 흘러가 버린 과거의 시간은 아름답고 귀한 시간이 되기도 하고, 추하거나 의미 없는 시간이 되기도 한다. 인생의 매 순간마다 우리에게 다가 왔다가 지나가는 지금 이 순간의 시간을 가치 있게 활용하지 못하고 그 시간 속에 속박 당하거나 그냥 흘려버린다면 인생의 삶의 가치는 없어지게 된다. 어떻게 보면 가장 중요하면서도 항상 부족한 것이 시간이라고 필자는 생각한다.

그러면 공무원은 앞에서 설명한 권력과 돈, 명예와 시간 중 어떤 것에 가치를 부여하고 어떤 공직의 길을 갈 것인가. 당위적으로 어떤 길을 가야만 하는가?

공무원이 권력과 돈, 명예 이 모두를 가지는 것은 어려운 일일 것이다. 이 모두를 가지려 해서는 안 된다. 특히 권력과 돈을 탐해서는 안 된다. 공무원은 남을 지휘하거나 통솔하여 따르게 하는 힘으로서의 권위는 필요하지만, 남을 지배하고, 힘을 쓸려고 하는 권력은 필요가 없다. 형식적인 권위주의도 없어야 한다.

돈과 명예를 동시에 가지려 해서도 안 된다는 생각을 한다. 국민들이 낸 세금으로 봉급을 받는 공무원들이 돈을 모아 부를 축적하기는 쉽지 않을 것이다. 물론 타고난 능력이 있어 이 둘 모두를 가질 수 있다면 나쁜 것은 아니겠지만 능력과 여건이 안 되면서도 이 둘 모두를 추구하다보면 공무원으로서의 정도를 가기가 어렵게 될 것이다. 돈을 탐하다 보면 정도를 벗어나게 되고, 일탈된 행동을 해야 하는 상황에 빠지기 쉽다. 이 일탈된 상황은 공무원으로서 해서는 안 되는 부정일수도 있고 부패일 수도 있다.

국민들은 공무원이 국민의 안전과 행복을 지켜주는 진정한 봉사자가 되어 줄 것을 요구하고 있다. 공무원에게 가장 중요한 덕목을 들자면 국가와 국민을 위한 헌신과 봉사, 청렴성, 그리고 전문성일 것이다. 이러한 노력과 자세를 견지하면서 지켜가는 것이 바로 공무원의 명예일 것이다. 공무원은 공직자로서의 명예만큼은 지켜야 한다. 이러한 명예를 지키기 위해 매 순간 순간 성실하게 일하는 시간은 가장 고귀하고 값진 시간이 될 것이며, 이들 시간이 쌓이면 공무원으로서의 값진 인생이 될 것이다.

정부는 물론 국민들은 공무원들이 권력과 돈을 탐하지 않고 공직자로서의 정도를 지키며 명예로운 삶을 살아갈 수 있도록 성원하고 지원해 주어야 한다.

공무원의 역할과 위상에 대한 변화를 인식하라

이제 공무원의 역할과 자세는 진정으로 달라져야 한다. 과거의 완장에 대한 향수를 완전히 버려야 한다. 전관예우와 낙하산의 적폐는 없어져야 한다.

이제 공무원은 진정 국민을 위한 봉사자라는 헌법의 규정을 머리와 가슴속에 단단히 인식시키고 봉사자로서 일하고 행동해야 한다. 이제 공직은 수많은 직업의 하나일 뿐이다. 오늘을 살아가는 현직의 공무원들도 일부 선배 공무원들이 누려왔던 관피아의 잘못된 관행과 전관예우에 따른 적폐의 달콤함을 누리고 싶고, 향유하고 싶은 미련이 있을지도 모르겠다. 미련이 있다면 그 미련을 떨쳐버리는 것은 쉽지 않을 수도 있을 것이다. 그러나 이러한 달콤함에 미련을 갖고 그 잃어버린 상황을 두고 서운함을 하소연해 봤자 우리 국민들은 이를 더 이상 용인하지 않을 것이다.

지금까지 우리 사회의 일부 공직자들에게는 잘못된 생각과 행동이 몸에 배어 왔었다. 공무원으로서 할 수 있는 막강한 역할과 권한을 교환 가치가 있는 일종의 귀중한 상품처럼 여겨 왔다고도 할 수 있다. 공적인 서비스의 제공자로서 당연히 해야 할 일을 하면서도 어떤 경우에는 촌지를 받고, 허용해서는 안 될 일을 눈감아주면서 금전적인 대가와 향응을 누려 왔던 시절이 있었고, 그러한 공무원들이 있었다. 일부 선배 공무원들이 살아왔던 삶의 방식이었을 수도 있다.

그러나 이제 우리 국민은, 우리 사회는 더 이상 이런 과거의 공무원을 용납하지 않는다. 국민과 사회가 용인하지 않기 이전에 공무원이 되려는 사람들, 우리 현직의 공무원들이 삶의 방식과 태도를 바꾸어야 한다.

우리는 TV 화면을 통해 소위 '악어의 눈물'의 실제 상황을 본적이 있다. 일부의 재벌가와 정치인들이 우리 사회의 상식과 이성을 뛰어넘는 불합리와 부정의 일을 저지른 후, 어떤 경우에는 더 심하게 불법까지도 저지른 후에 사건이 터지면 진정성 없이 고개를 숙이고 사과를 하는 경우를 보아왔다. 마음에서 우러나는 진정성 없이 거짓으로 흘리는 눈물이 악어의 눈물이다.

변화된 것처럼 보이는 공무원들의 역할과 자세가 지금 공직사회를 엄습하고 있는 엄동설한의 한파를 일시적으로 모면하기 위한 악어의 눈물이어서는 안 된다. 공무원이라는 나의 자리가 지금은 잠시 볕이 들지 않는 쥐구멍이지만 바짝 웅크리고 앉아 기다리다 보면 다시 볕 들 날이 올 것이라고 생각해서는 안 된다. "덥고 추운 것도 추분과 춘분까지다."라는 옛말과 같이 공직의 한파가 지나가면 다시 우리 선배 공무원들이 누렸던 어제와 같은 호시절이 올 것이라고 믿고 있다면 이는 큰 착각이 아닐 수 없다.

이제는 영혼이 있는 공무원이어야!!!

흔히들 공무원은 영혼이 없다고 한다. 이 말은 공무원의 입에서부터 나왔다. 또한 공무원은 목구멍이 포도청이라고 한다. 이 두 가지 말에는 상호 연관성이 있다는 생각이 앞선다. 공무원은 목구멍에 풀칠을 하기 위해, 다시 말하면 먹고 살기 위해, 자신들의 영혼을 파는 것인가? 아니면 팔아야만 하는 상황인가?

그런데 사실은 가장 영혼이 필요하고, 그 영혼을 올곧게 지켜가야 할 사람들은 공무원이어야 한다는 것이 필자의 생각이다. 그럼에도 불구하고 어떤 이유나 상황으로 인해 그 영혼을 팔아야만 한다면, 그 이유와 상황이 무엇이든 간에 슬픈 현실이 아닐 수 없다는 생각 또한 든다. 공무원이야말로 영혼을 죽여 버린, 혼이 없는 사람이 아니라, 그 혼이 항상 살아있는 영혼의 소유자이어야 한다. 공무원에게 영혼이 필요한 이유는 말할 필요도 없이 그들이 공직이라는 자리에서 국가와 국민을 위한 공적인 업무를 하기 때문이다. 민간기업의 직원은 살아남기 위해 영혼을 팔지라도 공무원만큼은 영혼을 팔아서는 안 되는 사람들이다. 국민이나 공공의 이익을 위해 일하는 공무원이 영혼을 팔게 되면 그 결과는 고스란히 국민의 부담으로 돌아가게 될 것이기 때문이다.

8여 년 전 어느 보건복지부 장관이 30년이 넘는 마지막 공직을 떠나가면서 후배 공무원들에게 당부한 이임사의 한 구절이다.

"영혼이 있는, 의식이 있는 공무원이 돼 달라. 국민의 입장에서 일의 우선순위를 세우고, 조직의 차원을 넘어 정부 전체를 조망하는 넓은 시각을 갖고 일 해 달라."

공무원은 자신의 조직이나 상관 그리고 정부의 권력자를 위해 봉사하는 것이 아니라 국민을 위하여 봉사하도록 그들의 신분을 법으로까지 보장하고 있다. 공무원의 신분을 보장해주는 이유는 권력자나 인사권자가 국민이나 공공의 이익에 상반되는 정책을 추진하려고 할 경우 흔들리지 말고 법 규정에 따라 소신 있게 일하라는 취지이다. 인사권자가 지시를 해도, 권력이 요구를 해도 분명 아닌 것에는 아니라고 말할 수 있어야 하며, 지시와 요구가 없어도 국민의 삶과 공공의 이익에 필요한 일이면 적극적으로 추진하는 공무원들을 국민은 원하고 기대한다.

항상 법 규정을 따져 가며 일하는 공무원들이 그 영혼이 없다고 하니 법으로 만들어서라도 영혼을 팔지 못하도록 명시적으로 규정해야 할 일일지도 모르겠다. 요즘 전 정부에서 추진되었던 4대강 개발과 관련한 논란을 보면 더욱 와 닿는 말이다. 전임 정부 시절 어느 장관이 했다는 이야기다.

"우리 뜻이 아니라 청와대 의지 때문에 어쩔 수 없었다."

정부의 정책이 이같이 추진되고, 공무원들이 이와 같은 태도로 일을 한다면 지금의 정부가 중요하게 추진하는 정책도 정부가 바뀌고, 대통령이 바뀌면 다시 재검토되고 뒤집혀야 한다는 논리 밖에 되지

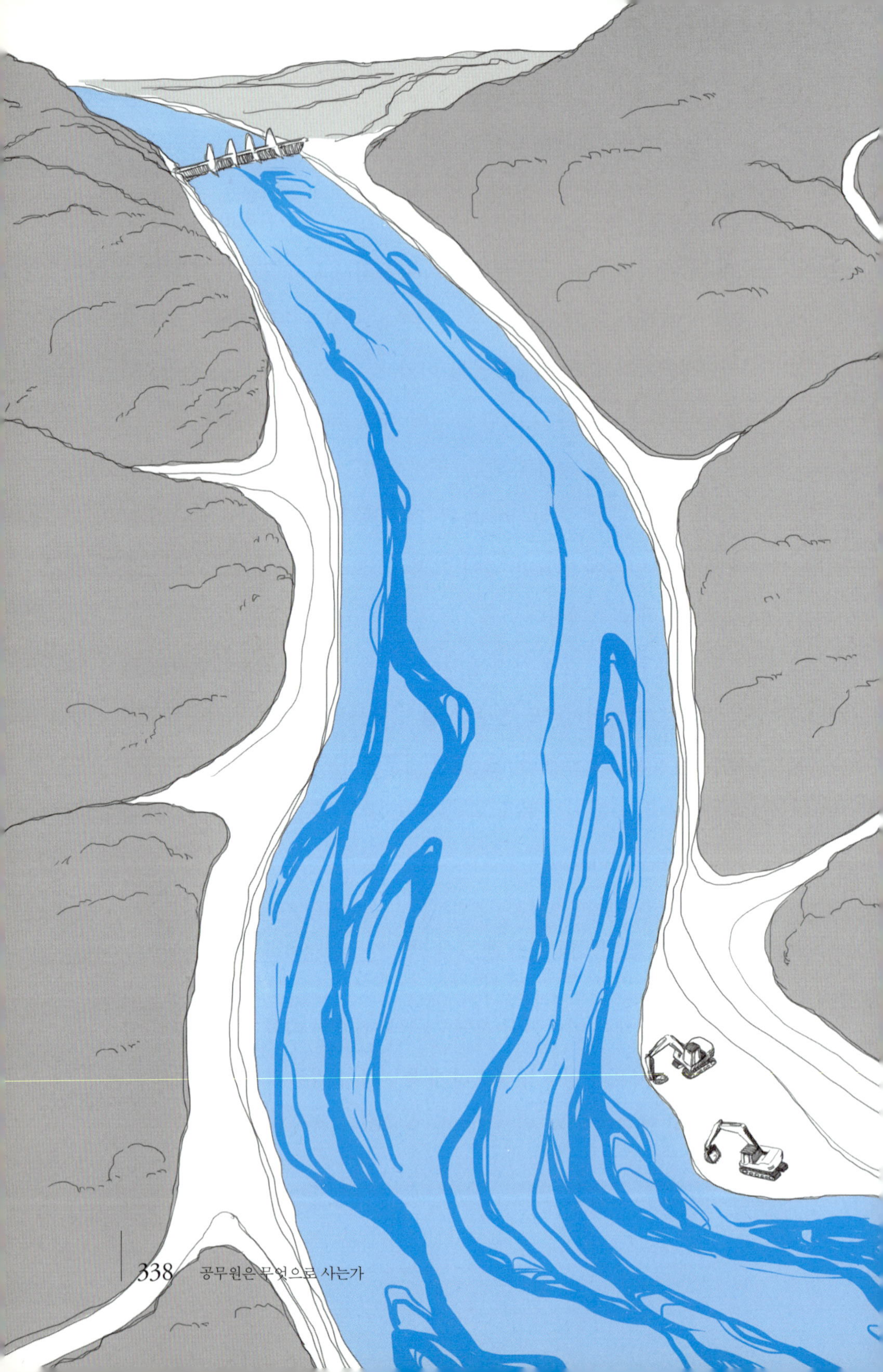

않지 않는가?

헌법에는 공무원의 신분과 정치적 중립성을 보장하는 규정이 있다. 국가공무원법에는 공무원의 정치행위와 집단행위를 금지하는 규정이 있다. 이러한 법 규정의 취지는 승진이나 임용 등 정치적인 영향을 받을 수 있는 환경에서도 공무원들이 흔들림이 없이 공평무사하게 일을 할 수 있도록 하기 위한 것이다. 비록 정권이 바뀌고, 새로운 정치 권력자가 정권을 잡아도 그 정치세력의 영향에서 보호될 수 있도록 하고자 하는 취지인 것이다. 그러고 보면 법 규정은 이미 공무원들이 영혼을 팔지 않도록 하는 의무를 충분히 규정하고 있다고 보여 진다.

공무원은 국민과 국가에 복종하고 헌신해야 할 의무가 있다. 특정 임기의 특정 정부가 아닌 국민 전체를 위한 큰 틀의 시각으로 보았을 때 문제가 있다고 판단되는 정책과 사업에는 반대 의사를 밝힐 수 있는 공무원이 되어야 한다. 이제는 더 이상 영혼을 팔지 말고, 영혼을 소중히 지키는 공무원이어야 한다.

공무원도 노블리스 오블리주가 있다

노블리스 오블리주Noblesse Oblige는 한마디로 높은 사회적 위치에 있는 사람들이 그들의 위치와 신분에 상응하는 도덕적 의무를 뜻한다. 원래 이 말은 로마시대 왕과 귀족들이 보여 준 투철한 도덕의식과 솔선수범하는 공공의 정신에서 출발했다.

너나 할 것 없이 우리 모두가 변해야 하지만, 특히 우리 사회의 지도층이 변해야 한다. 우리 사회에서 지도층과 사회 엘리트들이 자기 역할을 제대로 하고 있는지 되새겨 보아야 한다. 알면서도 고치지 못했던 고질적인 행동과 관행은 어떤 것들이 있는지도 뒤돌아보고 바꾸어야 한다. 우리사회에 지도층의 노블리스 오블리주가 절실히 필요한 시점이다.

공무원도 사회 지도층의 일원이다. 특히 국회의 정치인이나, 정부의 장관과 차관을 포함한 고위공무원들은 분명 이 사회 지도층에 해당하며, 사회지도층의 일원으로서 노블리스 오블리주의 사회적 책임을 다하는 자세가 필요하다.

그러면 공무원이 지켜가야 하는 의무에 해당하는 오블리주는 과연 무엇인가. 국가와 국민을 위한 봉사자로서 그들을 위해 주어진 역할을 성실히 정직하게 수행하는 봉사 자세 그 자체가 공무원의 오블리주라 할 수 있을 것이다. 다시 말하면, 국민 입장에서 국민을 위해 일하는 공무원은 다름 아닌 노블리스이고, 그러한 역할을 묵묵히 수행하는 역할과 자세는 오블리주인 것이다. 공무원이 사회적으로 일탈된 행위 없이 공직자로서의 정도正道를 지켜가는 것이 바로 공무원의 노블리스이고, 오블리주인 것이다.

2008년 어느 부처 모 차관이 실제로 농사를 짓지 않아 '쌀 소득보전 직불금'을 받을 자격이 아예 없으면서도 부정, 불법으로 이 돈을 받아 챙겼다. 이 돈은 수확기에 쌀값이 목표가격에 미달할 경우 그 차액의 일부를 정부가 직접 지불해주는 것이다. 한마디로 어려운 농민의 소득을 보전하기 위한 제도이고, 직불금이라는 돈은 농지 소유자가 누군가와는 관계없이 실제 경작을 하는 농민들이 받아야 할 돈이다. 그런데 이 돈을 실제 도시에 살아 농지를 구입할 자격도 없는 사람이 불법으로 농지를 사고, 더욱이 농사는 짓지도 않으면서 대신 그 돈까지 챙겨 먹은 것이다. 이로 인해 불거진 공무원의 쌀 직불금 파문은 당시 서울과 과천에 거주하는 상당수 공무원들은 물론 공공기관의 임직원들까지 연쇄적으로 들통이 나게 만들었다. 공직자들의 올바르지 못한 의식과 행태의 한 단면이며, 우리 공무원들의 노블리스 오블리주가 왜 필요한지를 일깨워 주는 대표적인 한 실례이다.

공무원으로서 당신의 최고(your what)를 찾아라

"What is your what?"

스티브 올셔Steve Olsher의 베스트셀러다.

내 내면의 진정한 나의 'what'은 무엇인가?
현재 내 인생의 나의 what는 무엇이며, 무엇이어야 하는가?

자신의 삶과 인생에 대한 고민을 항상 하면서 살아가는 사람들이라면 적어도 몇 번씩은 이러한 물음을 던지고 스스로 답을 찾아보는 고민을 했으리라는 생각을 한다. 이러한 질문에 답하는 노력을 통해 나의 'what'을 발견하면 보다 나은 나의 참된 모습을 찾게 될 것이다. 자신의 최고의 'what'이 무엇인지를 찾아내는 노력이 필요하다. 내 인생은 내가 참된 주인공이어야 하기 때문이며, 내 인생을 가장 값지고 의미 있게 살아가는 것이 나에게 주어진 하나의 의무이기도 하고, 책임이기도 하기 때문이다.

인생에 대한 확실한 통찰과 부단한 노력을 통해 자신의 최고what를 찾은 사람만이 자신이 생각하고 열망했던 최고의 길을 갈 수 있다. 그러나 이러한 최고의 길은 나를 위해 기다려 주지 않는다. 내가 모든 노력을 다해 찾아내야 한다.

자신의 최고를 찾는 노력을 통해 참된 최고의 자신을 찾은 사람이 있다면 필자는 피겨 여왕 김연아 선수가 가장 대표적인 사례의 하나라고 생각한다. 그녀는 피겨스케이팅의 완전 불모지인 우리나라에서 세계가 인정하는 최고가 되지 않았는가. 2010년 밴쿠버 동계올림픽에서 역사상 최고득점의 금메달로 세계 정상에 우뚝 서게 되었고, 그녀는 우리 한국을 뛰어 넘어 세계 피겨 스케이팅의 역사를 새로이 쓰지 않았는가. 그녀의 완벽한 연기에 세계의 많은 사람들이 찬사를 보냈었다. 필자의 오랜 친구인 미국 보건부 국제협력실의 자문관 Merchant, M. Jay도 그녀의 최고 절정의 연기를 보고, 가슴 벅찬 찬사와 함께 진심어린 축하의 메시지를 보냈었다. 이 축하 메시지도 수

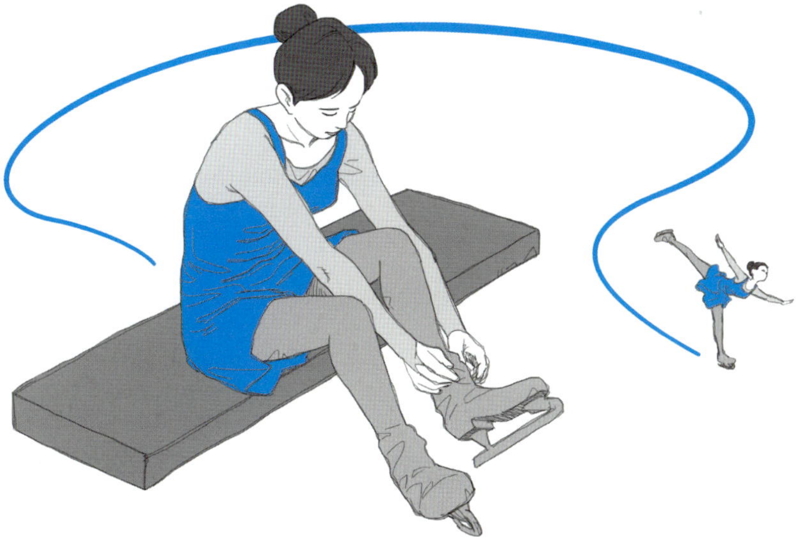

많은 세계인들이 그녀에게 보낸 찬사중의 하나였을 것이다.

Merchant, Jay M.(CMS/OP) 〈00000@cms.hhs.gov〉

Fri, Feb 26, 2010 at 8:15 AM

To: Man-bok Jeon 〈00000@gmail.com〉

“Dear Man-Bok,

I am very pleased to congratulate you, my very special friend on the achievement of Ms. Kim Yu-na in winning the Olympic Gold Medal for women's figure skating. Not only did she win, her score was definitely a perfect one. I am so very pleased that Korea can celebrate this fantastic achievement in the current

Olympic Games. With my best wishes and great joy for Korea and all of the Korean people."

김연아 선수가 세계 최고의 선수가 되기까지 그간 얼음판에서 흘린 땀과 눈물의 시간은 본인이 아니고서는 그 어느 누구도 상상하고 형언하기조차 어려운 과정이었을 것이다. 굳이 이를 고사성어로 표현해 본다면 '마부위침磨斧爲針'이 아니었을까. 도끼를 갈아 바늘을 만드는 것 이상의 힘든 과정이었을 것이다. 그녀는 은퇴 후에도 유니세프 친선대사와 평창 동계올림픽 홍보대사로서 그녀가 갈 수 있는 또 다른 최고의 'what'을 찾아 가고 있는 것이다.

공무원인 당신은 공무원으로서의 최고의 'what'를 찾아 떠나는 노력을 기울여야 한다. 공무원으로서 나의 참된 모습을 실현할 수 있는 최고의 'what'이 무엇인지를 찾아내는 고민과 노력은 매우 중요하다. 이러한 노력을 통해 훗날 당신이 공무원이었던 나의 인생은 충분히 의미가 있고 보람된 것이었다고 자평할 수 있고, 그 자랑스러운 당신의 평가를 당신의 가족에게, 그리고 친구들에게 한 점 부끄러움이 없이 이야기 할 수 있다면 얼마나 성공한 인생이고, 얼마나 값진 인생이겠는가.

공직은 당신이 선택한 당신의 인생이다

필자의 친구 중에 전문 산악인은 아니지만 등산을 너무나 좋아하는 친구가 있다. 그 친구는 주말이면 거의 예외 없이 전국의 큰 산이든, 아니면 서울 근교의 작은 산이든 구분하지 않고 등산을 한다. 친구에게 농담 삼아 질문을 한다. 그 오르기 힘든 산을 하인이나 시켜 오르게 하면 될 일인데, 왜 늘 힘들게 오르느냐고! 그러면 그는 알 듯 모를 듯한 대답을 한다. 등산은 삶의 영역을 2차원에서 3차원으로 확장하는 의미가 있어 인생의 깊이를 크게 해 준다는 것이다. 나름 이해가 될 것 같기도 하지만, 충분한 이해는 어렵다. 등산을 좋아 하지 않는 필자로서는 등산을 통해 직접 체험해 보지 않고서는 그 의미를 충분히 헤아릴 수가 없을 것이다.

중요한 것은 친구와 같이 등산을 취미로 하는 모든 사람들은 모두 그들 나름대로 등산에 무엇인가의 의미와 목적을 부여하고 행하는 것이다. 등산을 통해 건강을 다지고자 하는 목적도 있을 것이고, 친구의 말대로 철학적으로 인생의 깊이를 크게 하는 목적도 있을 것이다.

당신은 이 나라의 공무원이다. 공무원은 취미가 아닌 하나의 직업으로 선택한 것이다. 20년이나 30년, 아니면 보다 더 길게는 40년을 공무원으로서 일한다고 생각한다면 인생의 대부분을 공직으로 일하게 되는 것이다. 이러한 긴 기간은 단순히 물리적인 시간의 길이만으로 보아도 당신의 중요한 인생의 한 부분이 아닐 수 없다. 앞서 기술한 바와 같이 대부분은 이미 '나는 왜 공무원이 되려고 하는가?' '나는 공무원이 되어, 어디서 무엇을 할 것인가?'에 대한 적지 않은 생각과 고민을 거쳐 공무원이 되었을 것이다. 지금까지의 공무원이 되는 과정에서 얼마나 격한 경쟁의 과정을 거쳐야만 했던가. 시험 경쟁률 하나만 보아도 수십 대 1은 기본이고, 심지어는 수백 대 1의 경쟁을 뚫고 들어온 것이 아닌가. 친구 따라 강남가다 보니 어느새 공무원이 되어 있는 것이 아니지 않는가. 당신의 아버지, 어머니가 공무원이나 해보라고 해서 된 공무원이 아니지 않는가.

그렇다면 당연히 공무원으로서의 당신의 인생을 보다 아름답고 값진 인생으로 만들어 가야 하는 것은 너무나 당연하다. 사람들마다 인생의 목표가 모두 다르듯이 공무원으로서의 목표도 사람마다 다르고, 일하는 방식과 태도도 다를 것이다. 그러나 분명한 한 가지는 공무원으로서의 인생이 당신 본인과 당신의 가족은 물론 국가와 국민을 위해 보다 값진 의미를 부여하고 그 것을 추구할 수 있는 공무원이 되기를 원하고 갈망하는 것은 똑같을 것이다. 공무원을 당신의 인생으로 선택한 당신은 그 인생이 아름답고 고귀하며 값진 것이어야 할 필요가 있기 때문이다. 다시 한 번 자문해 보자.

"공무원인 나의 삶은 내게 어떤 의미를 갖는가?"

그리고 스스로 자신의 답을 찾아보자. 우리가 다 아는 대문호 괴테는 다음과 같이 답했다.

"삶의 의미와 참다운 보람은 돈, 권력, 아름다운 여자를 소유함으로써 얻을 수 있는 것이 아니다. 내가 하는 일에서 의미를 발견하고 그 일을 열심히 할 때 찾을 수 있다."

공무원의 길, 당신의 가슴속에 있다.

공무원으로서의 아름답고 가치 있는 인생, 고귀한 인생은 분명히 당신의 가슴속에 있다. 공무원인 당신이 공무원의 어떤 의미와 가치를 부여할 것인가는 오로지 당신의 마음이고, 당신의 의지이기 때문이다.

그럼에도 불구하고 공무원이 각자의 가슴 속에 담아서 가야 할 길은 크게 두 가지로 나누어 볼 수 있다고 생각한다. 꼭 가야만 하는 올바른 길과 공무원인 당신에게 요구되어지는 바람직한 자세이다.

우선 공무원으로서의 올바른 길은 공무원의 정도를 가는 것이다. 공무원의 정도는 앞에서도 누누이 강조했듯이 헌법으로 규정한 봉사자의 길이다. 공무원은 국민 전체에 대한 봉사자이며, 국민에 대하여 책임을 진다는 헌법 7조의 규정이 그것이다. 봉사자로서의 길은 헌법이 부여한 공무원의 기본적인 자세인 동시에 의무이기도 하다. 국민을 위한 봉사자로서 국민들이 행복과 삶의 기쁨을 누리도록 하는 것이 직분이요, 의무인 동시에 공무원이 가야 하는 올바른 길인 것이다.

다음은 우리 사회가 요구하는 공무원의 바람직한 자세이다. 공직자의 바람직한 자세는 시대와 상황에 따라 변한다. 필자의 동료이기도 한 김모 전 국세청장은 신규 국세공무원들의 교육에서 3가지를 주문했다. 전문성과 조직생활, 그리고 청렴성이었다. 결국 같은 이야기라 생각되지만 필자는 청렴성과 사명감, 그리고 전문성을 들고 싶다. 첫째로 청렴성이다. 청렴은 사회와 국가의 경쟁력을 가늠하는 척도가 되고 있다. 또한 공무원은 국가의 청렴도를 측정하는 거울처럼 인식되기 때문에 부정과 부패를 멀리하는 공무원의 청렴은 무엇보다 중요하다. 청렴은 국가공무원법에서 정하고 있는 공무원의 의무로써 가장 중요하면서도 기본적인 자세이다.

둘째로 공무원은 국민의 행복과 안전을 위해 일하겠다는 사랑과 열정이 있어야 한다. 이것은 공무원으로서의 사명감이다. 이러한 사명감이 없이는, 즉 국민에 대한 사랑과 열정이 없이는 진정한 봉사자가 되기 어렵다. 헌법으로 규정하고 의무로 부여되었다고 해서 봉사자가 되는 것은 아니다. 봉사자의 역할을 행하는 것은 사람의 마음이고 사랑이기 때문이다. 사랑의 마음이 없이는 진정한 봉사자가 되기 어려운 까닭이다.

셋째는 전문성이다. 우리 사회는 시장경제를 근간으로 하는 자유민주주의 사회이다. 더 나아가 지구촌으로 표현되는 국제경쟁의 사회이다. 사회는 더욱 복잡해지고, 다원화되어 가고 있다. 동시에 업무의 영역은 점점 세분화, 전문화 되어가고 있다. 공직사회에서도 전문성은 날이 갈수록 더욱 중요시되고 있다. 자신이 맡은 분야에서만큼은 최고의 전문가가 되어야 한다.

이러한 올바른 길을 항상 마음에 두고 자신이 하는 일 하나 하나를 머리로 생각하고, 가슴으로 행동한다면 이 하나 하나가 모여 소중하면서도 값진 당신의 공무원인 인생이 되는 것이다.

공무원, 머리보다는 가슴이다!!!

변화하는 시대에 맞춰 정부도 변해야 하고 공무원도 변해야 한다. 사회의 변화에 맞게 공무원들의 의식과 행동은 달라져야 한다. 국민은 공무원의 바람직한 자세를 요청하고 있다. 공무원 스스로가 사회의 변화에 맞게 변화를 추구할 때 사회변화에 걸 맞는 새로운 공직자상이 만들어질 것이다.

공무원에게 부여된 권한은 멋대로 휘두를 수 있는 권력이 아니다. 필요한 공직수행을 위해 국민이 위탁한 것이다. 권한이 부여되는 만큼 일반국민이나 다른 직업인보다 더 높은 윤리규범과 도덕성이 요구되고 있는 것이다.

국민과 공무원은 물과 물고기의 관계와 같다고 할 수 있을 것이다. 물이 없으면 물고기가 살 수 없듯이, 국민이 없다면 공무원은 존재의 의미가 없다. 존재의 의미가 없는 것이 아니라 물고기와 같이 아예 살 수가 없을 것이다. 그렇다면 공무원인 당신이 살기 위해서라도 국민을 대하는 당신의 생각과 자세는 달라져야 한다. 앞에서 언급했듯이 국민은 민원인이 아니라 고객이라고 생각해야 한다. 국민이 권력자이고 국민이 주인이라고 생각해야 한다. 예전처럼 공무원은 갑이고 국민은 을이라고 생각해서는 안 된다. 아니면 적어도 갑과 을의 상하관계가 아니라 상호 수평적인 협력관계라고 생각해야 한다. 공무원은 갑이라는 인식을 떨쳐버리고 국민의 눈높이에서 적극적으로 국민의 요구를 파악하고 들어주어야 한다.

이를 위해서는 봉사자로서의 진정성이 필수적이다. 진정성은 상대방을 대하는 진심어린 마음이다. 남영 비비안 사장인 김모 사장의 이야기다. 그는 말단 영업사원으로부터 시작해 그 회사의 최고의 CEO가 되었다. 그는 80년대 초 일본 도쿄 긴자거리에 있는 앙코르라는 이름의 여성 속옷 매장에서 연수를 받은 경험이 있었다고 한다. 그가 여기서 배운 것은 고객을 진정성 있게 대하라는 것이었다. 영업의 기본은 고객을 대하는 것이며, 진심어린 마음을 담아 인사하는 것이었다고 한다. 그러면서 일주일 내내 길거리에 서서 허리를 굽히는 각도까지도 훈련을 받으며 '어서 오세요!'를 끊임없이 소리 내어 인사하는 법을 배웠단다. 그리고 한국으로 돌아와 배운 대로 인사하며 고객을 대하니 고객이 마음을 열더라는 것이다. 그리고 그 경험과 체득이 지금까지 회사의 최고 CEO로 성장하는 그의 밑거름이 되었다고 그는 말한다.

국민도 공무원의 친절한 진정성을 원한다. 진정성 있게 국민을 대함에 있어서는 머리보다는 가슴이다.

세상이 아무리 변해도 공직에는 보람이 있어야 한다.

누가 뭐래도 공무원은 어느 직업군에 못지않게 의미 있는 직업이다. 우리나라는 공무원에 대한 기대가 어느 사회, 어느 국가보다도 높다고 생각한다.

어떤 상황에서도 정부를 이끌고 나라살림을 계획하고 집행하는 것은 공무원들이다. 국민들이 필요로 하는 공공의 서비스를 제공하는 것은 공무원들의 몫이다. 공무원들이 이 나라 최고의 엘리트일 필요는 없다고 할지라도 그들은 어느 정도 이 나라의 인재여야 한다. 실제로 우리나라 공무원들은 어느 민간 기업이나 조직 못지않게 엄격하고도 경쟁적인 선발과정을 통해 들어온 우수한 인재들이다. 모든 것은 상대적이지만 업무 능력도 뛰어나고 진정 국가와 국민을 위한다는 사명감으로 일하는 공무원들이 훨씬 더 많다고 보는 것이 필자의 기본적인 생각이다. 이들이 공무원으로서 20년, 30년 일하면서 얻은 폭넓은 경험과 지식은 중요한 국가적 자원이기도 하다.

그러나 요즘 공무원이 여러 가지로 비판의 대상이 되고 있다. 이는 공무원에 대한 기대가 크기 때문에 그 실망도 큰 것이라고 필자는 생각한다. 결과적으로 공무원의 사기는 바닥에 떨어 졌다.

이런 때일수록 공무원들 스스로가 국민으로부터 신뢰를 회복하고 사랑을 받도록 행동하고 처신해야 한다. 그리고 정부는 공무원들이 공직자로서의 삶을 자랑스럽게 여길 수 있도록 해 주어야 한다.

공무원들이 '공공의 적'으로 질타를 받는 상황이 전개되면서 우려의 목소리도 나오고 있는 것이 사실이다. 공무원들이 자신들의 미래가 불투명하고 불안하다고 느낀다면 현재의 공무원들은 어떤 생각으로, 어떻게 일하고 행동하겠는가? 공무원들에 대한 매도의 분위기가 계속된다면 과연 앞으로 우수한 인재가 공직에 몸담고자 하겠는가? 공무원이 되고자 하는 사람들은 과연 어떤 사람들이겠는가? 이들이 국가에 대한 헌신과 봉사자성奉仕者性을 생각하고 들어오겠는가? 설사 이들이 공직에 온다고 하더라도 신바람 나게 일할 수 있겠는가? 여러 가지 의문과 함께 걱정도 앞서게 된다.

공무원에 대해 투자를 아끼지 않는 예는 얼마든지 있다. 프랑스는 대학을 졸업하는 엘리트를 선발해 세계 최고 수준의 공무원으로 만들기 위해 2년간 집중적으로 교육을 시킨다. 싱가포르도 공무원에게 최고의 대우를 해주고 있다. 이들 국가는 공무원들이 책임감과 봉사성을 갖도록 교육을 한다. 공직자로서 필요한 소양을 통해 공직에 대한 올바른 가치관을 갖고 일할 수 있도록 가르친다. 또한 경쟁력을 갖춘 엘리트가 될 수 있도록 필요한 훈련 프로그램을 운영한다. 이들 국가가 공무원에 대해 필요한 투자와 지원을 아끼지 않는 것은 이들 공무원들이 국가 존립의 기초가 되면서 국가 경쟁력의 원천이 된다고 보기 때문일 것이다.

공무원들이 공직자로서의 삶에 대해 충분히 가치가 있고, 의미가 있는 것으로 생각할 수 있어야 한다. 세상이 아무리 변해도 공직은 의미가 있고, 충분히 보람이 있다고 느낄 수 있어야 한다. 정부는 공무원들이 그렇게 가치를 부여하고 보람을 느낄 수 있도록 해주어야 한다.

공직은 영원하다! 그리고 영원해야 한다!!

우리나라는 그동안 산업화와 민주화 두 산을 넘었다. 이제 남은 것은 사회의 선진화, 즉 선진국이라는 큰 강을 건너야 한다. 또한 통일이라는 큰 산을 넘어야 한다. 선진국과 통일의 과업은 세계화라는 틀 속에서 찾고 진행되어야 한다. 그럴 수밖에 없는 것이 요즘의 우리가 살아가고 있는 세계 주변의 환경이다. 세계의 변화하는 환경에 맞게 대응하기 위해서는 또한 미래를 준비해야 한다. 현재를 살기 급급한 국민과 국가는 미래의 변화를 생각하고 대응할 여력이 없다. 준비 없이 맞이한 미래를 다시 현재로 받아들이는 악순환의 굴레에 남아 있어서는 안 된다. 세계의 변화와 미래의 변화를 예측하고 적극적으로 대응하지 않으면 안 된다. 희망찬 미래는 미래에 대한 도전과 응전을 통해 얻어지기 때문이다.

우리나라가 미국과 유럽 등 선진 국가와의 경쟁에서, 그리고 중국과 일본 사이에서 살아남기 위해서는 정확한 미래의 예측을 전망하면서 그 변화에 맞는 목표와 전략을 생각해야 한다. 이러한 변화와 도전에 적극적으로 응전할 수 있는 역량이 필요하다. 지금까지 변화와 도전에 소극적이었던 자세로는 안 된다. 공무원들의 우수한 역량이 어느 때보다 필요한 시점이다. 세계화 시대에 맞게 미래를 예측하며 선도해 나갈 수 있는 공무원들의 역할이 절실한 시점이다. 세계 일류만이 살아남을 수 있는 무한경쟁의 시대에 국가 발전의 방향타를 잡고 선진국으로의 길과 방향을 제시하고 인도할 사람들이 바로 공무원이기 때문이다.

행정은 공무원들에 의해 수행되고, 이러한 행정을 개혁하는 작업도 공무원에 의해 주도될 수밖에 없다. 결국 국가의 올바른 발전을 위해서는 공무원의 역할이 중요하지 않을 수 없다. 이렇게 중요한 역할을 할 수 있도록 공무원들이 역량을 갖추는 것은 대단히 중요한 부분이다. 공무원들이 어떤 능력을 가지고 있고, 무엇을 해야 하고, 매우 빠르게 변화하는 정치 · 경제 · 사회적 환경에 대응해 어떤 역할을 수행할 것인지에 대한 고민과 함께 필요한 역량을 갖추어가는 노력을 기울여야 한다.

국가가 존립하는 한 공직은 영원하다. 아니 영원해야 한다. 그리고 공무원은 우리 사회의 희망이 되어야 한다. '관피아'의 멍에에서 탈피해야 한다. 그리고 국민의 신뢰를 회복해야 한다. 이를 위해서는 적극적으로 변화해야 한다. 진정 국민을 위한 국민의 봉사자가 되어야 한다. 국민을 위한 봉사자로서 국가 발전의 인도자가 되어야 한다.

에필로그

오늘은 다시 7월 17일 제헌절이다. 공직을 그만둔 지 꼭 1년이 되는 날이다. 그리고 내일이면 이글을 쓰기 시작한지 정확히 1년이 된다. 이제는 지난 1년간 써 온 이글을 마무리해야 하는 순간이다.

"공무원은 무엇으로 사는가?"

필자의 30여년 공직 생활을 통해 듣고, 느끼고, 실제 행동했던 것들을 최대한 솔직히 써 보고자 노력했다. 공무원이 되기를 희망하는 한국의 모든 젊은이들에게 공무원의 모든 것을 이야기해 주고 싶었다.

우선 간단히 시계열적으로 이야기하면 필자를 포함한 우리 선배 공무원들은 어떻게 살아 왔는가에 대해서 써 보고자 했다. 이 경우에 책의 제목은 다음이 되었을 것이다.

"공무원은 무엇으로 살았는가?"

그리고 세종시와 서울을 오가느라 하루하루가 피곤하지만 그래도 국민의 눈과 귀를 살피느라 정신없이 오늘을 사는 현직의 공무원들은 무슨 생각을 하며 어떻게 일하고 있는가의 모습을 써보려고 노력했다. 이 경우에 책의 제목은 다음이 더 알맞은 제목이 될 것이라는 생각이 든다.

"공무원은 무엇으로 살고 있는가?"

다시 이야기하지만 세월호 침몰 참사 이후 우리 공무원들은 마치 공공의 적이라도 되는 양 여러 가지로 비판의 대상이 되고 있다. 공무원들의 사용주인 국민들의 눈초리는 그 어느 때보다도 무서워 졌다. 국민들은 공무원들의 말과 행동 하나하나를 예의 주시하고 있다. 이제는 국민들이 눈을 부릅뜨고 주인 역할을 다하는 주인이 되기로 한 것이다. 그러다 보니 오늘을 사는 공무원들은 마음이 편치 않고, 육체적으로도 피곤하다고 보는 것이 맞을 것이다. 그 어느 때보다도 국가의 주인이요, 사용자인 국민의 다양한 욕구에 맞는 서비스를 제공하지 않으면 안 되기 때문이다. 이는 역설적으로 이야기하면 그 어느 때 보다도 공무원의 자리가 더 중요해 졌다는 이야기가 된다.

오늘 이 무더운 날씨에도 내일의 공무원이 되기 위해 고시원과 학원에서, 그리고 대학의 도서관에서 공부에 매진하는 수많은 젊은 미래의 예비 공무원들은 더 말할 나위가 없을 것이다. 앞으로의 공무원이 될 젊은이들은 가야 할 공직은 진정으로 국민과 국가를 위한 '봉사자의 자리'여야 한다. 권한과 권위를 부릴 수 있는 자리는 그 어디에도 없을 것이다. 당연히 없어야 한다. 공무원들의 일자리를 직업으로 따진다면 이제는 그저 하나의 '양질의 일자리'일 뿐이다. 헌법에서 규정하고 있는 대로 국가에 책임을 지는 공무원이 되고, 국민을 위해 봉사자가 되어야 한다. 우리의 젊은 미래의 공무원은 그렇게 살아야 한다. 이것이 공무원들의 올바른 길, 즉 정도이다. 이들은 이 길을 가야 한다. 우리 젊은 예비의 공무원들의 경우에 이 책의 제목은 다음이 될 것이다.

"공무원은 무엇으로 살아야 하는가?"

이제 글을 마치면서 공무원들의 헌신과 그 가치를 다시 한 번 생각해 본다. 누가 뭐래도 오로지 묵묵히 맡은 바 소임을 다해온 대다수의 수많은 공무원들이 있어 오늘의 대한민국이 가능했다. 그러한 공무원들이 있기에 오늘도 대한민국은 앞으로 나가고 있다. 공무원으로서 올바른 길을 걸어 갈 미래의 젊은 주인공들이 줄을 잇고 있기에 대한민국은 계속 전진하고 발전할 것이라는 믿음을 가져본다. 우리 국민들 모두가 다 함께 같이 건너야 할 세계화의 강을 건너고, 단합된 열정으로 넘어야 할 통일의 산을 넘으면서!!!

그러기에 세상이 아무리 빨리 어떻게 변해도 공직은 영원할 것이다. 당위적으로 영원해야 한다. 국가의 주인인 국민은 영원하고, 국민을 위한 공적인 서비스의 내용은 시대와 환경에 따라 달라져도 그 서비스는 영원히 계속되어야 하기 때문이다. 그러기에 공무원들의 역할과 사명 또한 언제, 어디서나 가치와 의미를 갖는 중요한 일일 것이다.